新たな時代の学びを創る

中学校 高等学校

国語科
教育研究

全国大学国語教育学会 編

東洋館出版社

ま え が き

　守屋慶子『子どもとファンタジー』（新曜社）は、シェル・シルヴァスタインの絵本 *The Giving Tree* に対する4か国の小学校低学年から大学生までの反応の分析を通して、文化や発達・成長による物語受容の違いを詳細に分析した研究書である。国語科教育で育む力とは何かを考える上で、守屋の研究にはまだ学ぶべきことが多い。

　一つの作品への読者反応に守屋が明らかにしたような多彩な姿が見られるのは、一人一人の能力が、社会文化的な相互作用の影響を受けて複雑化し、精緻化し、変化するからではないか。そうした相互作用が個人間の関わりを誘い、個人内での思考の深まりを生み出して、子供の示す言葉に変化があらわれるのではないか。その変化の中で育ちゆくものを私たちは見極めていかなければならない。

　この『新たな時代の学びを創る　中学校・高等学校国語科教育研究』は、「資質・能力」の育成を大きな目的としながら、中学校・高等学校国語科においても、教科を超えた学習や協働による学び、「主体的・対話的で深い学び」などが国語科においてもつよく求める教育課程改革の時期に刊行されることになる。比喩的な言い方になるが、小学校からのバトンをしっかりと受け継ぎながら、それを落とさないように、社会生活を送る中で生きて働く国語の力を育てることを目指す中学校・高等学校教員養成における「国語科教育法」関連科目のテキストとして企画され、編集された。国語科教育の研究と実践をリードし、推進してきた全国大学国語教育学会の力を結集して、これからの時代に生きる子供たちの言葉を育てるための中等国語科教育の研究・実践の取組を示している。新しい中等国語科教育の起点となるようなら幸いである。

2019（平成31）年1月

全国大学国語教育学会理事長　　　山元隆春

Contents

まえがき………3

I 国語科教育の意義

1. なぜ言葉を学ぶ／教えるのか………8

2. 資質・能力と国語科教育………11

II 国語科教育の構造

1. 国語科教育の目標と学力………16

2. 国語科教育の構成と内容………20

3. 国語科教育の方法………28

4. 国語科教育の評価………32

Ⅲ 国語科授業の計画

1. 学習者の実態とその把握……38

2. 年間指導計画・単元計画……42

3. 学習指導案の作成……46

4. 教材研究……52

5. 教材開発……56

6. 国語科の学習過程……60

7. 「言語活動」の構想……64

Ⅳ 国語科授業づくりの実際

1. 知識及び技能を育てる授業づくり（中学校・高等学校）

　　1. 言葉の特徴や使い方……70

　　2. 情報の扱い方……82

　　3. 我が国の言語文化……86

2. 思考力、判断力、表現力等を育てる授業づくり（中学校）

　　1. 話すこと・聞くこと……102

　　2. 書くこと……118

　　3. 読むこと……130

3. 思考力、判断力、表現力等を育てる授業づくり（高等学校）

1. 話すこと・聞くこと……150

2. 書くこと……166

3. 読むこと……178

V 中等国語科の歴史

1. 中学校……204

2. 高等学校……207

VI 国語科教育の現代的課題

1. 国語科における探究的な学びの姿……212

2. 国語科における協働学習……215

3. メディア・リテラシー……218

4. 中等教育における国語科の役割……221

5. 校種間の連携……224

6. デジタル教材(ICT活用)……227

7. 国語科教師の専門的力量形成……230

8. 国語科と生涯学習……233

付録1　近代国語教育史年表……236

付録2　学習指導要領……242

索引……261

I

国語科教育の意義

1.

なぜ言葉を学ぶ／
教えるのか

1）言葉を学ぶことの意義

　人は、生まれる前から母親の声に反応し、生まれた数日後には視線や表情で交流し始める。生後3か月ほどで喃語を発声し、1歳半頃には二語文で会話を行うようになる。なぜ人は言葉を学ぶのか。乳幼児の言語獲得や認知的・情意的な発達の面から答えようとするなら、思考と言語の関連について、発達心理学や脳科学の知見を借りつつ論じていくことになる。一方、人は社会的な動物であるから言葉を学ぶのであると答えるのなら、生態学や文化人類学の知見を借りつつ論じていくことになろう。このほかにも、言語学の知見や哲学の知見など、様々な学問領域の知見を借りて論じることが可能である。

　しかしながら、言葉を学ぶ当事者の「なぜ」に応えるには、諸学問の知見で基礎付けるよりも、言葉を学ぶとどうなるのか、当事者にとっての必要性を喚起するような答えが望ましい。

　なぜ言葉を学ぶのか、それは、言葉を学ぶことによってたくさんの「いいこと」があるからである。ここでは、それらの中から特に二つの「いいこと」を取り上げてみたい。一つ目の「いいこと」は、言葉を学び、自分自身について物語ることができると、自己についての首尾一貫した観念（いわゆるアイデンティティ）と、相手との相互承認による居場所感覚（「私はここにいてもいいんだ」という感覚）をもつことが可能となる（ガーゲン、1994）。例えば、外国にルーツをもつ子供のような言語の自然習得が難しい子供にとって、「自己についての語り」は、自らの心の安定（アイデンティティの確立）と、友人らとの関係性の構築を可能にするため、言葉の学びは、単なる伝達ツールとしての言語の獲得以上の意味をもつ。

もう一つの「いいこと」は、言葉を学ぶことによって、いま自分自身が生きている世界の見え方が変わり、さらには、生きている世界そのものが変わることである。これはいったいどういうことなのであろうか。

2）言葉を教えることの意義

ソシュール以降の言語学では、言語を、実体をもたない「差異のシステム」（事物そのものが意味なのではなく、差異の中に意味が生まれる）と捉える。ゆえに、言葉を教えることは、実体としての言語を教えることではない。このソシュールがもたらした言語に対する捉え方の転換は「言語論的転回」と呼ばれ、これによって、言語だけでなく世界に対する捉え方の転換がもたらされた。それは、この世界には言語に対応するものが実在しているのではなく、世界は言語の差異によって構成されているのだという、世界に対する捉え方の転換である。

そうであるならば、言語論的転回以降を生きる私たちにとって、差異のシステムによって構成された世界について教えることが、言葉を教えることになるのであろうか。このことを考えるために、まずはいま私たちが生きている世界について振り返ってみたい。

一般に、私たちが何かについての善悪を判断しようとする際、多くの人々に共有されている価値観に照らして判断を行う。その価値観を正当化するために、これまでの人々は、神（キリスト教の教え）やイデオロギー（思想や行動を左右する観念や信条の体系）といった「物語」に依拠してきた。こうした物語をリオタールは「大きな物語」と呼んだ上で、この大きな物語に対する不信感が蔓延した「大きな物語の終焉」を「ポスト・モダン」と呼んだ。このポスト・モダンの到来で、私たちは、私たちが共有する価値観を正当化するための拠り所を失い、ただ現れているかぎりの事物だけが存在している世界に投げ出されることとなった。このポスト・モダンを生きる学習者たちに対し、「偉大な主人公」、「崇高な目標」などの「大きな物語」を構成する要素を標榜しても、そうした言葉の教育は虚しく、十分とは言い難い。一方で、拠り所もな

I 国語科教育の意義　9

く、他方との差異を教えるだけの言葉の教育では、学習者は無秩序のうちに自己を見失い、あるいは反対に徹底して自己中心的に成長していくことを抑制できない。よって、差異のシステムによって構成された世界について教えるだけでは、その意義が見いだせないというのが本音である。では、いま、なぜ言葉を教えるのか。それは、世界に対する捉え方を転換していくためであろう。

　言語という差異のシステムによって分節され、認識された事物だけが存在するポスト・モダンに対し、ガブリエルは、事物はそのつどに何らかの「意味の場」の中に現れると述べ、ポスト・モダン以後の世界に対する捉え方を提案している。それによれば、私たちは、無限に多くの「意味の場」の中を共に生きながら、新たな意味の場を生み出している（移動している）のだという。この捉え方は、ポスト・モダンの孤独感、虚無感、無責任感……に苦しむ人々にとっての光となる。なぜなら、事物は一人一人の認識でしかないという個に閉じた捉えから、私たちはそれぞれに様々な意味の場を共有しているという捉えへと変わるからである。とはいえ、言葉の教育は、こうした新しい世界の捉え方（ガブリエルは、世界は存在しないと捉えているが）を伝授するというものではない。こうした捉え方にふれ、学習者が世界に対する自らの捉え方を転換していくことを促すことが、言葉を教えるということである。

　言葉を介して自己を大きく揺さぶる事態に直面すると、これまで見えていた世界はまったく異なるものへと変貌する。時にそれには、世界に対する捉え方の転換をも伴うため、学習者にとって受け入れ難い場合もある。学習者の光となるような世界観の転換のためにも、言葉を教える教師は常に自らの捉え方を問い直し、自らの言語教育観を更新し続けていく必要がある。

（森美智代）

引用・参考文献
K.J. ガーゲン（1994）永田素彦・深尾誠訳（2004）『社会構成主義の理論と実践』ナカニシヤ出版
ジャン＝フランソワ・リオタール（1979）小林康夫訳（1986）『ポスト・モダンの条件』水声社
フェルディナン・ド・ソシュール（1949）小林英夫訳（1972）『一般言語学講義』岩波書店
マルクス・ガブリエル（2013）清水一浩訳（2018）『なぜ世界は存在しないのか』講談社

2.

資質・能力と国語科教育

1）平成 29 年告示学習指導要領における国語科の資質・能力と内容構成

　「資質・能力」は、学習指導要領では平成 29 年告示のもので初めて取り上げられた概念である。平成 29 年告示の学習指導要領の説明は、次のようになっている。まず、国語科で育てるべき資質・能力を「国語で正確に理解し適切に表現する資質・能力」と規程している。さらに、この「資質・能力」を「知識及び技能」、「思考力、判断力、表現力等」、「学びに向かう力、人間性等」の三つの柱で整理している。これに伴い、教科の内容構成は次のようになった。

① 「知識及び技能」：(1) 言葉の特徴や使い方に関する事項、(2) 情報の扱い方に関する事項、(3) 我が国の言語文化に関する事項。

② 「思考力、判断力、表現力等」：A 話すこと・聞くこと、B 書くこと、C 読むこと。

③ 「学びに向かう力、人間性等」：教科及び学年等の目標においてまとめて示し、指導事項のまとまりごとに示すことはしていない。

　これらの資質・能力の育成が、学習指導要領改訂の最重要課題になっている。

2）資質・能力が取り上げられるようになった経緯と考え方

　学習指導要領で、資質・能力を重視するようになった社会的背景と影響を与えた考え方はどのようなものだろうか。

　21 世紀は知識基盤社会になり、インターネットや SNS 等の急速な技術革新や AI の進歩が顕著になるとともに、グローバル化の進行、生産年齢人口の減

Ⅰ　国語科教育の意義　　11

少、持続可能な社会の模索等、深刻な課題が山積している。こうした社会的課題を解決し、生き延びるために、先進国の多くは、教育における〈新しい能力〉を教育目標として提唱するようになった（松下、2010）。その特徴は、次の三つに要約される。①多くの国々で共通に、また、初等中等教育から高等教育・職業教育、労働政策に至るまでの幅広い範囲で主張されていること。②目標として掲げられるだけでなく、評価の対象とされていること。③知識・技能などの認知的側面だけでなく、興味・関心などの情意的側面や対人関係能力などの社会的側面をも含む人間の能力の全体を包含していること。

　〈新しい能力〉の代表的なものには、初等中等教育だけでも次のようなものがある（松下、2016）。① OECD-PISA の「リテラシー」、OECD-DeSeCo の「キー・コンピテンシー」（2003 年）、② P21 や ATC21$_s$ による「21 世紀型スキル」（2009 年、2012 年）、③日本では文部科学省の「生きる力」（1996 年）や「学力の三要素」（2007 年）、国立教育政策研究所の「21 世紀型能力」（2016年）。

　これらに直接・間接に影響を受けながら、資質・能力論は議論され、学習指導要領に結実していった。特に、学習指導要領の「資質・能力の三つの柱」の理論的前提となっているのが、米国のカリキュラム・リデザインセンター（CCR）の枠組みである。この枠組みは、知識、スキル、人間性、メタ学習からなる「四次元の教育」である。「資質・能力の三つの柱」は、この四次元をヒントにして、次のように対応させている（松下、2016）。
①知識→「知識及び技能」、②スキル→「思考力、判断力、表現力等」、③人間性＋メタ学習→「学びに向かう力、人間性等」。

3）資質・能力と国語科教育実践の課題

　資質・能力を育む国語科の教育実践には、二つの課題が指摘できよう。
　①「言葉による見方・考え方」と、資質・能力の育成との関係の課題である。学習指導要領には、「言葉による見方・考え方を働かせ、言語活動を通して、国語で正確に理解し適切に表現する資質・能力を……育成することを目指

す」とある。言葉による見方・考え方を働かせるとは、「生徒が学習の中で、対象と言葉、言葉と言葉との関係を、言葉の意味、働き、使い方等に着目して捉えたり問い直したりして、言葉への自覚を高めることであると考えられる」という。しかし「資質・能力」を育成するために、極めて重要な「見方・考え方」であるはずが、他教科のそれとくらべても、非常に曖昧な概念になっている（松崎、2019）。

　また、中央教育審議会の国語ワーキンググループ委員であった藤森裕治も、「解説が重点的に述べているのは、国語科が学習対象とすることばそのものに対する見方・考え方というより、それをどう『働かせるか』という運用面です」（藤森、2018）と述べている。資質・能力を育むために、「言葉による見方・考え方」とは何か、さらに検討していく必要がある。

　②資質・能力の育成に向けて「主体的・対話的で深い学び」を実現することの課題である。学習指導要領の策定に深く関わった奈須正裕は、「主体的・対話的で深い学び」を実現するために、次の三つの授業づくりの原理を挙げている（奈須、2017）。第一は既有知識と関連付けて意味ある学習にする「有意味学習」、第二は学びの文脈を本物・真正にする「オーセンティックな学び」、第三は授業の論理性や明示性を高めていく「明示的な指導」である。中等教育においては、これまで教材研究で培われてきた、深い教科内容研究の成果をこれらの授業づくりの原理と組み合わせていく工夫が求められる。

（松崎正治）

引用・参考文献
藤森裕治（2018）『学力観を問い直す 国語科の資質・能力と見方・考え方』明治図書出版、p.136
奈須正裕（2017）『「資質・能力」と学びのメカニズム』東洋館出版社、pp.151-205
松下佳代編（2010）『〈新しい能力〉は教育を変えるか―学力・リテラシー・コンピテンシー―』ミネルヴァ書房
松下佳代（2016）「資質・能力の新たな枠組み―『3・3・1モデル』の提案―」『京都大学高等教育研究』22号、pp.139-149
松崎正治（2019）「国語科で育てる『資質・能力』と『言葉による見方・考え方』」グループ・ディダクティカ編『深い学びを紡ぎだす―教科と子どもの視点から―』勁草書房

II

国語科教育の構造

1.

国語科教育の目標と学力

1）国語科教育の目的・目標・学力

　学習者の国語の能力を高める。例えばこの端的な一文は、国語科教育の「目標」というより「目的」を表すものと考えるのがよい。「教育目標」とは、教材を選択し、授業を行い、その過程や成果について評価する際の規準となるものであり、国語科教育の目標は、国語の能力についての認識を明確にするべきものである。一方、「学力」とは、学校教育における意図的・計画的な営みを通して学習者において身に付けられる能力を表す概念であり、「国語学力」も、国語科の教育実践を通して学習者が身に付ける国語の能力を表す。

　教育という営為においては、例えば教育基本法に定められるような教育の大きな目的が変わらなくとも、目標は時代による影響を受けて変化する。国語科教育の目標も、日本語とその文化の在り方にしたがって普遍的に決まってくる面はあっても、やはり時代による変遷がある。

　また、各時期の学習指導要領において国語科の目標は示されるが、それは理念としての規準であり、授業において各目標をどのように設定するか、その過程において学習者がどのような学力を身に付けるかということは、実践の主体である教師のもつ「学力観」や「学力像（モデル）」によって異なってくる。教師は、授業において目標を達成することで学習者の獲得する国語の能力の望ましい像をモデル的に想定するが（国語学力モデル）、それは教師が顕在的あるいは潜在的にもつ国語学力に対する考え方（国語学力観）に規定される。

　さらに、学習者は、与えられた目標をこなす受け身の存在ではなく、自ら目的をもって学習し学力を身に付ける能動的な主体である。学習者による目標の捉え方によっても、身に付けられる学力は異なる。テストで測られる学力は一

側面に過ぎず、国語科の目標や学力は、日本語とその文化、国語科教育の歴史、教師及び学習者といった観点から多面的に捉える必要がある。

2）国語の構造と機能による目標と学力の規定

言語は、音韻や文字、語彙、文法、談話それぞれに構造がある。人は、こうした言語に関する知識・運用能力を用いて、聞く・話す・読む・書くの4領域の言語活動を行う。このような言語や言語的知識及び言語活動の構造は、多くの国や文化において、母語教育の目標の基本的な構造を規定している。

また、言語は人間の認識や文化において重要な機能を果たしている。昭和26年版中学校・高等学校学習指導要領国語科編（試案）では、言語の「役割」について、コミュニケーション、思考・認識、文化創造の三つを挙げている。このことを踏まえるならば、国語科教育の目標には、他者との通じ合いのみならず、国語を用いた思考力の育成、国語文化の享受や創造が位置付けられる。

『中学校学習指導要領（平成29年告示）解説　国語編』において、国語科の本質を表すものとして「言葉による見方・考え方」が次のように定義された。

言葉による見方・考え方を働かせるとは、生徒が学習の中で、対象と言葉、言葉と言葉との関係を、言葉の意味、働き、使い方等に着目して捉えたり問い直したりして、言葉への自覚を高めることである。

これは、こうした言語の構造や機能を基盤としたものと考えられる。

3）教育の歴史における目標と学力の変遷

戦後幾度か行われた学力論争は、教師が抱く学力に対する考え方に、直接・間接の影響を及ぼした。学力論争は、次の五つの時期に渡って行われた。

第一期…1950年前後の戦後新教育に対する基礎学力低下批判をめぐる論争。基礎学力は人間の認識能力を支えるものとの認識に至る。

第二期…1960年代の態度主義学力観をめぐる論争。学力を「計測可能」なものと規定することで学力保障につなげる意図があった。

第三期…1970年代の学力と人格との関係をめぐる論争。「落ちこぼれ」や

心身発達の問題が提起され、人格と学力の統合が求められた。

　第四期…1990 年代の「新しい学力観」をめぐる論争。文部省が改革のため
　　　　の政策的概念として提唱した学力観が態度主義復活と批判される。

　第五期…2000 年代の学力低下をめぐる論争。教育内容 3 割削減、計算力
　　　　低下、PISA の結果等により社会問題化し、学力重視へ転換した。

　これらの論争は、学習指導要領の改訂や教育改革の動きとも相互に関連して
いて、国語科教育の歴史や目標論、国語学力論にも影響を与えてきた。第一期
の 1950 年前後には、経験主義に基づき、言語生活主義的な国語学力観が登場
した。例えば、昭和 26 年告示の中学校・高等学校学習指導要領（試案）が
「国語能力表」として提示したのは、次のような目標である（中 2「読むこ
と」）。

　1　規約や掲示文などを批判的に読む力を伸ばす。

　2　新聞や雑誌などの中の重要な記事を拾って読む習慣をつける。（後略）

　実際の言語生活で出会うテクストについて、状況に応じて読んだり書いたり
する具体的な言語的行動が目標になっている。

　第二期に対応した 1960 年頃には、技能主義的な国語学力観が示された。経
験主義的教育に対する批判を背景としながら、言語活動の各領域や文章ジャン
ルに応じて必要なスキル（技能）を明示し、練習的に指導する学習指導が行わ
れた。こうした考え方は、テストによる評価や高校や大学の進学率の向上に伴
う受験指導とも結び付いて広まり、その後も我々の学力観の奥底に横たわる。

　第三期に対応する 1970 年代には、様々な学習指導論や教育実践が展開され
る中で、国語科教育においては、いくつかの民間教育団体により認識論を基盤
とした学習指導論が示された。その一つに、西郷竹彦と文芸教育研究協議会が
提示した「認識の方法の系統指導案」がある（小学校段階の一部を引用）。

　観点　比較　順序　理由・原因・根拠　類別　条件・仮定

　構造・関係・機能　選択　仮説　関連・相関

　言語表現の表すモノやコトの世界を認識する際の思考のパターンを取り出
し、系統化したもので、認識主義的な国語学力観に基づくものと言える。

4）現代文化の発展による目標・学力の拡張

　現代文化の発展は、言語の果たす機能や役割を拡張させる。それに伴い、国語科の目標や学力も捉え直され、今も変化をもたらしている。

　情報化社会ということは、1960年代から指摘される現代社会の特徴であるが、各時期において国語科の目標や学力と関係する様相は異なる。①テレビの普及や出版の増大などマス・メディアが発達した時期においては、目録や目次を活用し、目的に応じて複数の図書から必要な情報を収集し、まとめるような学力が求められた。②コンピュータなどの情報機器が普及した時期においては、コンピュータを用いて資料や情報を検索して調べ、機器を活用し表現する学力が求められた。③インターネットが普及した今に至る時期には、文字による情報のみならず、画像や動画を含めた情報について、情報源を含め批判的に吟味し、発信するメディア・リテラシーの学力が求められている。

　情報処理能力の取り込みによる国語の目標と学力の拡張は、授業や学習の変化ももたらした。自らが課題意識をもち、学習計画を立て、調べ、振り返ることのできる能力は自己学習力として定義され、国語の学力に位置付けられた。

5）教師の国語学力観の拡張・更新の必要性

　第五期の学力論争を経た平成20、21年告示の学習指導要領では、「活用力」が強調され、言語活動例を示すに至った。これには、「読解力（reading literacy）」を「自らの目標を達成し、自らの知識と可能性を発達させ、効果的に社会に参加する」ために必要なツールと定義するOECDによるPISAの影響が大きいが、言語生活主義的な学力観に通じるものでもある。また、平成29、30年版学習指導要領では、汎用的な資質・能力が重視されているが、国語科における具体化には「認識の方法」が参考になる。今日、国語科教育の目標や学力はより複合的なものになってきていて、中学・高校に影響の大きい入試の在り方も変化している。教師の国語学力観も拡張と更新が必要である。（間瀬茂夫）

引用・参考文献
西郷竹彦（1989）『〈文芸研〉国語教育事典』明治図書出版、p.29
国立教育政策研究所（2004）『PISA2003年調査　評価の枠組み』ぎょうせい

2.

国語科教育の構成と内容

❶ 中学校

1）国語科教育を規定する枠組み

　日本では、日本語の母語としての教育を「国語教育」と呼ぶ。「国語科教育」はこのうち、学校制度上の教科「国語科」で行う部分の教育を指す。その構成と内容は、国民の代表者が国会で定めた「学校教育法」の下、省令「学校教育法施行規則」に基づく教育課程の基準「学習指導要領」によって、大綱的に規定される。ただし実際の教育課程は、その規定によりつつも、各学校で編成することとなっている（「カリキュラム・マネジメント」）。

　だが諸外国では、民族や家庭の母語と国家の公用語が一致しない例も散見され、「国語」科とは呼ばずに「言語科」「文学科」や言語名（例 English）で呼ぶのが通例である。日本国内にも、多数の外国籍生徒を公立学校に迎え入れる地域がすでにある。各地域の方言や各民族の言語も視野に入れ、「国語科教育」が各生徒の母語の継承発展にも資するものとなるよう、留意したい。

2）国語科教育の構成

　諸外国では「言語」「文学」「作文」の教科・科目を分けて置く例があるが、戦後、日本の小・中学校ではこれらを一つの国語科の中に組み入れている。

　学習指導要領における国語科の構成には**表**の変遷があったが、日本語の発音・音韻、文字・表記、語句・語彙、文法などの言語要素の学習と、話す・聞く・書く・読むの各領域の言語活動（昭和 33 年版では「言語経験」）の学習との、大きく二つで構成されている点は、昭和 33 年版から平成 29 年版まで

一貫している。このうち言語要素の学習は、各言語活動と相互に関連し合わせることとされてきたが（「機能的指導」）、昭和52年版以降は言語要素を「ある程度まとまった知識」として指導することも容認されている（「取り立て指導」）。

表　学習指導要領における国語科の構成

1947（昭和22）試案	5領域と文法	「話しかた」「作文」「読みかた」「書きかた（習字をふくむ）」「文学」と「文法」
1951（昭和26）試案	4領域と文法ほか	「聞くこと」「話すこと」「読むこと」「書くこと」と「文法」「漢文」「習字」「ローマ字」
1958（昭和33）1969（昭和44）	3領域1事項	「聞くこと、話すこと」「読むこと」「書くこと（作文・書写）」と「ことばに関する事項」
1977（昭和52）1989（平成元）	2領域1事項	「表現」「理解」と〔言語事項〕
1998（平成10）	3領域1事項	「話すこと・聞くこと」「書くこと」「読むこと」と〔言語事項〕
2008（平成20）		「話すこと・聞くこと」「書くこと」「読むこと」と〔伝統的な言語文化と国語の特質に関する事項〕
2017（平成29）	二大別（3領域は維持）	〔知識及び技能〕と〔思考力、判断力、表現力等〕（話すこと・聞くこと／書くこと／読むこと）

「平成29年告示中学校学習指導要領」（以下、本節においては「学習指導要領」とする）では他教科とそろえ、言語要素に〔知識及び技能〕、言語活動に〔思考力、判断力、表現力等〕の名があてがわれた。この変更は、学校教育法平成19年改正による第30条2項（第49条に中学校準用規定）「生涯にわたり学習する基盤が培われるよう、基礎的な<u>知識及び技能</u>を習得させるとともに、これらを活用して課題を解決するために必要な<u>思考力、判断力、表現力その他の能力</u>をはぐくみ、主体的に学習に取り組む態度を養う」（下線　稿者）を根拠とし、PISA（OECD生徒の学習到達度調査）など国内外の学力調査で思考力・判断力・表現力育成上の課題の指摘が相次ぐ点も踏まえている。だが、こうした課題が浮上する背景には"動物とは違う人間の学習は、刺激による行動の永続的変容という定義では捉えきれない""人間は、知識・技能・態度が一体化した資質・能力（コンピテンシー）を社会で発揮し、諸問題を集団的に克服する存在だ""知識基盤社会に参加するには、日々陳腐化する知識や技能に加え、その

更新を生涯自ら続ける汎用的な方略の習得も不可欠だ"などと考える今日の教育学や認知科学の飛躍的進展がある。特に中学校は義務教育の最終段階にあり、社会参加に足る諸能力の育成には、より重い責務を担う。

　平成29年の改訂で名称と構成を教科間でそろえたのは、社会で「生きる力」の育成を目指す学校教育への協力を得るべく、学習指導要領を「社会に開かれた教育課程」「学びの地図」として地域住民や国民に明解に示すためでもある。ただし、理科や社会科など内容教科では〔思考力、判断力、表現力等〕が単元内容をまたぐ汎用的な方略の指導事項を指すのに対し、内容教科と形式教科の両側面を併せもつ国語科では〔知識及び技能〕の方が領域横断的で汎用的な言語要素の指導事項を指す点で、他教科とは事情が異なる。

　なお、平成10年版では「選択教科等」の拡大が図られたが、平成20年版以降は標準授業時数の枠外とされ、現在では限りなく廃止に近い実情にある。

3）国語科教育の内容

（1）全般

　平成29年版で教科目標と学年目標の三つ目に掲げられた「学びに向かう力、人間性等」には、指導事項の提示がない。これが学力育成の「原動力」となり「態度等を養うことにより（略）育成が一層充実することが期待される」（『中学校学習指導要領（平成29年告示）解説　国語編』）との解説はあるが、逆に学力育成の充実によって態度が整うこともある。態度を先行して求め過ぎず、生徒の「なぜ学ぶのか」という問いに丁寧に寄り添い、人間らしい学びで教室を満たしたい。

　また、各指導事項の従来の「次の事項について指導する」という言い回しは、平成29年版では「次の事項を身に付けることができるよう指導する」（下線　稿者）に改められた。これは、指導者がただ教科書教材と指導事項をなぞるのでなく、学習者各々の学習履歴に注意を払い、適切なカリキュラム・マネジメントで学習効果を高めることへの厳しい要求だと捉えられる。

（2）〔知識及び技能〕

「学習指導要領」では「(1) 言葉の特徴や使い方」「(2) 情報の扱い方」「(3) 我が国の言語文化」の柱立てに変更され、(1) には平成20年版の「言葉の特徴やきまり」「漢字」、(3) には「伝統的な言語文化」「書写」が統合された。

新設の「(2) 情報の扱い方」のアは情報と情報との関係について理解する系統、イは情報の整理の方法を理解し使う系統である。この新設の意図は、「急速に情報化が進展する社会において、様々な媒体の中から必要な情報を取り出したり、情報同士の関係を分かりやすく整理したり、発信したい情報を様々な手段で表現したりすることが求められている」点にあると説かれている。特に説明的文章でいまだ根強い、指導者主導での単一教材の文意解説指導偏重では、学習者自身が読む必然性や目的を意識して複数の情報を多様な見方・考え方のもと比較検討するという、社会参加には不可欠の学習が脱落しがちであり、(2) の新設はこの弱点を突いている。この (2) は、教材や領域をまたいで何度も「理解し使う」ことで汎用的能力として身に付く。

「学習指導要領」では「読書」が〔知識及び技能〕に位置付いたことも特筆される。古典と同様に読書活動も、全領域と結び付けた展開が期待される。

(3)〔思考力、判断力、表現力等〕

平成20年版同様、「学習指導要領」でも各領域 (1) に指導事項、(2) に言語活動例がある。(2) は「各学校の創意工夫により授業改善が行われるようにする」単元案の例である。「C 読むこと」は授業時数が特に多いため、例以外にも先達の蓄積を生かし多様な工夫を試みたい。

なお、系統表 (1)「A 話すこと・聞くこと」で見出しが増えたが、これは平成20年版「B 書くこと」にならい、「学習指導要領」では全領域で指導事項の配列順を一般的な学習過程順に統一したことによる。この統一表示は、学習過程上での現在位置の自覚を容易にする（「学びの地図」）。ただし学びの自覚を誘うには、時には立ち止まって交流したり前に戻ったり、あえて逆の順で学んだりすることにもまた効果があろう。単元展開でも多様な工夫を試みたい。　　（舟橋秀晃）

引用・参考文献
国立教育政策研究所「学習指導要領データベース」http://www.nier.go.jp/guideline/index.htm
全国大学国語教育学会編（2009）『国語科教育実践・研究必携』学芸図書

Ⅱ　国語科教育の構造　　23

❷ 高等学校

1）言語能力の育成をより意識化することを目指して

　国語の授業を通じて何が育成されてきたのかという疑問が提示されることは少なくない。学習指導要領の改訂は、こうした問いに対するある種の回答であると位置付けることができるのかもしれない。

　学習指導要領では、言語能力の育成に焦点が当てられている。とりわけ、国語の目標として示された内容は、小学校・中学校・高等学校において、それぞれ育成すべき言語能力としての資質・能力の内容を示していることに注意しなければなるまい。換言すれば、「教材」や「教科書」をというわけではなく、「教科書で」、何を教えるのかという、指導の内容と指導の在り方自体が問われることになったと言えよう。

2）高等学校国語科の構成と内容、そして科目の構成

（1）目標の構成

　学習指導要領の改訂に伴い、目標の構成自体が変更されることとなった。具体的には、国語科で育成を目指す資質・能力は、「国語で的確に理解し効果的に表現する資質・能力」と規定され、教科の目標については、「知識及び技能」、「思考力、判断力、表現力等」、「学びに向かう力、人間性等」の三つの柱で整理されている。また、こうした資質・能力を育成するために、生徒が「言葉による見方・考え方」を働かせることが必要であることが示唆されている。

（2）内容の構成

　目標の構成の変化に伴い、内容の構成も変化することになった。「話すこと・聞くこと」、「書くこと」、「読むこと」の３領域、及び〔伝統的な言語文化と国語の特質に関する事項〕で構成されていた内容が、〔知識及び技能〕と〔思考力、判断力、表現力等〕で構成されることになったことは大きな変化で

ある。こうした内容構成の改訂は、「国語で的確に理解し効果的に表現する」上で必要な資質・能力として、「知識及び技能」、「思考力、判断力、表現力等」を位置付けようとしているということでもある。これまでとは異なり、「教材内容」に縛られる形で、資質・能力が位置付けられるのではないということを意識することが求められよう。

だからこそ、〔思考力、判断力、表現力等〕が育成すべき資質・能力として上位に位置付き、従来の「話すこと・聞くこと」、「書くこと」、「読むこと」の各領域が〔思考力、判断力、表現力等〕の中に配置されていることになっているのである。さらに、各領域の中に、（1）として指導事項を、（2）に言語活動例を位置付け、言語活動を通して、いかにして資質・能力を育成するのかが明示される構造を採用している。「資質・能力」をベースとして、国語科を捉え直し、再編しようという試みが、学習指導要領の改訂の趣旨という見方もできる。

こうした目標の構成、内容の構成の改訂は、国語の授業においては、言語活動を通して、資質・能力としての言語能力の育成を目指すことが明示されたことを意味しており、このことが学習指導要領に明確に構造化されていると言えよう。

（3）科目の構成

目標の構成、及び内容の構成の変更によって、科目の構成自体も改訂されることになった。「平成30年告示高等学校学習指導要領」では、共通必履修科目として「現代の国語」と「言語文化」が設定された。また、選択科目として「論理国語」と「国語表現」、「文学国語」と「古典探究」が設定されることとなった。

これまでは、共通必履修科目としては「国語総合」が設定されていたものが、「現代の国語」と「言語文化」という二つの科目に分化されることとなったが、一般的な受け止めとしては、これまでの「国語総合」の「現代文」と「古典」という分化が、より意識化された構成になったと理解される傾向があ

Ⅱ　国語科教育の構造　　25

る。しかし、実際はそうした分化ではないことに着目しなければなるまい。その意味を理解するためには、例えば、以下の表を参照することが重要となる。

表　各科目の内容の〔思考力、判断力、表現力等〕の構成と各領域の授業時数

	〔思考力、判断力、表現力等〕		
	話すこと・聞くこと	書くこと	読むこと
現代の国語	○（20〜30単位時間程度）	○（30〜40単位時間程度）	○（10〜20単位時間程度）
言語文化		○（5〜10単位時間程度）	○【古典】（40〜45単位時間程度） ○【近代以降の文章】（20単位時間程度）
論理国語		○（50〜60単位時間程度）	○（80〜90単位時間程度）
文学国語		○（30〜40単位時間程度）	○（100〜110単位時間程度）
国語表現	○（40〜50単位時間程度）	○（90〜100単位時間程度）	
古典探究			○

　表からは、それぞれの科目のコンセプトが明らかになってくる。中でも「現代の国語」は、指導事項として、「読むこと」が位置付けられてはいるが、授業時間数は明らかに少ない。また、「読むこと」の指導事項も二つしかなく、そのうち、「イ」については、「目的に応じて、文章や図表などに含まれている情報を相互に関係付けながら」と記述され、文章に限らず、複数の情報を関連付ける「読むこと」の学習が規定されていることも特徴的な点である。また、教材の文種についても、「『C 読むこと』の教材は、現代の社会生活に必要とされる論理的な文章及び実用的な文章とすること」とあり、「現代の国語」は、「国語総合　現代文編」という理解では不十分であることが明らかになる。教材としての「文章」を教えるのではなく、「情報」としての「文章」、「テクスト」に向き合い、「情報」を的確に読み取り、その内容から適切に思考し、判断をする、というまったく新しい「科目」として「現代の国語」を理解しなければならない。ただし、同じ共通必履修科目である「言語文化」の中の「読むこと」で、従来の「読むこと」が保障されてもおり、二つの共通必履修科目により、3領域がバランスよく指導できることにも注意しなければなるまい。

また、「科目が変わる」という現実の中で、こうした分化は、共通必履修科目に限られたものではない。「現代の国語」を起点とした「論理国語」、「国語表現」の選択科目群と、「言語文化」を起点とした「文学国語」、「古典探究」の選択科目群という、「二系統」の科目群が設定され、高等学校国語科が編成されることになったことも大きな変化として捉えることができる。

　前者が、「実社会における国語による諸活動に必要な資質・能力を育成する科目」として、設定されていることは、国語科の大きな特徴として位置付けることができよう。同時に、表現を中心にして、「論理的に考える力」、「相互に交流する力」、「情報の適切な判断力」といった実社会で求められている言語能力の育成を主眼とした科目群として、再構築されていることにも注意したい。

　また一方で、後者が、「言語文化に親しんだり理解したり」ということをねらうものであり、「言語文化」自体がもつ内容的な深さを基にして、言語、あるいは広義の「言葉」を相対化する視座を提供するものとして設定された科目として位置付けることができよう。科目の変化は、まさに言語活動の育成の観点を軸として構成されていると見ることができよう。

3）高等学校国語科のこれまでと、これから

　これまでは、学習指導要領が改訂されても、高校国語の実態は変わることはなかった。今回の改訂は、こうした流れを変えることになるのかもしれない。高大接続改革の流れ、そして大学入試改革の流れの中で、高校国語の展開を捉え直し、位置付けを見直すこと、そして国語科で身に付けるべき資質・能力とは何かということを明確にした議論と実践が求められている。

（宮本浩治）

引用・参考文献
大滝一登（2018）「新学習指導要領が目指す高校国語科像」『シリーズ国語授業づくり―高等学校国語科―新科目編成とこれからの授業づくり』東洋館出版社、pp.6-27
幸田国広（2011）『高等学校国語科の教科構造　戦後半世紀の展開』溪水社
島田康行（2018）「新しい高等学校「国語」が目指すところ」『日本語学』第37巻第12号、明治書院、pp.70-79

3.

国語科教育の方法

1）国語科学習指導における方法

　机・椅子が縦横そろって並んだ教室、机の上には教科書・ノート。黒板を背に教師が立ち、学習者に問いを投げかける。学習者は応答し、その内容を教師は黒板に記す。学習者はノートに記して覚える——こうした在り方が国語の授業の〈常識〉として受け止められてきた。本節では、方法という切り口から、国語科学習指導としての可能性を広げるための方策を明らかにしたい。

2）方法の不易と流行

　国語科学習指導を通時的に捉えると、次のような変遷を指摘できよう。

（1）〈常識〉の確立

　江戸時代以来の伝統的な方法は、講話（講義）や素読・暗唱であった。そうであったのが、明治期には、そこに問答（発問）が導入され、その後、時間をかけて上述の〈常識〉へと安定化していった。昭和20年代には討議（討論・話合い）が注目され、国語単元学習も試行されたものの、結果的には、多くの国語教室では〈常識〉が主流となった。学習者に一定の知識を伝えたり、学習者の表面的な理解をさらに深める上で、講義や発問は効率がよく、一定の効果も有することに拠る。現在もなお、方法上の「不易」として目されている。

（2）新たな方向性への着手

　〈常識〉の定着は、悪しき画一化と表裏一体であった。教科書教材がいつも同じ方法で扱われた。学習者は受動的な立場に置かれがちであった。学ぶ喜びや意味を見いだせないまま、忍従を強いられる実態すらあった。こうした問題点は教師の側でも認識され、改善への取組が試みられた。1990年前後から音

声言語活動が復権を果たし、生きたコミュニケーションを重視した学習指導や、協働を生かした学習指導も行われるようになった。さらに、ICT（Information and Communication Technology）を活用した学習指導も注目を集めた。平成29年版学習指導要領の成立過程ではアクティブ・ラーニングの重要性が説かれ、試行も始まっている。社会の在り方や産業構造の変貌を見据えた、いわば「流行」に相当する提案として受け止めたい。

（3）未来を見据えた方法の提案

　上述の変遷は、「教師主導」から「教師の支援に基づく学習者主体」への方向性での変化として捉えることができる。さらにその先として、「学習者主導」の可能性を探る必要性も共有されつつある。教師から与えられた問いを解くのがあたりまえとされてきた学習観の更新にも関わる大きな争点である。学習者自ら問いを立てて協働のもとで答えを解き明かしていく方法としての探究的学習に関心が集まりつつあるのも、こうした理由に基づく。

3）方法のレパートリー

　従来、方法は様々なレベルで特徴が捉えられてきた。例えば、一斉授業やグループ学習は、学習の形態が方法の名前ともなっている。グループの形態をとりつつ、メンバー構成に意図が働くと、習熟度別学習や協働を生かした学習指導と捉えることもできる。整理の目的から、本節では方法を成り立たせている下位要素に着目し、それらを一つの表に整理し、方法のレパートリーの可視化を試みた。表に記された下位要素の内包は、横一列に同じ高さで見ていくのではなく、それぞれ選択して組み合わせる要素として配列した。

空間	形態	メディア	言語活動	学習における活動方略
教室 学校図書館などの 　特別教室 校庭 学校外 自宅、ほか	一斉 グループ 習熟度別学習 個別	掲示物 黒板 教科書 印刷物 ノート ワークシート ICT、ほか	話すこと 聞くこと 書くこと 読むこと 見ること 見せること	傾聴 発問と応答 発信・受信・交信 協働 　バズセッション 　ジグソー法 　ワールドカフェ、ほか

II　国語科教育の構造　29

「言語活動」の中には、学習指導要領にはない「見ること」「見せること」も含めた。メディア・リテラシーの研究成果が明らかにしたように、すでに諸外国では母語教育の中に含められている。日本の国語科においても、動画や静止画などの映像を取り入れた学習指導が増えており、学習者による言語化を正当に位置付けるための対応である。また、「学習における活動方略」には、協働の具体的な在り方としてのバズセッションなどの諸提案も含めておいた。

例えば、「不易」にして〈常識〉である一斉授業は、これまでその形態のみで語られていたが、要素に着目すれば、次のように捉えられる。「空間」は教室、「形態」は一斉、「メディア」は黒板・教科書・ノート・ワークシート、「言語活動」は「読むこと」、「学習における活動方略」は傾聴、発問と応答が組み合わされている。一方、国語単元学習は、「空間」は学校図書館、「形態」はグループ、「メディア」は本をはじめとした印刷物、「言語活動」は多様な活動、「学習における方略」は学習者の協働が選択されることが多い。

さらには、「空間」は教室と特別教室、「形態」はグループと個別、「メディア」は掲示物とワークシート、「言語活動」は見ること・見せることまで含めた多様な活動、「学習における活動方略」は発信・受信・更新、加えて協働を選択して組み合わせると、ポスターセッションによる協働学習の方法となるだろう。

転じて、「流行」に目を向けると、現在試行されている新たな方法として「反転授業（Flip teaching）」がある。従来は、学校で一斉授業を受けて知識を得て、帰宅後復習することで定着させるサイクルが一般的であったのを、家庭で動画を視聴して知識を得て、学校ではそれを基に話し合わせるなどして、発展的課題に取り組んで定着させるサイクルへと「反転」させた方法である。表の要素に即して言えば、「空間」は自宅と教室、「形態」はグループや個別、「メディア」はICT、「言語活動」は見ることを含めた多様な活動、「学習における活動方略」は動画の傾聴と協働が組み合わされている。学習の進め方を反転させた点で、未来を見据えた方法の提案としての意義を見いだせよう。

4）方法と「目標」の相互連関

　学習指導において、方法はそれだけで独立してはいない。学習指導の「目標」に照らして、その方法を採用することが有効かどうか問われるからである。経験の浅い教師が陥りがちな問題点として、方法への関心が強いがゆえに、方法そのものの実現が自己目的化しがちである実態が指摘できる。とりわけ、ディベートのようにフォーマットが規定されていたり、発表交流会のように進行手順が明確化されていたりする場合に起こりがちである。方法ありきではなく、方法と「目標」とを往還的にさせて最適化を図ることを心がけたい。

5）国語科学習指導の可能性を広げるために

　方法のレパートリーを増やすことは、教師として大事な課題である。

　そのための第一の方策として、研修会・研究会に参加し、教師自らも積極的に学ぶ機会を確保することをおすすめしたい。

　第二の方策として、先の表を活用して、できるところから少しずつ変えていくこともおすすめしたい。例えば、一斉授業を行う場合に、「形態」としてペアやグループ、「メディア」として印刷物やICT、さらには「学習における活動方略」として協働を、部分的にでも取り入れてみてはどうだろうか。実際のところ、こうした取組は多くの教室で行われている対応でもある。方法を柔軟に捉えて、「目標」に照らして下位要素を組み替える方策である。こうした積み重ねの末に、方法のレパートリーもいつしか増えていくのだ。

　国語科学習指導としての可能性を広げるために、教師は方法への関心をもち続け、二つの方策を心がけておくことが求められている。

（中村敦雄）

Ⅱ　国語科教育の構造　　31

4.

国語科教育の評価

1)「指導と評価の一体化」

　「活動あって学びなし」といった経験主義の戦後新教育を揶揄する文言が飛び交った昭和20年代において、倉澤（1949）は、「教師用の単元と評価の一覧表」といった「評価図表」、すなわち、現在でいうところの観点別評価の評価規準・評価基準表を提案し、「ききかた」「はなしかた」などの指導において、どのような「知識と理解」「態度と習慣」「技術」が身に付いたのかを明確にして「指導と評価の一体化」を図る方法を提示していた。さらには、教師による総括的評価だけでなく、生徒自身による学習過程の振り返り等、形成的評価を重視した「生徒個人用の学習経過、反省の表」、「共同学習用の評価用（自己・相互評価等含む）」といった「評価図表」も提案し、生徒の学習活動そのものを充実させるための教育評価観を示していた。

　学習評価を行うためには、生徒の実態に即して（生徒観）、どのような学力を育むために（学力観）、どのような教材を用いて（教材観）、どのように指導を行うのか（指導観）、さらには、どのように学力を捉えるのか（評価方法・評価規準と評価基準）、また、どのように次の活動に結び付けるのか（指導観）などを有機的に関連付けて単元の構想をしながら検討することの重要性が示唆されていると言えよう。

2)「主体的・対話的で深い学び」に向けた授業づくりと評価

　さて、現在において、国語科で育成すべき生徒の資質・能力をどのように評価するか、その評価をどのように教員が授業づくりに活用していくか、あるいは生徒自身がその評価をどのように次の学習へとつなげていくかなどについて

検討することは、「主体的・対話的で深い学び」に向けた授業づくりには、欠かせない。国語科で身に付けさせたい言葉の力を育むといっても、たった一回の授業や活動でそうした力が身に付くわけではない。様々な学習活動に取り組む中で知識を習得し、知識を活用することを通してさらに知識を定着させることで確かな学力を育むこと、その力をしっかり評価することが大切である。また、言語活動を通して螺旋的・反復的に自分の考えの広がりや深まりを実感したり、生徒自身が知識や技能が確かに身に付いていることを実感できたりするような授業づくりに取り組みたい。

3）多様な評価の方法

　中央教育審議会（2016）では、「一人一人の学びの多様性に応じて、学習の過程における形成的な評価」を行う必要性が述べられ、「論述やレポートの作成、発表、グループでの話合い、作品の制作等といった多様な活動に取り組ませるパフォーマンス評価」や、「日々の記録やポートフォリオなどを通じて、子供たち自身が把握できるようにしていく」といった「多面的・多角的な評価」について述べられている。平成25年度「全国学力・学習状況調査」国語記述式問題の白紙解答であった児童・生徒の質問紙調査においては、「何を取り上げて書いたらよいのか分からなかった」と、問題の意味が分からなかったと答えた児童生徒が多くいたことが明らかになっている。普段の授業における教師による発問や問い方を含めた「多面的・多角的な評価」の仕方を検討するために、「義務教育修了段階の15歳児の生徒が持っている知識や技能を、実生活の様々な場面で直面する課題にどの程度活用できるかを評価」する国際経済協力開発機構（OECD）による「生徒の学習到達度調査（PISA）」（平成12年以降）、国語科の授業で学んだ知識や技能が「実生活に立脚した学力」として定着しているかを問い、誤答分析から教員による指導改善や児童生徒の学習改善・学習意欲の向上などを重視する「全国学力・学習状況調査」（平成19年度以降、小6・中3対象）、「言語による認識力、想像力、思考力、判断力といった要素を重視」したお茶の水女子大学21世紀COEプログラム研究所の

国語学力調査（『JELS第5集　中学校・高等学校学力調査報告書』）、追跡調査を行い、児童・生徒の学力の伸び率に着目する埼玉県教育委員会による学力調査（平成27年度以降、小4〜中3対象）等も参考にしたい。

（1）観点別評価

　平成29年告示の学習指導要領では、「育成すべき資質・能力の明確化」として、「生きる力」を具体化し、教育課程全体を通して育成すべき資質・能力について、全教科の目標及び内容を〔知識及び技能〕〔思考力、判断力、表現力等〕〔学びに向かう力、人間性等〕の三本柱に再整理した。

　国語科では、〔知識及び技能〕は「（1）言葉の特徴や使い方に関する事項（言葉の働き／話し言葉と書き言葉／漢字／語彙／文や文章／言葉遣い／表現の技法／音読、朗読（中学校のみ））」、「（2）情報の扱い方に関する事項（情報と情報との関係／情報の整理）」、「（3）我が国の言語文化に関する事項（伝統的な言語文化／言葉の由来や変化（高等学校では、「言葉の由来や変化、多様性」）／書写（中学校のみ）／読書）」、〔思考力・判断力・表現力〕は、A「話すこと・聞くこと」、B「書くこと」、C「読むこと」と整理されている。〔学びに向かう力、人間性等〕（「主体的に学習に取り組む態度」等）と〔知識及び技能〕や〔思考力、判断力、表現力等〕とを関連付けて学習指導と一体化した評価を行うことが大切である。

　例えば、「読むこと」〔思考力、判断力、表現力等〕の指導事項は、〔知識及び技能〕と関連付けて、言語活動に取り組むことを通して身に付けていくことが求められているが、評価に当たっては、文章を読んだ最終的な自分の考えや結論の内容はもちろん、誰とどのような目的で、どのように工夫して話したり、書いたり、読んだりして考えを形成したかといった、言語活動の過程に着目することが大切である。

（2）パフォーマンス評価

　中央教育審議会（2016）補足資料では、児童・生徒の学びの深まりを把握

するために、多様な評価方法の例として、「パフォーマンス評価」が取り上げられ、「知識やスキルを使いこなす（活用・応用・統合する）ことを求めるような評価方法。論説文やレポート、展示物といった完成作品（プロダクト）や、スピーチやプレゼンテーション、協同での問題解決、実験の実施といった実演（狭義のパフォーマンス）を評価する。）」と定義付けされている。また、「パフォーマンス評価」においては、「ルーブリック」（「成功の度合いを示す数レベル程度の尺度と、それぞれのレベルに対応するパフォーマンスの特徴を示した記述語（評価規準）からなる評価基準表」）を活用することが示されている。従来のペーパーテストだけの評価によらない、「目標に準拠した評価」に対応した具体的な評価規準を設定することが、生徒の個々の学びを充実させたものにつながる。

（3）ポートフォリオ

　中央教育審議会（2016）補足資料では、「ポートフォリオ」が取り上げられ、「児童生徒の学習の過程や成果などの記録や作品を計画的にファイル等に集積。そのファイル等を活用して児童生徒の学習状況を把握するとともに、児童生徒や保護者等に対し、その成長の過程や到達点、今後の課題等を示す」と定義付けられている。単なる学習活動の記録の集積ではなく、ポートフォリオを通して、どのような資質・能力が身に付いたか、どのように学習が広がったり深まったりしたかを実感し、生徒自らが自身の学習活動を意義付け、次の学習へとつなげていくことが大切である。

（本橋幸康）

引用・参考文献
倉澤栄吉（1949）『国語単元学習と評価法』世界社
中央教育審議会（2016）「幼稚園、小学校、中学校、高等学校及び特別支援学校の学習指導要領等の改善及び必要な方策等について（答申）」及び補足資料
西岡加名恵編（2016）『資質・能力を育てるパフォーマンス評価』明治図書出版
益地憲一（2002）『国語科指導と評価の探究』溪水社

Ⅲ 国語科授業の計画

1.

学習者の実態とその把握

○学習指導デザインの基礎

　国語科の学習指導をデザインするということは、その学習を通して学習者が
どのようなことができるようになるか、彼らのどのような力を伸ばすことがで
きるかという、学習目標に照らして学習者の姿を描くことを意味している。そ
うであるならば、そのデザインの前提となり全ての基盤をなすのが、学習者の
実態を把握することであることは言うまでもない。どんなに教師が綿密に教材
研究や教材開発、新しい指導法の研究を行った上で実施された授業だとして
も、そこに学習者の姿が存在していなければ、その授業が期待される効果を生
むことは不可能である。それらの努力は、学習者が読む・書く・話す・聞くと
いった言語能力のどこに困難を抱えており、それは何が不足していることに起
因しているのかという分析のもと、学習目標が具体的に設定されることで初め
て機能するものである。

　また着目すべきは、主に学習内容に直結するような言語能力及び学習課題を
理解する力や遂行する力（その作業速度も含まれる）などの〈認知面〉に関す
る彼らの抱える困難や課題のみではない。学習者が学習に意欲的・主体的に取
り組むためには、彼らの現在の興味や関心事、問題意識などの〈意欲面〉にも
目を向けることが求められる。そうした意欲面の実態を捉えることで、学習者
の興味や関心に沿った探究課題を設定することや、彼らの経験に関連した教材
開発につながる。それだけでなく、自信をもって課題に取り組むことができる
かどうか、また学習後に達成感をもつことができるかどうかを意識して学習指
導を構想することにもつながるのである。

　そうした分析を土台として、学習者の実態に対して効果的な教材を選んだり

具体的な指導法を考えたりしながら、どのように学習を展開していくかという学習指導をデザインし、実際に授業を実施していく。その一連のプロセスにおいても、常に学習者の実態を捉えながら、それに沿って柔軟に修正を図りつつ実践が行われるのである。そして、実践後に学習者の姿には当初の実態とくらべてどのような変化がもたらされているかということを評価し、そこから発見できる学習者の様子を次の分析材料とする、というサイクルが見えてくる。それが学習指導をデザインするという営みであり、その全ての局面において学習者の実態を捉えることが求められているのである。それは常に、何のためにその学習指導を行うのか、何を達成することがその授業における学習効果と言えるのかを教師が問い続けることを意味する。

（1）実態を把握する対象

　学習者とひとくちに言ってもその対象とその範囲は様々である。ここでは具体的に、学習者の実態を捉え言語化したとき、どのような記述になるのかという例を見ながら、実態把握の対象が誰なのかということを考えたい。

　全国レベル、もしくは OECD の PISA 調査のような国際レベルの大規模な調査の結果を基に標準的な学習者の実態が捉えられる。そのような様々な調査結果は学習指導要領の見直しにも使用され、それに準拠する国語教科書も改訂される。こうした学習者の実態は、〈現代日本を生きる一般的な学習者像〉を捉えたものとして位置付けることができる。その意味で、これらの資料は学習指導をデザインする上での大まかな指標、もしくは目安として使用することができる。

　しかし当然、教師の〈目の前にいる学習者たち〉は必ずしもそうした標準的な学習者像に合致するわけではない。実際に授業を実施することによって、学級単位、あるいは学年単位での視点から、国語科において連続したカリキュラムと照らし合わせつつ学習者の実態分析が行われる。それは、〈目の前にいる学習者たち〉の学びの傾向を捉えるような実態把握の在り方だと言えよう。

　そして近年、「学習者研究」として体系化されつつ浸透し始めているのが、

より〈一人一人の学習者〉の多様性・個別性に着目した実態把握の在り方である。冒頭で挙げたような認知面・意欲面においても学習者それぞれには必ず差があり、またその背景にある学習者個々の特性（学習態度、資質、性格、心身の発達状態など）も異なる。その違いが彼らの言葉の姿としてどう表出しているかを捉えることが、学習者の実態を把握する上で極めて重要な観点である。そうした〈一人一人の学習者〉の多様性・個別性を的確に捉えることによって、教師の適切な関わり方のみならず、学習者同士の協同学習を組む上でも、それぞれの適切な関わり合い方を探るという意味で、学習指導を適切にデザインすることが可能になる。

(2) 実態を把握する方法

上記のような学習者の実態を把握するためには様々な方法が考えられるが、何のためにどのようなことを見ようとするのかという目的によって、適切な方法を選ぶことが重要である。

まず、読む・書く・話す・聞く能力などの言語能力や、学習課題の理解力、遂行能力など、認知面の実態を捉えるためには、筆記テストや学習者の作品や表現などのパフォーマンスを見るという方法が適している。これは、学習の前後に実施することで連続した学習指導をデザインし続けるということにも役立つ一般的な把握方法である。また、実施ごとに見られる結果だけではなく、その変化について継続的な把握を心がけることも重要である。そのために有効な方法としては、学習者が作成するノートを学習記録・学習履歴として分析することや、作品を蓄積するポートフォリオによって確かめることなどが挙げられる。

ここで挙げた筆記テスト、パフォーマンス、ノートやポートフォリオは、学習者の達成状況や学習効果を見取るための評価法としても使用される。ただしここで重要なのは、そうしたテストなどで何点取れたかという数字やその達成状況だけを見るのではなく、間違え方やつまずき方の傾向を知ったり、課題を探ったりすることである。また解答やパフォーマンスの様子から、その学習者

の授業における反応を予測するなど、多方面からの実態分析の材料として捉えることである。これらの方法によって得られた情報の分析を基に、各学習者に対する支援として具体的な教材・教具や補助プリントの作成準備にとりかかるきっかけを見いだすことができる。

　現在の興味や関心事、意欲、問題意識などの意欲面についての実態を捉えるには、アンケート用紙を使用して質問事項について学習者に回答してもらうアンケート法や、個々の学習者と一対一で話をする面談などの調査が方法として適している。アンケート法によって得られる結果は学級や学年単位における大まかな傾向をつかむことにも使える。大まかな傾向をつかむことによって、全体に対して設定する探究課題などの学習指導デザインの出発点をつかむことができる。ただし、これらの調査において学習者が本当に、正直に本音を語るかどうかは不確かであるということは常に頭に留めておき、そこで得られた情報についても慎重になる必要がある。

　最後に、それらを総合的に捉える最も重要な方法として、学習者の日々の言葉の在り方を、授業内や日常生活におけるその立ち振る舞いから見取っていく観察法が挙げられる。日々の場面で彼らが使用する言葉の意味、友人間でのコミュニケーションでの言葉の用い方はどうか、思考する場面での考え方などをつぶさに敏感に見取るのである。また、言語活動や課題の遂行速度や理解の在り方については、授業内において観察するべき観点である。このように学習者の実態を観察によって捉えようとするには、経験を重ねることによって初めて見えてくることも多いと考えられる。まずは一つ一つ気付いたことを書きとめ、教師自身がそうした記録を蓄積していくことから始めることが重要である。それらは学習者個々の個人カルテとして、その後の学習指導構想にとっての重要な資料として役立てることができるものである。

（中井悠加）

引用・参考文献
文部科学省（2017）『中学校学習指導要領（平成 29 年告示）解説　国語編』東洋館出版社、p.5

Ⅲ　国語科授業の計画　　41

2.

年間指導計画・単元計画

1）年間指導計画

　各学校においては、生徒や学校、地域の実態を基に学校教育の全体計画が策定され、全体計画に基づいて、各学年、各教科、各領域等の指導計画が作成される。国語科の年間指導計画とは、各学校における国語科の目標を達成するために、学習内容を構造的に組織し、年間を通して意図的・計画的に単元を配列したものである。年間指導計画に盛り込む要素としては、学年、実施時期、指導時数、単元名、育成を目指す資質・能力（〔知識及び技能〕〔思考力、判断力、表現力等〕に関する指導事項）、教材（学習材）、主な言語活動（及び言語活動例）、関連する事項などが考えられる。

（1）学習指導要領における指導計画作成上の配慮事項

　「平成29年告示中学校学習指導要領」第2章第1節国語の第3「指導計画の作成と内容の取扱い」には、指導計画作成上の配慮事項が、次のように記されている。

1　指導計画の作成に当たっては、次の事項に配慮するものとする。

（1）　単元など内容や時間のまとまりを見通して、その中で育む資質・能力の育成に向けて、生徒の主体的・対話的で深い学びの実現を図るようにすること。その際、言葉による見方・考え方を働かせ、言語活動を通して、言葉の特徴や使い方などを理解し自分の思いや考えを深める学習の充実を図ること。

「平成 29 年告示中学校学習指導要領」及び「平成 30 年告示高等学校学習指導要領」では、教育課程全体を通して育成を目指す資質・能力が、「知識及び技能」「思考力、判断力、表現力等」「学びに向かう力、人間性等」の三つの柱で整理されている。国語科においては、育成を目指す資質・能力を「国語で正確に理解し適切に表現する資質・能力」と規定し、資質・能力の三つの柱に沿って目標が示され、内容は〔知識及び技能〕〔思考力、判断力、表現力等〕で構成されている。指導計画の作成に当たっては、単元など内容や時間のまとまりを見通して、資質・能力の育成に向けて、主体的・対話的で深い学びの実現を図ることが求められている。言葉による見方・考え方を働かせ、言語活動を通して、資質・能力を育成しようとするとき、年間指導計画は重要な意味をもつ。学習指導要領では、学習の系統性が重視されており、国語科の指導内容は、系統的・段階的に上の学年につながっていくとともに、螺旋的・反復的に繰り返しながら学習し、資質・能力の定着を図ることを基本としている。そのため年間指導計画を基に、各単元において育成を目指す資質・能力の関連性を十分検討しておくことが欠かせない。

さらに、学習指導要領では、「話すこと・聞くこと」「書くこと」に関する指導について、年間指導計画に適切に位置付け、確実に実施するよう年間の授業時数が示されている。高等学校においては、話合いや論述などの「話すこと・聞くこと」「書くこと」の学習が十分行われていないという課題が指摘されており、例えば、共通必履修科目の「現代の国語」においては、「A 話すこと・聞くこと」に関する指導について年間 20 ～ 30 単位時間程度、「B 書くこと」に関する指導について年間 30 ～ 40 単位時間程度を配当するよう、授業時数が明確に示されている。年間指導計画を作成する際には、こうした年間の授業時数も考慮する必要がある。

(2) 年間指導計画作成上の留意点

国語科において育成を目指す資質・能力を学習者一人一人に確かに身に付けさせるためには、学習者の実態に応じて適切な目標を設定し、目標の達成にふ

さわしい豊かな言語活動を位置付けた単元を構想し、年間指導計画を作成して、「主体的・対話的で深い学び」の実現に向かう実践に取り組んでいく必要がある。年間指導計画は、学習の系統性を踏まえた上で、各学年の目標を達成するために、1年間の学習指導について全体像を捉え見通しをもつことができるよう作成するものである。見通しをもっていなければ、1年間を通して育てたい資質・能力を効果的に身に付ける学習指導を展開していくことはむずかしい。

　国語科においては、教科書教材の配列に即して年間指導計画が作成されることが通例である。教科書は学習指導要領に則って目標を設定し、目標を達成するための教材を配列しているからである。年間指導計画を真に学習者に即したものにしていくためには、教科書教材の配列を尊重しつつ、指導者一人一人が学習者の実態に基づいて、どの単元において、どのような言語活動を通して、どのような資質・能力を育成するかということを一層重視して単元を捉え、必要に応じて単元を開発し、年間指導計画に位置付けていく必要がある。

　その際、学習者は成長しつつあるという学習者観に立ち、年間指導計画を柔軟な動的なものとして捉えたい。年間指導計画の中で目標が達成されているかどうかということについて評価し、目の前の学習者に必要な資質・能力を育成するために、学習者の実態に応じてふさわしい単元を開発し、年間指導計画を見直していくことが求められる。また、カリキュラム・マネジメントの考え方を生かし、学校や地域の実情を把握して、教科横断的な視点で単元を見直したり、国語科の指導内容を保護者や地域に発信し、家庭や地域と積極的に関わっていくような単元を構想したりする必要もある。

　年間指導計画は、こうした見直しを行う際に効果的に機能することになる。開発した単元を年間指導計画に位置付けることによって、見直しの妥当性、見直すことによる他の単元との関連性などについて検討を加えることができる。年間指導計画を作成しているからこそ、全体のバランスを見失うことなく、計画を再構成していくことが可能になる。

　したがって、年間指導計画は年度当初に作成しておけばよいという形式的なものではなく、具体的に見直したことを記録して年間を通じてブラッシュアッ

プし、1年間の学習指導を終えたときに本当に完成するものであると考えたい。完成した年間指導計画は、目の前の学習者とともに編み上げた独創的なものとなり、そこに示されている単元と資質・能力は、学習者の既習事項として、次年度の単元構想、年間指導計画に生かされていく貴重な資料となる。さらにいえば、年間指導計画を検討することによって、3年間の指導の方向性を導くことも可能になる。1年間の年間指導計画のみならず、3年間を見通した年間指導計画の作成を視野に入れていく必要がある。

2）単元計画

　年間指導計画は、各単元によって構成される。単元を構想し、単元計画を作成していく際に大切にしたいことは、次の8項目である。

---

　① 　学習者の言語生活の実態を把握する。

　② 　単元に向かう指導者の願いを明確化する。

　③ 　単元で育てたい資質・能力、目標を設定する。

　④ 　目標達成にふさわしい言語活動を組織する。

　⑤ 　言語活動を支える多様な学習材を開発する。

　⑥ 　指導に生かす目標に準拠した評価の場を設定する。

　⑦ 　目標を反映した単元名を決定する。

　⑧ 　年間指導計画を見通して単元の枠組みを検討する。

　資質・能力の育成を目指し、主体的・対話的で深い学びを実現する単元を構想していくとき、単元の出発点はあくまでも学習者におく必要がある。学習者と日々国語教室を共にする指導者が、学習者一人一人の言語生活の実態に即して、どのような資質・能力を育てる必要があるか、十分見極めて単元を計画していくことが大切である。　　　　　　　　　　　　　　　　　　　　　（伊木洋）

引用・参考文献
間瀬茂夫（2018）「指導計画」『国語教育指導用語辞典〔第五版〕』教育出版、pp.208-209

3.

学習指導案の作成

1）学習指導案の構造

　学習指導案は、教師が自らの教育的意図や生徒の状況に即しながら授業を構想し、それに基づいて設定した目標と教育方法からなる計画である。

　学習指導案という用語は、1時間の授業計画（略案）か、1単元全体の指導計画（細案）のいずれかを意味する。以下まず細案に関わり、その典型的な構成要素について述べながら、学習指導案の基本的な構造を示す（表参照）。

（1）単元名

　学習指導案冒頭で、単元名として、単元の主題が記されるとともに、単元に位置付けられる教材が挙げられる。このパートでは、教材名だけが挙げられることもあるものの、生徒によって取り組まれる言語活動が単元の主題として明記されるべきである。例えば、説明的な文章を教材とした単元であれば、「論理を読み取る」というようにである。その方が、単元全体で育成を目指す言語能力の概要を示せることになる。

（2）単元設定の理由

　単元は、何らかの言語能力を生徒に育成しようとして企図される。したがって、どのような言語能力を、なぜどのように育成するのか、教師には意図が、すなわち単元設定の理由がなくてはならない。この理由は、基本的に単元観、生徒観、指導観という三つの観点から示される。

　まず単元観では、単元に位置付く教材とその解釈、及び教材を対象とした学習で育成される言語能力の捉え方について述べられる。加えて、言語能力の系

統的な育成を観点に、これまでの単元と当該単元との関連が説明されることも
ある。また生徒観では、そうした学習に対する生徒の準備性（レディネス）に
ついて述べられる。つまり、単元における学習は、生徒にとってどの程度の難

表　学習指導案の様式

国語科学習指導案

学　年	第○学年
指導者	○○○○
場　所	○年○組

1　単元名

2　単元設定の理由
（1）単元観

（2）生徒観

（3）指導観

3　単元の目標

4　単元の評価規準

知識及び技能	思考力、判断力、表現力等	主体的に学習に取り組む態度

5　指導と評価の計画（全○時間）

次	時	学習内容	評　価	
			評価規準	評価方法

6　本時の学習（　／　時間）
（1）目標

（2）展開

学習活動と予想される反応	指導上の留意事項	評価規準・評価方法

7　板書計画

Ⅲ　国語科授業の計画　　47

易度をもつのかについての評価である。さらに指導観では、学習を促していくための教育方法について述べられる。その際、「主体的・対話的で深い学び」の実現に向けて採られる手立てへの言及が必要となる場合もあろう。

(3) 単元の目標

　単元の目標のパートでは、単元全体の目標が示される。このパートでは、学習指導要領の「内容」を踏まえつつ、単元で育成を目指す言語能力が端的に述べられる。例えば、「文章の論理の展開の仕方を、主張―根拠とそれらをつなぐ理由付けの三つの観点から捉えることができる」というようにである。

(4) 単元の評価規準

　評価規準は、単元の目標である言語能力育成が達成されたか否かを、生徒の学習の実態に即して具体的に見取るための目安である（Ⅱ章―4参照）。この規準は、平成29年／平成30年告示学習指導要領に基づけば、学力の「三つの要素」に相当する観点ごとに分けて設定される。その観点とは、Ⓐ「知識及び技能」、Ⓑ「思考力、判断力、表現力等」、Ⓒ「主体的に学習に取り組む態度」である。

　こうした評価規準は、見取りが可能なように具体的な行為として示される必要がある。例えば、「主張―根拠を抽象―具体の関係として指摘している」（Ⓐ）、「主張と根拠をつなぐ理由付けを自分の言葉で述べている」（Ⓑ）、「論理の展開に着目して文章を読もうとしている」（Ⓒ）といった記述である。

(5) 指導と評価の計画

　指導と評価の計画では、単元全体の各授業の要点が示される。指導計画では、単元全体がいくつかの「次（つぎ／つぐ）」に分節され、各次に何時間かの授業が位置付けられる。その上で学習内容の欄に、各時の授業における目標と主要な言語活動が示される。また、評価の欄には、各時の授業の目標達成を見取るための評価規準とその見取りの方法が示される。例えば、「主張と根拠

をつなぐ理由付けを自分の言葉で述べている」という評価規準であれば、ノートやワークシートの記述内容で見取るというようにである。

（6）本時の学習

　以上のような単元全体の計画に基づきつつ、1時間の授業計画（略案に相当）として本時の学習が示される。このパートでは、本時が単元全体の時数の何時間目かが記され、本時の目標と展開が示される。

　展開では、導入・展開・まとめといった1時間の授業の流れが記述される。授業展開の基本は、生徒による言語活動のつながりである。したがって、学習活動と予想される反応の欄には、まず授業中に生徒が取り組む言語活動が「考えを書く」、「話し合う」というように、生徒の具体的な行為の連鎖として記述される。加えて、そうした言語活動によって生徒のどのような反応が生起するか、例えば発問に対して生徒はどう応答するか、予想が述べられる必要がある。

　こうした言語活動の支援のために、指導上の留意事項の欄には、発問・指示・説明といった教師の行為が具体的に記述される。とりわけ発問については、どのような言葉で問いかけるのかが、明確にされる必要がある。さらに、評価規準・評価方法の欄には、本時の目標に直結していく言語活動に関わって、上記（5）にあるようにその達成を見取るための評価規準と評価方法が記述される。

　なお、展開における導入部に、例えば「主張と根拠をつなぐ理由付けを考えよう」と、生徒にとっての本時のめあてが記されることもある。また、展開の最終部に、本時の学習活動全体の生徒による振り返り活動が位置付けられることもある。これらの学習指導案への位置付けには、全国学力・学習状況調査の「クロス集計」結果が影響している。その結果では、導入でのめあての提示や学習の振り返り活動の取り入れが、記述式問題の平均正答率の高さにつながるとされる。こうしたことから、展開におけるめあてや振り返りの位置付けが、一般的に行われるようになったと見なせる（森脇、2019）。

Ⅲ　国語科授業の計画　49

（7）板書計画

　板書計画は授業の展開を可視化する手段の一つである。よって、本時の学習に即した板書内容の明確化は、授業の構想にとって重要な要因だと言える。

2）学習指導案作成の要点

（1）実践的仮説を担う学習指導案

　学習指導案の作成は、上記の（3）から（6）への進展から分かるように、単元全体の目標を観点別に分析しつつ、それら目標達成のために評価の在り方や教育方法を構想していく過程である。つまり、その作成は、目標から教育方法への具体化の過程と言える。

　このように、目標とその達成のための教育方法を軸に作成されることから、学習指導案は実践上の仮説を表すものになる。つまり、それは「……という教育方法を採れば、目標となる学習の状態を生み出せるであろう」という目的—手段連関からなる実践的仮説を担っているわけである。

　したがって、学習指導案に基づく授業実践では、そうした実践的仮説の妥当性が検討されることとなる。その意味で、学習指導案は授業の効果を確認しつつ、その改善を試みるための授業研究の道具となりうる。それゆえに、教師が、その作成は実践的仮説の設定であるという点に自覚的であることが重要となる。

（2）教育内容研究の重要性

　国語科学習指導案の作成は、基本的には教材となる文章テクストなどの解釈、すなわち教材研究に基づいて遂行される。しかしそれだけではなく、教材に関わって国語を巡る文化的・学問的内容そのものを検討することもまた、学習指導案作成の重要な契機となる。

　例えば、前述の「主張—根拠とそれらをつなぐ理由付けの三つの観点」から説明的文章の論理を捉えることは、議論についてのトゥールミン・モデル（トゥールミン、2011）に基づいている。このように、生徒が学習する内容に

ついて、それに関わった文化的・学問的内容を検討してみるという試みは、一般に教育内容研究と呼ばれる（藤原・荻原、2019）。

こうした教育内容研究にまで踏み込んでの学習指導案作成を、教師は日常的な実践の中でしばしば行えるわけではなかろう。とは言え、トゥールミン・モデルであれば、その解説書などを参考にしつつ、生徒によって学習される説明的文章の論理についての理解を、教師が深めておくことはできる。したがって、教材研究とともに、それを深化させる教育内容研究を意識することが、学習指導案作成では重要となる。

（3）授業イメージの重要性

上記1）—（6）で述べたように、1時間の授業計画（略案）では、生徒の言語活動やそれを支援する教師の行為が具体的に記述される必要がある。

この点に関わって、教育史上著名な実践家である斎藤（1969）は、授業において「『見える』ということは……『すべてだ』といってもよい」と述べている。斎藤のこの考え方を学習指導案作成に引き付けて敷衍的に解釈すれば、教師は授業の構想においてその豊かなイメージをもっていなければならないことになる。つまり、授業の中で生徒たちはどのように動きまた発言していくか、教師は豊かにイメージ化しておく必要がある。したがって、できる限り具体的に生徒たちの言動が「見える」ように心がけながら、授業イメージを想い描いておくことが、授業の構想では求められる。

（藤原顕）

引用・参考文献

藤原顕・荻原伸（2019）「深い学びを生み出すための豊かな教育内容研究」グループ・ディダクティカ編『深い学びを紡ぎだす―教科と子どもの視点から』勁草書房

森脇健夫（2019）「授業における目標の構造・機能と授業づくり―『あらたな形式主義』からの脱却」、グループ・ディダクティカ編、前掲書

斎藤喜博（1969）『教育学のすすめ』筑摩書房、p.172

トゥールミン・S・E、戸田山和久・福澤一吉訳（2011）『議論の技法―トゥールミンモデルの原点』東京図書

4.

教材研究

1) 国語科における教材

　教材とは、教育内容を教えるために使われる素材・手段のことである。国語科においては、言語の力を身に付けるという目標を達成するために必要となる全ての素材・手段を指す。素材という表現は、材料・資料・媒材・道具等の用語に置き換えられることもある。

　教科書が実質的に教科指導の中心的役割を担ってきたことは否めない。しかし、国語科における教材は教科書だけではない。国語科の授業において、学習者の学習に機能して学習を成立させ、言語の力を身に付けるという目標を達成するためには、文字媒体の教材を編集した教科書のほかにも提供・活用される素材・手段が必要である。例えば、写真・映像・広告・新聞・アニメ等の言語文化や言語現象、教師によるモデル提示・発問・板書・掲示物・ワークシート等の学習を促すための指導方法等が挙げられる。さらに、例えばスピーチ学習における学習者の発表そのものや発表原稿、発表の仕方自体も「聞くこと」の教材となりうる。つまり、様々な言語活動全てが教材となりうるのが国語科の特徴である。国語科における教材を考える場合、教科書も含めて学習者の学習を促す全ての事物や現象を指すことを念頭に置くことが大切である。

2) 教材研究の基盤

　これまで、教科書に掲載されている文学的文章や説明的文章等を研究（解釈・分析）することが教材研究の中心とされてきた傾向が強い。つまり、教科書に掲載されている素材となる文章を「教師が十分に理解すること」に教材研究の重点が置かれてきたのである。

教科書は各学校で1種類が採択され、全学習者が共通して使用する。そもそも学習の主体である学習集団の実態や特性、まして、個々の学習者の実態や特性に応じてつくられたものではない。そのため、効果的に学習を成立させるためには、それぞれの学習集団や個々の学習者の実態や特性に応じた教科書以外の教材を準備することが必要になる。このように、教材研究を行う上でまず大切なことは、国語科の学習が行われる際の学習者の実態や特性の把握にある。つまり、これから行われる言葉の力を身に付けるための学習内容に関する、学習者の能力の実態を把握することが教材研究の基盤となる。これを学習者研究と呼ぶこともある。目の前に存在する学習者の実態や特性に応じて、教科書を含めた素材をどのように教材化し、どのような手段によって言葉の力を身に付ける目標を達成させるのかという、学習者中心の授業観に立って教材研究を捉えることが大切なのである。

3）教材研究の段階

　教材研究を簡潔に説明すると、「教師が毎時間の授業に際して、あらかじめ扱う素材を研究し、学習者の発達段階・興味・関心に応じてその指導の過程をいかにするのかを考える作業」（『国語教育指導用語辞典　第四版』）ということになる。ここには、教材研究の二つの重要な柱として、「素材に関する研究（素材研究）」「指導の過程における方法に関する研究（指導法研究）」が示されている。加えて、「学習者の発達段階・興味・関心に応じて」という学習者の実態や特性に配慮する「学習者研究」の視点が踏まえられている理由は前述の通りである。

　本節においては、あえて「教材研究がしにくい」との声を多く耳にする「話すこと・聞くこと」の授業例に即して教材研究の実際を「学習者研究」「素材研究」「指導法研究」の順で説明したい。ここでは、中学校第1学年における「ポスターセッションをする」という教科書の素材についての教材研究を想定している。

（1）学習者研究

　教科書に掲載されている各単元には、指導すべき国語科の教育内容が指導事項という形で設定されている。「ポスターセッションをする」では、まず「A　話すこと・聞くこと」領域の「ウ　相手の反応を踏まえながら、自分の考えが分かりやすく伝わるように表現を工夫すること」という表現指導が中心となることを学習指導要領で確認することが第一歩となる。

　この上に立って、これから行われる言葉の力を身に付けるための学習内容に関する、学習者の能力の実態や特性を把握する作業が学習者研究である。例えば、朝学活・学級活動の時間における学習者のスピーチを観察し、「一方的に話すことはできるが、聞き手の反応を意識することはできない」というような課題を発見するということである。

（2）素材研究

　素材研究とは、「素材自体がもっている特徴」を明らかにすることである。教科書に掲載されているいかなる文章も、また、ポスターセッションやパネルディスカッションといったいかなる言語活動も、もともとは授業に使用することを前提としてつくられたものではない。これらの素材が教材として成立するためには、目の前の学習者の実態や特性との関わりにおいて、その素材がどのように教育的な価値があるのかを明確にする必要がある。

　そのためには、対象となる素材を「教師が十分に理解すること」は必須である。「読むこと」に関する単元なら、教師個人としての教材解釈を確立する段階となる。本単元の場合、まず、ポスターセッションの特徴を「定義」「方法」「効果」等の観点から、さらには、制作するポスターの特徴を「内容」「構成」「表現」「効果」等の観点から調べてまとめる必要がある。この過程で、教師が素材（ポスターセッション）のもつ「発表者と聞き手の距離が近く、意見交換しやすい」という特徴に気付くことで、初めて「一方的に話すことはできるが、聞き手の反応を意識することはできない」学習者たちに、「相手の反応を踏まえながら……表現を工夫する」言葉の力を身に付けるために有効に働く教

材としての価値を発見することができる。つまり、素材研究とは、素材の中に国語科の教育内容となるべき知識・技能を見定めることで「素材を教材化する」ための基盤となる作業なのである。

（3）指導法研究

　指導法研究とは、身に付けるべき言葉の力を想定して、具体的な指導の過程を構想することである。まず、「何を教えるのか」を明確にするために、目の前の学習者たちの現状を観察・調査した上で、その特性や実態に対応した教育内容をもった教材を準備し、それらを単元の学習目標で結び付ける。本単元では「ポスターを使って、相手の反応を踏まえながら発表することができる」ようにするという学習目標を設定することになる。

　次に、「どのように教えるのか」を明確にするために具体的な指導の過程を組み立てる。

①単元計画を立てる

　全体として何時間扱いの単元なのか、各時間において主にどのような内容を指導するのか、各時間においてどのような学習活動を行わせるのかの計画を立てる。

②各時間における具体的な指導の計画を立てる

　各時間における具体的な「学習活動の流れ」や「評価及び評価方法」の計画を立てる。

③必要な教材を準備する

　各時間の学習活動に即応した教材を準備する。例えば、本単元の第1時を想定すると、「学習の見通しを一覧にまとめた掲示物」「ポスターセッションを視覚的に理解させるための映像」「教師が作成したポスターのモデル」「班ごとに調べるテーマを考えさせるためのワークシート」など、学習を促すための多くの教材を準備することが必要になる。

（吉田茂樹）

引用・参考文献
田近洵一・井上尚美編著（2016）『国語教育指導用語辞典』教育出版

5.

教材開発

1）教材開発の意味

　「教材開発」とは、学習のねらいに応じた適切な素材（教材文等）を教師自らが発見・作成することを言う。これは、個々の授業実践者にとっては、教材集としての教科書が既に存在するのであるから、主に自主教材を作成することを指すことになる。この用語は、学習資料としての素材を見つけることだけでなく、学習プリントや音声教材・動画教材等の利活用をも含めて、学習活動を有効なものにする工夫を施し、学習材として完成することまでを含んでいる。

　個々の教員が自主教材を用意しなくとも、教科書に十分な分量の教材が掲載されており、年間の限られた授業時間の中で、それらをこなすだけでも大変だと感じる授業者も多いことであろう。しかし、自分の教室の一人一人の学びを考えるとき、学習者にふさわしい教材を開発することが必要となってくる。学習者の現実の課題から身に付けさせたい学力の獲得をデザインするという単元の企画段階において、教材開発は必須の作業となる。

　一人一人の学習者に適した教材というとき、大村はまの単元学習の実践が一つの手本となるだろう。大村（1983）の「中学作文」では、教材の多くが生徒の作文で、ほかに大村の自作の文章、雑誌や新聞記事からも取り上げられている。学習者が現実に生きている場に即した教材化である。また、大村（1983）「単元　いきいきと話す」では、言葉の付いていないマンガ「クリちゃん」を教材にして、これに言葉を付けて場面を説明するという学習活動が行われている。学習者が、思わず「いきいきと話し」たくなるような工夫が、言葉の付いていないマンガという教材の特性を生かしてなされている。大村から学びたい点の一つは、日常接する幅広いメディアから適切な材料を収集しておき、それ

を単元のねらいに即して効果的に教材化するという授業者自らの言語生活のありようである。

　また、近年、主体的な学び、協働的な学び、深い学びの過程を実現する「アクティブ・ラーニング」が授業方法に取り入れられる中、学習者が課題に取り組む際に資料として考究対象とする教材として、どのようなものを選定するかということが、単元設計の大きな課題となる。例えば、知識構成型ジグソー法を用いる場合、「①大きな課題に向かって、グループ内で知識のパートごとのエキスパートを決め、エキスパートが集まって資料を検討する。②各エキスパートが元のグループに帰って、担当資料を検討して得られた成果を説明し合い、課題に対する見解をつくり上げる」という手順が中心的な活動となる。この際、授業者があらかじめどのような資料を用意しておくかによって、学習活動の成果が変わってくる。今後、国語科において、主体的な学びが積極的に取り入れられていく中で、教材開発はより重要なものとなるだろう。

2）学習指導要領における教材選定の観点

　どういった教材を選定するのがふさわしいのかということについて、「平成29年告示中学校学習指導要領」では、「教材についての配慮事項」において「次のような観点に配慮して取り上げること」としている。

　ア　国語に対する認識を深め、国語を尊重する態度を育てるのに役立つこと。

　イ　伝え合う力、思考力や想像力を養い言語感覚を豊かにするのに役立つこと。

　ウ　公正かつ適切に判断する能力や創造的精神を養うのに役立つこと。

　エ　科学的、論理的に物事を捉え考察し、視野を広げるのに役立つこと。

　オ　人生について考えを深め、豊かな人間性を養い、たくましく生きる意志を育てるのに役立つこと。

　カ　人間、社会、自然などについての考えを深めるのに役立つこと。

　キ　我が国の伝統と文化に対する関心や理解を深め、それらを尊重する態

Ⅲ　国語科授業の計画　57

度を育てるのに役立つこと。

ク　広い視野から国際理解を深め、日本人としての自覚をもち、国際協調
　　の精神を養うのに役立つこと。

　なお、『中学校学習指導要領（平成29年告示）解説　国語編』には、国語科教材を道徳科に活用することや、道徳科教材を国語科で扱う場合に道徳科における指導の成果を生かすように工夫することも述べられている。

　「平成30年告示高等学校学習指導要領」では、科目編成が変更になり、各科目ごとに扱う教材選定の範囲と観点を示している。「現代の国語」では、「教材は、次のような観点に配慮して取り上げること」としている。

（ア）言語文化に対する関心や理解を深め、国語を尊重する態度を育てる
　　　のに役立つこと。

（イ）日常の言葉遣いなど言語生活に関心をもち、伝え合う力を高めるの
　　　に役立つこと。

（ウ）思考力や想像力を伸ばし、心情を豊かにし、言語感覚を磨くのに役
　　　立つこと。

（エ）情報を活用して、公正かつ適切に判断する能力や創造的精神を養う
　　　のに役立つこと。

（オ）科学的、論理的に物事を捉え考察し、視野を広げるのに役立つこと。

（カ）生活や人生について考えを深め、人間性を豊かにし、たくましく生
　　　きる意志を培うのに役立つこと。

（キ）人間、社会、自然などに広く目を向け、考えを深めるのに役立つこと。

（ク）広い視野から国際理解を深め、日本人としての自覚をもち、国際協
　　　調の精神を高めるのに役立つこと。

　中学校・高等学校ともに、教材選定に際しては、言語技能の育成に関わる言語表現としての価値と、認識の育成に関わる内容面の価値が検討される必要が

あると言えよう。国語教材には、この両面がともに必要である。

3）教材開発の方法

　教材開発の第1段階は、生徒に身に付けさせたい学力獲得に有効な学習活動を設定し、それにふさわしい素材を選定することである。文字テクストのほか、動画や図版も対象となる。文字テクストの場合、複数テクストを組み合わせれば、学習者が単一テクストでは顕在化し得なかった意味を発見することができる。例えば、村上（1993）「死すべきものとしての人間」の現代評論と、『源氏物語』「御法」の古典教材を組み合わせて、死にゆく人と生き残る人との関係性を問題化することができる。教材の選定には、教材テクストの理解と学習者の理解が、十分になされなくてはならない。扱っているテーマと関連しているからというだけでは、単元のテーマ内容を考える参考資料以上のものにはならない。授業者自身が、教材テクストが読者に問いかけている問いをつかみ、その教材にふれて学習者に積極的な反応が起こり得る見通しを得なければならない。

　第2段階は、教材のつくり方に工夫を施すことである。例えば、古典教材の場合、本文の左側に学習者の実態に応じて分かりにくい箇所にだけ口語訳を付しておく傍注訳教材を作成することで、言語抵抗を格段に減じることができる。また、学習プリントのデザインを工夫して、学習活動の手順と活動結果としての成果を可視化することが、主体的な学習活動を実現する上で有効である。

　教材は、学習者の実態と身に付けさせたい学力とに応じて作成されるものである。ゆえに、ほかの授業者の実践で効果的であった教材が、自らの教室でそのまま有効であるとは限らない。しかし、どのジャンル・媒体から素材を得ているのか、またそれをどのように加工しているのかという点で観れば、自らの実践へのヒントが得られ、アイデアが喚起される契機が得られる。　（信木伸一）

引用・参考文献
大村はま（1983）『大村はま国語教室　第5巻　書くことの計画と指導の方法』筑摩書房
大村はま（1983）『大村はま国語教室　第2巻　聞くこと・話すことの指導の実際』筑摩書房
村上陽一郎（1993）『生と死への眼差し』青土社

6.

国語科の学習過程

1）学力観・学習観の転換

　知識基盤社会の到来は学力観の転換をもたらし、知識・技能の習得から、課題解決のために知識を活用して考える力の育成が求められるようになった。学習の在り方も、知識の習得・再生を中心とした教師主導の一斉学習形態から、生徒の発達や認知過程の知見を生かした主体的・能動的な課題解決学習、協同的な学習へと大きくシフトした。

　「平成29年告示中学校学習指導要領」では、これまでの学校教育の蓄積を生かし、学習の質を一層高めるために、「主体的・対話的で深い学び」の実現に向けた授業改善（アクティブ・ラーニングの視点に立った授業改善）が求められた。また、活動だけが独り歩きしないよう、〔思考力、判断力、表現力等〕の各領域において学習過程を明確化し、各指導事項を位置付けることで、言語活動を通じて育成する資質・能力を示している。特に、全ての領域で「考えの形成」に関する指導事項が位置付けられたことから、自分の考えを形成することで深い学びへ至る学習過程が重視されていることが分かる。

2）アクティブ・ラーニングの視点

　学習内容の深い理解のために、ディスカッションや協同学習といった学習形態の工夫だけでなく、生徒が学習への深いアプローチをとるような学習状況をつくることが求められている。深いアプローチでは、教科の特質に応じた「見方・考え方」を働かせ、概念を自分で理解するために知識を相互に関連付け、意味を追求していく。その結果、自分の理解をメタ認知し、学習への価値付けが可能となる。評価は、概念をいかに関連付けて意味を追求したかを見取るこ

とになる。また松下（2015）は、理解対象として内化された知識は、問題解決のための外化の活動を通じて再構築され、より深い理解になっていく（内化が深まる）こと、「外化のない内化」「内化のない外化」はうまく機能しないため、内化と外化の組み合わせ方が課題となることを指摘している。学習過程を編成する際には、単

学習へのアプローチの特徴
深いアプローチ……………………………………意味を追求すること 　意図：概念を自分で理解すること 　　　　　　　　　　　　　　　　　　　　　　　〈によって〉 　・概念を既有の知識や経験に関連づける 　・共通するパターンや根底にある原理を探す 　・証拠をチェックし、結論と関係づける 　・論理と議論を、周到かつ批判的に吟味する 　・必要なら、暗記学習を用いる 　　　　　　　　　　　　　　　　　　　　　　　〈その結果〉 　・理解が深まるにつれ、自分の理解のレベルを認識する 　・科目の内容に、より積極的な関心をもつようになる
浅いアプローチ……………………………………再生産すること 　意図：授業で求められることをこなすこと 　　　　　　　　　　　　　　　　　　　　　　　〈によって〉 　・授業を、互いに無関係な知識の断片としてとらえる 　・事実をひたすら暗記する、決まった手続きをひたすら繰り返す 　・目的もストラテジーも検討することなく勉強する 　　　　　　　　　　　　　　　　　　　　　　　〈その結果〉 　・新しい概念を意味づけることが困難となる 　・授業や設定された課題にほとんど価値も意義も見出せない 　・課題に対して、過度のプレッシャーや不安を感じる

（出典）Entwistle（2009、p.36）より訳出。

元など内容や時間のまとまりの中で、内化としての習得、外化としての活用・探究のバランスを工夫する必要がある。「習得」と「活用」には順序性や段階性はなく、習得することと同時に活用を図らなくてはならない。

（1）「主体的な学び」と学習課題

　「主体的な学び」を導くためには、学習課題の工夫が重要である。その上で、自分の思考をメタ認知し、考えの再検討を促す対話の過程を組織することが必要になる。

　授業では、学習目標を達成するために、生徒向けの言葉で「めあて」が示される。しかし、生徒自身が問題意識をもち、追求したいと思えなければ、主体的な学びは生じない。そこで「読むこと」の学習であれば、生徒の初読時の気付き（感想や疑問）から、教科の「見方・考え方」となるような用語や、空所や作品構造などに着目させて作者との対話を促したり、作品を価値付けたりす

るような深い学びにつながる箇所を取り上げ、提示することが必要になる。生徒は、自分たちの疑問解決に向けて能動的に読んだり話し合ったりすることになる。

また、生徒に発問を考えさせるのも有効である。文学的文章では、内容・表現・構成の3点に着目させ、多様な読みが可能となる問いを考えさせることで、作品の勘所も磨かれていく。教科書を読めば答えられるような単純な問いではなく、本文を基に考えなければならないような問いをつくることで、「主体的な学び」の学習状況をつくることが可能になる。

(2)「対話的な学び」を拓く過程

多田（2006）は「対話とは、参加者が、さまざまな意見にときには混乱しながらも、論議を尽くすことにより、一人では到達し得ない結論や解決策、知見などを得ていく活動である」としている。授業における対話では、新たな知を形成するため、次の三つの段階を踏む必要がある。

①教材（作品）と向き合い対話することで、自分の読みをもつこと。

②教材（作品）との対話によって生じた各自の考えを、他者との対話により相対化すること。

③その対話の中で、自分の見解を修正したり、他者の考えのよさを加味し、自分の考えを再構築するといった自己内的な対話を行うこと。

「対話的な学び」では、話合いの闊達さなど交流の外的側面に関心が向くが、活発な話合いと思考の深さは必ずしも比例しない。例えば表面的で形式的な質問のやりとりは、個人の考えが未確立のときに生じる。教材（作品）を意味付ける行為がなければ、語るべきものも生まれないからである。また、沈黙や言い淀みは、自分の考えをメタ認知している際にも生じる。その結果、自分の考えの根拠が明確になり、一貫性のある深い思考が形成される。恣意的解釈や、学級の人間関係の影響を防ぐことにもなる。自己内対話や教材（作品）との対話で、自分なりの考えや解釈をもたせることが、他者との対話を可能にする。メタ認知能力を育み、新たな知を形成し自己を再組織化するためにも、交

流は学習の中核に位置付けたい。

（3）「深い学び」の指標

学習の質的な深まりの状況について、松本（2015）は探究的な課題をめぐって行われる文学の「読みの交流」において、解釈の交換を行うことでもたらされる読みの変容には、解釈の変化としての認知的変容と、読みの方略の変化としてのメタ認知的変容があるとし、後者の優位性を説いている。理由として、メタ認知的変容を伴わない認知的変容、読みの乗り換え（他者の読みを簡単に取り入れ、自分の読みを放棄するような読みの転換）は合理的にはあり得ないこと、認知的変容を一見伴わないメタ認知的変容は読みの再確認のような形であり得ることを挙げている。

つまり、読みの深まりは、交流前後の読みの変容に表れるのではなく、どのような根拠に基づいて読みが変化したのか、あるいはしなかったのかといった、思考過程に表れる。したがって、交流の際の共通リソースとなる教材（作品）の文脈から根拠を示させ、自己の思考をメタ認知させることが必要になる。このように「深い学び」は、活用や探究の学習過程で、自分の「見方」の変化をメタ認知したり、「考え方」など自分がとった方略とその変化をメタ認知する思考の深まりを指標の一つにするとよい。

3）国語科の学習過程

「主体的・対話的で深い学び」の実現には、①学習課題の提示（動機付け・探究的な課題）、②考えの形成（教材との対話）、③考えの交流（他者との対話）、④考えの再形成（自己内対話：相互作用の結果として形成された解釈をメタレベルから捉え直す。価値付け）という学習過程が求められる。

（桃原千英子）

引用・参考文献
松下佳代編（2015）『ディープ・アクティブラーニング―大学授業を深化させるために』勁草書房
多田孝志（2006）『対話力を育てる―「共創型対話」が拓く地球時代のコミュニケーション―』教育出版
松本修編（2015）『読みの交流と言語活動―国語科学習デザインと実践―』玉川大学出版部

7.

「言語活動」の構想

1）言語活動を取り入れる意義

　学習指導要領に示された〔思考力、判断力、表現力等〕の指導事項については、領域ごとに例示された言語活動を通して指導することが定められている。これは、指導事項に示された個々の資質・能力を、講義やドリル学習だけで身に付けさせるのではなく、社会生活や他教科等の学習で必要となる具体的な言語活動を通して習得させることを意図したものである。この位置付けは、平成20・21年告示の学習指導要領を継承しているが、その背景として、言語活動の充実を図った授業改善が十分に進んでいないことが挙げられる。例えば、『高等学校学習指導要領（平成30年告示）解説　国語編』では、高等学校国語科の授業の現状について、「教材への依存度が高く、主体的な言語活動が軽視され、依然として講義調の伝達型授業に偏っている傾向があり、授業改善に取り組む必要がある」と「答申」を引用して指摘されている。伝達型授業が一概に否定されるものではないが、実生活との関連を図りながら具体的に思考・判断・表現させることが、資質・能力の習得・定着に有効であることを考えるならば、言語活動を取り入れた授業がさらに充実していくことが望まれる。

2）言語活動を設定する際の留意点

　小学校・中学校においては、平成20年告示の学習指導要領以降、言語活動を設定した授業が増加した。それにより、児童・生徒が学習に主体的になるという成果が見られている。一方で、活動は活発に行われているが学力が十分についていないのではないかという指摘もある。このような懸念を払拭するため、特に次の3点に留意することが重要である。

第一は、指導事項との関連を明確にすることである。単元に位置付けられた指導事項を指導するために有効な言語活動を設定するようにする。換言すれば、育成を目指す資質・能力を身に付ける上で有効な言語活動を考えるということである。

　第二は、言語活動を、学習過程を内包した「ひとまとまりの活動」として捉えることである。言語活動を、単に「話す」「聞く」「書く」「読む」ことだと捉えてしまうと、これまでの授業との差異が明確にならない。「報告する」「説明する」「紹介する」「討論する」「批評する」「提案する」「編集する」などのように、言葉によって理解し思考し表現するという過程を経るものを言語活動と捉え、数時間の授業のまとまり（単元）に位置付けていく。

　第三は、中学校・高等学校を通して簡潔な言語活動を繰り返し行い、活動の質を高めていく意識をもつことである。言語活動が徒に複雑になると、活動そのものを理解するために時間がかかってしまい、実生活との関連も見えにくくなる。一方、例えば「文章の内容を POP の形で紹介する」という活動は小学校から行われているが、中学校や高等学校でも、それぞれの指導事項を指導する上での効果的な活動となりうる。その際、これまでの活動を想起させることで、活動の理解に要する時間を省略することができる。

3）言語活動を取り入れた授業の構想の実際

　ここでは、中学校第 3 学年において、詩を教材とした「読むこと」の授業の計画を取り上げて説明する。

（1）単元に位置付ける指導事項を決定する

　詩は、小学校から継続的に教材として取り上げられている。詩の学習については、二つの重点がある。一つは、取り上げられている事物や出来事を理解し、それに対する作者の思いや考えを想像することである。もう一つは、その詩がもつリズムや表現の工夫、吟味された言葉の使い方を味わうことである。前者は主に「内容」に着目した学習、後者は主に「表現の仕方」に着目した学

習と言えよう。

このことを踏まえ、今回は次の指導事項を位置付けることにする。

〔知識及び技能〕

（1）ウ　話や文章の種類とその特徴について理解を深めること。

〔思考力、判断力、表現力等〕「読むこと」

イ　文章を批判的に読みながら、文章に表れているものの見方や考え方について考えること。

ウ　文章の構成や論理の展開、表現の仕方について評価すること。

（2）指導事項を指導するために有効な言語活動を設定する

詩を教材として指導する場合、〔思考力、判断力、表現力等〕「読むこと」のイは、「詩を批判的に読む」「詩に表れたものの見方や考え方について考える」という資質・能力の育成を、ウは、「詩の構成や表現の仕方について評価する」という資質・能力の育成を目指すことになろう。

そこで、このような指導をする上で有効な言語活動を設定する。その際、言語活動例が参考になる。学習指導要領では、従前に示していた言語活動例を言語活動の種類ごとにまとめた形で示している。例えば、高等学校の「読むこと」の言語活動例は、主として論理的な文章や実用的な文章を読んで理解したことや考えたことを表現する言語活動、文学的な文章を読んで考えたことなどを論述したり話し合ったりする言語活動、主として本などから情報を得て活用したり探究したりする言語活動が示されている。

ここでは、中学校第3学年「読むこと」の言語活動例イ「詩歌や小説などを読み、批評したり、考えたことを伝え合ったりする活動」を参考に、「3年間で読んだ教科書の詩の『ベスト5』を決め、その理由を説明する」という言語活動を設定する。

3年間で読んだ詩の中から「ベスト5」を決めるためには、詩に表れているものの見方や考え方について改めて批判的（分析的）に読み返すことになる。

これが、指導事項イの学習につながる。また、連などを意識した詩の構成や、語句の選び方、リズムなどの表現の仕方について、ほかの詩とくらべながらその工夫を評価することになる。これが、指導事項ウの学習につながる。そして、自分の「ベスト5」の理由を説明することで、資質・能力が身に付いたかどうかを具体的に評価することが可能になる。

　なお、〔知識及び技能〕の（1）ウは、小学校段階から学習してきた様々な話や文章の種類について、義務教育修了段階である第3学年で整理し、理解を深めるようにすることを求めた指導事項である。詩についての基本的な知識を整理することが、この指導事項の学習につながる。

（3）言語活動を取り入れた単元を構想する

　実際の授業は次のように進めることが想定できる。

（第1時）　・単元の目標と言語活動を示し、学習の見通しをもつ。

　　　　　　・詩の特徴を整理し、詩を評価する際の観点を見いだす。

　　　　　　・これまでに学習した詩を読み返し、詩の特徴を踏まえて内容を再確認する。

（第2時）　・主に内容面に着目して、好きな詩を選ぶ。

（第3・4時）　・主に表現の仕方に着目して、自分が好きな詩を選ぶ。第2時の学習と合わせて「ベスト5」を決め、その理由を明確にする。

（第5時）　・「ベスト5」の詩と、それを選んだ理由を説明した簡潔な文章をワークシートにまとめる。

　　　　　　・ワークシートを読み合って意見交換する。

　言語活動を通して資質・能力を確実に育成するためには、第2時、第3・4時の学習が特に重要になる。個々の生徒の活動の状況を的確に捉え、教師と生徒が対話することによって、言語活動の質を高めることが必要である。

（冨山哲也）

引用・参考文献
冨山哲也（2018）『中学校新学習指導要領　国語の授業づくり』明治図書出版

Ⅲ　国語科授業の計画　67

IV

国語科授業づくりの実際

1.
知識及び技能を育てる授業づくり（中学校・高等学校）

[1. 言葉の特徴や使い方]

❶ 言葉の働き

○言葉の働き

　「言葉の働き」は、「平成29年告示中学校学習指導要領」「平成30年告示高等学校学習指導要領」に新設された事項である。平成20年告示学習指導要領の小学校第1学年及び第2学年と第3学年及び第4学年において、すでに言葉の働きに関する事項が新設されているが、今回、小学校第5学年及び第6学年、中学校、高等学校（「古典探究」を除く）にも新設されることで、言葉の働きに関する事項が系統的に示されるようになった。解説に「自分が用いている言葉の働きを客観的に捉えることは、国語科で育成を目指す資質・能力の重要な要素である。言葉がもつ働きに改めて気付くことで、生徒（稿者注：小学校の「解説」では「児童」）は言葉を自覚的に用いることができるようになる」（『小学校学習指導要領（平成29年告示）解説　国語編』「中学校　同」、『高等学校学習指導要領（平成30年告示）解説　国語編』）とあることから、今回の学習指導要領では、言葉に対するメタ認知（「言語能力の向上に関する特別チームにおける審議の取りまとめ」）を重視していると考えることができる。

　中学校・高等学校で新設された事項に特徴的なことは、次の2点である。

　一つ目は、他者とのコミュニケーションに関わる機能が中学校・高等学校ともに新設されたことである。小学校第5学年及び第6学年にも同様の機能に関する事項が新設されており、小中高にわたってコミュニケーションに関わる

機能についての学習がなされることになる。

　中学校における新設事項は、第2学年の「ア　言葉には、相手の行動を促す働きがあることに気付くこと」である。これは、ヤコブソンの6機能のうちの「動能的機能（conative function）」に当たると考えられる。最も典型的な表現は「読め」のような命令形であるが、実際には、「読んでくれないか」といった疑問文や、「お読みいただければ幸いです」のように仮定の形で自分の願望を述べることで間接的に依頼をする表現など、様々な表現が使用される。森山（2003）に「『人を動かす』という言語表現はそれなりに難しいものです」とあるが、相手の行動を促すことは、相手に負担を強いることにもなることから、依頼の内容や相手との関係等によって適切な表現を選択することが重要となる。『中学校学習指導要領（平成29年告示）解説　国語編』にもあるように、〔知識及び技能〕(1) カの敬語の働きに関する事項や「B 書くこと」(2) イの手紙やメールを書く活動等において、具体的な場面を想定し、適切な表現について考えることが重要である。また、それらの活動を通して、言葉が相手との関係に重要な役割を果たしていることに気付くことが大切である。

　高等学校における新設事項は、「国語表現」の「ア　言葉には、自己と他者の相互理解を深める働きがあることを理解すること」である。これは、小学校・中学校におけるコミュニケーションに関わる事項を受け、それらを包括した事項であると解釈することができる。『高等学校学習指導要領（平成30年告示）解説　国語編』にも、自分がプラスイメージで用いた語句を相手がマイナスイメージで受け取る場合があることに留意する必要があることが述べられている。具体的な場面を想定して適切な表現について考えることで、言葉には、自己と他者の相互理解を深める働きがあるとともに、表現の選択等によっては、相手の誤解を招いたり相手に不快感を与えたりすることもあることに、気付くことが重要である。

　中学校・高等学校で新設された事項に特徴的な点の二つ目は、メタ言語に関わる機能が高等学校「論理国語」に新設されたことである。「ア　言葉には、言葉そのものを認識したり説明したりすることを可能にする働きがあることを

理解すること」は、ヤコブソンの「メタ言語的機能（metalingual function）」に当たると考えられる。Jakobson（1960）に、ある単語の意味について尋ねる「○○（単語）って何？」「○○っていうのは〜っていうことだよ」といったやりとりに対して「言語学習の全過程、とりわけ小児による母国語習得はこのようなメタ言語的操作をひろく活用する」（Jakobson 1960、引用はヤーコブソン1973による）とあるように、言葉を自覚的に用いることができるようになるためにも、言葉にメタ言語的機能があることを理解し、メタ言語を用いて言葉を客観的に捉えることが重要である。

　そのほか、高等学校「現代の国語」に「ア　言葉には、認識や思考を支える働きがあることを理解すること」、「言語文化」に「ア　言葉には、文化の継承、発展、創造を支える働きがあることを理解すること」、「文学国語」に「ア　言葉には、想像や心情を豊かにする働きがあることを理解すること」が新設されている。これらも含め、言葉の働きに関する事項は、小学校・中学校・高等学校での国語の学習を言葉の働きの面から捉え直した事項と解釈することができる。これまでの学習を言葉の機能の面から振り返ることは、自らの言語力について客観的に見つめ、将来にわたり自発的に言語力を高めようとする姿勢にも繋がるものと考えられる。

○文や文章

　今回の学習指導要領で特徴的なことは、〔知識及び技能〕に「文章の種類」の理解が取り上げられたことである。「文章の種類」と「文章の構成・展開」との関係については、文章の種類によって構成・展開が一つに決まっているとは限らない、すなわち、「文章の種類」と「文章の構成・展開」とが必ずしも一対一に対応しているとは限らないが、論理的な文章においては、小説等にくらべると、両者の関連が認められ、『高等学校学習指導要領（平成30年告示）解説　国語編』にもあるように、例えば、学術的な論文には典型的な構成が存在する。文章の種類に注目することで、読む際に構成が掴みやすくなったり、書く際に相手や目的に応じて適切な文章の種類や構成を選択して書くことがで

きたりすることに繋がると考えられる。

　中学校第1学年及び第2学年では、これまでと同様、「単語の類別」や「単語の活用」、「助詞や助動詞の働き」等の、いわゆる文法事項について学習する。文法事項の学習は、母語話者にとって学習の目的が分かりにくいという指摘がなされるが、無意識に用いている文法的知識を意識的に捉える「メタ認知」に関わる学習として位置付けられるものである。例えば「問題な言葉」のように名詞に「な」をつける用法は、母語話者が無意識のうちに形容動詞の特徴を活用して新たな用法を創出していると解釈することができる。このような無意識に用いている品詞の特徴を意識的に捉え直すことで、表現の効果を理解したり、効果的な表現を用いたりすることに繋がる。さらに、今回の学習指導要領では外国語との連携による言語能力の向上が謳われているが、外国語との連携の際にも母語の文法知識は重要となる。文法事項の学習においては、ほかの学習との繋がりを意識することが重要である。

○表現の技法

　表現の技法については、中学校・高等学校において、「比喩」「反復」などの技法について取り上げている。「比喩」「反復」などは、文学的な文章だけでなく、説明的文章やスピーチ等においても用いられるものである。単に修辞的技法の学習と捉えるのではなく、それらを用いることでどのような効果がもたらされるのか、伝えたいことをより分かりやすく伝えるためにどのような技法が効果的なのか、具体的な場面に即して考えることが重要である。

（安部朋世）

引用・参考文献

Jakobson, Roman.（1960）. Closing statements: Linguistics and Poetics. In T.A. Sebeok.（ed）, *Seyle in Language*, 350-377. Cambridge, MA: MIT Press.（ロマーン・ヤーコブソン（1973）「言語学と詩学」川本茂雄監修『一般言語学』みすず書房、pp.183-221）

森山卓郎（2003）『コミュニケーション力をみがく―日本語表現の戦略』日本放送出版協会

❷ 文字・表記

（1）文字に関する指導

　文字に関する指導では漢字の指導が重要な位置を占めることになる。漢字の指導では漢字の読み書きを正しくできるよう指導することが求められるが、正しく書けるようにする指導については、「正しさ」の判断の基準が必ずしも国語科教師に共有されているとは言えない状況にある。とめ、はね、はらいなどを細かい部分も含めて正しさを判断する教師もいれば、点画さえそろっていればかまわないといった程度で正しさを判断する教師もいる。そのような中、平成28年2月29日に文化審議会国語分科会から「常用漢字表の字体・字形に関する指針（報告）」が示され、正しさの判断の拠り所の一つとすることができるようになった。本報告には、漢字の正しさについて以下のように述べられている。

> 　常用漢字表では、文字の形に関しては、文字がその文字特有の字体を表しているかどうか、その文字に特有の骨組みが読み取れるかどうかを漢字の正誤の判断基準としています。つまり、別の文字と見分けられなかったり、紛れてしまったりすることがなく、その文字であると判別でき、その文字としての働きをするのであれば、誤りとはしない、という考え方です。ですから、漢字の細部のとめ、はね、はらいなどが、字体の違いに影響し、文字の判別に関わってこないのであれば、その有無によって正誤を分けることはしません。

　文化審議会の報告では上に示したように、「字体の違いに影響し、文字の判別に関わってこない」なら「漢字の細部のとめ、はね、はらいなど」の有無を正誤の判断基準としないことが明記されている。これは、漢字の指導において正しく書くことをねらいとするならば、「漢字の細部のとめ、はね、はらいなど」を評価の判断の目安にすべきではないということを意味している。この背

景には、漢字を正しく書くことと整えて書くことを分けて考える捉え方がある。このことについて、文化審議会の同報告では以下のように述べられている。

> 　漢字の正誤は、その漢字の骨組みが読み取れるか読み取れないかという、客観的な観点に基づいて判断されるものです。
> 　手書きされた文字が整っているかどうかという評価は、評価する人の個人的な感覚や情緒によって変わることがあります。また、「整っている」、「やや整っている」、「やや乱れている」、「乱れている」といった段階的な評価や、「こちらの方が整っている。でも、あちらの方がもっと整っている。」といった相対的な評価になる場合もあります。同様の観点によるものとして、丁寧であるか、美しいか、巧みであるかなどの評価も挙げられるでしょう。これはいずれも、字体が読み取れるか否かのどちらかに振り分ける正誤の判断とは、別の次元の評価であると考えられます。

　以上のことは、漢字の書きの指導には、「正しく書く」ことをねらいとする場合と、「整えて書く」ことをねらいとする場合の二通りが有り得ることを示している。このように捉えることで、漢字の指導のねらいや評価の観点をより明確にした指導につなげることが期待できる。

　漢字の書きの指導においては、「正しく書く」ことに加えて「整えて書く」ことが重要であることは言うまでもない。その際には、例えば中学校第1学年の〔知識及び技能〕(3) エ「書写に関する次の事項を理解し使うこと」の（ア）「字形を整え、文字の大きさ、配列などについて理解して、楷書で書くこと」といった「書写」の指導と併せて指導することなども有効であろう。

　また、我が国の言語文化についての学習として、文字の由来について理解を深めることも大切なことである。具体的には、「へん」や「つくり」など漢字の基本的な構成や六書、さらには平仮名、片仮名がどのようにつくられたのかなどについて理解することなどが考えられる。「書写」の学習指導と併せて日本語の文字文化の学習に関連付けることも有効であろう。

IV　国語科授業づくりの実際　75

（2）表記に関する指導

　表記に関する指導の在り方を考える上では、〔知識及び技能〕（1）の漢字についての指導事項に注目したい。『中学校学習指導要領（平成29年告示）解説　国語編』では、中学校第1学年の漢字の書きの指導について次のように述べられている。

　　指導に当たっては、字体、字形、音訓、意味や用法などの知識を習得し、文脈に即して漢字を書くように常に注意するようにすること……

　上の引用部分には「文脈に即して漢字を書く」とあるが、これは具体的にどのようなことを意味しているのであろうか。それを捉える手がかりは、高等学校「現代の国語」の〔知識及び技能〕（1）の「ウ　常用漢字の読みに慣れ、主な常用漢字を書き、文や文章の中で使うこと」について解説している、『高等学校学習指導要領（平成30年告示）解説　国語編』の以下の部分にあると考えられる。

　　文脈に応じて書く際には、どの語を漢字で書きどの語を仮名で書くと読みやすくなるかを考えさせることも重要である。

　ここには、どの語を漢字で書きどの語を仮名で書くべきかを適切に判断する能力を育成することの大切さが指摘されている。これは、小学校第5学年及び第6学年の〔知識及び技能〕（1）の「ウ　文や文章の中で漢字と仮名を適切に使い分けるとともに、送り仮名や仮名遣いに注意して正しく書くこと」の「漢字と仮名を適切に使い分ける」ことに通ずるものである。この部分について、『小学校学習指導要領（平成29年告示）解説　国語編』では以下のように述べられている。

　　漢字と仮名を適切に使い分けるとは、「漢字仮名交じり文」という日本

> 語の表記の仕方を踏まえ、文や文章の読みやすさや意味の通りやすさを考えて、漢字と仮名を適切に使い分けることである。

　指導事項の具体的な文言として「漢字と仮名を適切に使い分ける」ことが明示されているのは小学校第5学年及び第6学年のみであるが、高等学校の漢字についての指導事項の解説にも同様のことが指摘されているのは上に見た通りである。したがって、小学校第5学年及び第6学年の「漢字と仮名を適切に使い分ける」ことは、高等学校の漢字についての指導事項の「文や文章の中で使うこと」の部分に引き継がれていると言ってよい。だとすれば、中学校の漢字についての指導事項の「文や文章の中で使うこと（使い慣れること）」という文言にも、同様の趣旨が引き継がれていることになる。このように小学校から高等学校まで一貫して、どの語を漢字で書きどの語を仮名で書くと読みやすくなるのかを適切に判断する能力を育成することの大切さが指摘されていることは、表記に関する指導の在り方を考える上で見逃してはならない重要なポイントとして押さえておくべきであろう。

　漢字と仮名を適切に使い分ける際に、仮名を用いる場合には平仮名と片仮名を適切に使い分けることにも留意すべきである。また、漢字と仮名以外にもアルファベットや算用数字、ローマ数字など、日本語の表記には様々な文字が用いられることへの認識も深めていくことが求められる。このことは、中学校第3学年の〔知識及び技能〕(3) エ「書写に関する次の事項を理解し使うこと」の「(ア) 身の回りの多様な表現を通して文字文化の豊かさに触れ、効果的に文字を書くこと」と関連付けて指導することもできると考えられる。

　なお、表記の基準のよりどころとしては「現代仮名遣い」（昭和61年7月1日内閣告示）、「送り仮名の付け方」（昭和48年6月18日内閣告示）、「外来語の表記」（平成3年6月28日内閣告示）、「ローマ字のつづり方」（昭和29年2月9日内閣告示）がある。いずれも文化庁のホームページからWEB上での閲覧が可能である。

（山下直）

❸ 語彙・語句

（1）語彙指導の位置付け

　「平成29年告示中学校学習指導要領」では、「総説」「国語科の改訂の趣旨及び要点」において、「語彙指導の改善・充実」が最初の項目「①」として以下のように示され、語彙指導が今回の教育改善の重要な項目として位置付けられている。

　中央教育審議会答申において、「小学校低学年の学力差の大きな背景に語彙の量と質の違いがある」と指摘されているように、語彙は、全ての教科等における資質・能力の育成や学習の基盤となる言語能力を支える重要な要素である。このため、語彙を豊かにする指導の改善・充実を図っている。

　語彙を豊かにするとは、自分の語彙を量と質の両面から充実させることである。

　この「改善・充実」によって、語彙指導がこれからの国語学習の中に大きく位置付けられることになった。特に、語彙の量と質が学力差に影響していることが指摘されたことは、語彙を国語学習のみならず、全ての学習に影響を及ぼす基盤要素として位置付け、その前提で指導の改善を図るべきであることを意味している。また、語彙指導の内容として、量と質という観点、理解語彙と使用語彙という観点は、学習者の認識内面に沿った具体的な言語諸相を提示していると言える。さらに、「知識・技能」の「語彙」「言葉遣い」については、発達段階も踏まえ系統化された学習のために具体的な文言が示されている。これによって、各学年での指導のみならず、継続的指導として機能させることで、語彙教育の拡充が図られることになる。このような多様な観点によって言語感覚を磨くことで、母語による概念形成と思考を可能にする。

（2）理解語彙・使用語彙

　語彙の指導に関して、中学校・高等学校に共通していることは、「語感を磨

き語彙を豊かにすること」である。これを達成するために、「語句の量を増すこと」と「語句についての理解を深めること」の二つの内容で構成されている。

語句の量を増すことに関して中学校では各学年で、

・事象や行為、心情を表す語句の量を増す（第1学年）
・抽象的な概念を表す語句の量を増す（第2学年）
・理解したり表現したりするために必要な語句の量を増す（第3学年）

と書かれ、高等学校では、「現代の国語」「言語文化」の科目にそれぞれ、

エ　実社会において理解したり表現したりするために必要な語句の量を増す
ウ　我が国の言語文化に特徴的な語句の量を増し、

と示され、増やすべき語彙の種類が明示されている。さらに理解語彙から表現語彙への質的転換が求められている。この変容のためには、接続表現を意図的に使用させることで作文の論理性を育んだり、共起語を示すことでテーマに関する内容を膨らませつつ言葉の一般的使用方法を身に付けさせたりするなど、語彙を意識した言語表現活動が考えられる。

語句についての理解を深めることについては、中学校では、

・語句の辞書的な意味と文脈上の意味との関係に注意
・類義語と対義語、同音異義語や多義的な意味を表す語句などについて理解
・慣用句や四字熟語などについて理解を深めること、和語、漢語、外来語などを使い分けること

と示され、高等学校では、「現代の国語」「言語文化」にそれぞれ、

・語句や語彙の構造や特色、用法及び表記の仕方などを理解
・我が国の言語文化に特徴的な語句の文化的背景について理解を深め

と記されている。これは語彙を系統的な概念のまとまりとして捉えることを意味している。教材文による文脈での指導はもちろん、類語辞典の活用により語彙を学習者自身の個人言語体系・言語ネットワークに位置付けることで、辞書引きだけでは得られない、活用できる語彙が獲得される。

(3) 学習語彙

学ぶべき語彙として「学習語彙」がある。日本語コーパス（BCCWJ）の構

築により、語彙についての諸相が徐々に明らかになり、語彙の属性として、教科書教材での出現頻度や特徴度、図書館書籍での出現頻度などが数値として示されてきた。このことにより、国語以外の教科書や図書館所蔵の書籍を読むために必要な語彙の量や質など、学習活動や社会生活を営む上での語彙について一定の知見が得られている。このことにより学習活動に必要な言葉はもちろん、日常生活・社会生活で必要な語彙を抽出していくことが可能になった。これらの語彙が学習語彙である。さらに、学習者の書く文章における文体的特徴や教科書出現語彙の比率、使用語彙と学習成績の関係性など、作文データを解析した研究がなされている。どのような語彙が「全ての教科等における資質・能力の育成や学習の基盤となる言語能力を支える重要な要素」であるかを考えて語彙を選定し、学習語彙として学校教育で指導していく必要がある。

　身近な仲間内だけでの会話やネット上での簡易表現は、限定された言葉でのコミュニケーションとなり、理解語彙も使用語彙も衰退する。そこで、母語として学ぶべき語彙の選択・拡充が必要性を増し、意図的計画的な教育の意義が生じる。授業者が、読解などでつまずきやすい語彙を予測することは授業設計の基本であるが、それは教育経験的知見の積み重ねと大規模データによる言語情報のエビデンス、その両方によって可能となる。

　学習語彙は思考・認識や言語文化の基盤であり、学習者の資質・能力の伸長に寄与すべきものである。言語文化の担い手として、古語まで含めた語彙の連関について教材研究する際にも言語データは重要な示唆を与えてくれる。一例を挙げれば、平安から現代まで「青」などの色を表す言葉の使用対象の変遷を巡り教材化することは、語彙の取り立て指導だけでなく、言語文化を通観する学習となり、日本人の認識方法を捉えることにもなる。さらに、全ての教科に通底する「思考力・判断力・表現力」を踏まえ、語彙学習も思考を担保する語彙、判断を示す語彙、表現するための語彙それぞれについて具体的な言葉を基底におく必要がある。語彙は母語による全ての学習を支えているのである。

（4）言葉遣い

　指導事項に「敬語」が中学校の第2学年と第3学年に以下のように示され

ている。

2年　カ　敬語の働きについて理解し、話や文章の中で使うこと。

3年　エ　敬語などの相手や場に応じた言葉遣いを理解し、適切に使うこと。

　語彙と同様、「使うこと」が共通の目標となっている。敬語については、文化庁から「分かり合うための言語コミュニケーション」（平成30年3月2日文化審議会国語分科会「コミュニケーションについての報告」）の中でも取り上げられており、コミュニケーションの四つの要素の中の一つとして位置付けられている。それによれば、

「正確さ」　互いにとって必要な情報を誤りなくかつ過不足なく伝え合うこと

「分かりやすさ」　互いが十分に情報を理解できるように、表現を工夫して伝え合うこと

「ふさわしさ」　場面や状況、相手の気持ちに配慮した話題や言葉を選び、適切な手段・媒体を通じて伝え合うこと

「敬意と親しさ」　伝え合う者同士が近づき過ぎず、遠ざかり過ぎず、互いに心地良い距離をとりながら伝え合うこと

とあり、高等学校ではこのことを踏まえて、言葉遣いについては、「現代の国語」では、正確さ、分かりやすさ、適切さ、敬意と親しさなどに配慮した表現や言葉遣いについて理解し、使うこと、「国語表現」では、伝え合う目的や場面、相手、手段に応じた適切な表現や言葉遣いを理解し、使い分けること、と『高等学校学習指導要領（平成30年告示）解説　国語編』に示されている。

　敬語を含めた様々な言葉は、文脈の中で存在し、他者との関係や前後の文章との関係によって意味が生成される。よって、「敬語」も単独で捉えるのではなく、広くコミュニケーションの一つとして学ぶことによって語彙が豊かで広がりのあるものになる。

（鈴木一史）

引用・参考文献
塚田泰彦、池上幸治（1998）『語彙指導の革新と実践的課題』明治図書出版
井上一郎（2001）『語彙力の発達とその育成』明治図書出版
バトラー後藤裕子（2011）『学習言語とは何か』三省堂
田中牧郎他（2015）『コーパスと国語教育』朝倉書店

2. 情報の扱い方

(1) 「情報の扱い方」が設定された背景

　「平成 29 年告示中学校学習指導要領」及び「平成 30 年告示高等学校学習指導要領」に「情報の扱い方」がそれぞれ新設された。その背景は次のように示されている。

　　急速に情報化が進展する社会において、様々な媒体の中から必要な情報を取り出したり、情報同士の関係を分かりやすく整理したり、発信したい情報を様々な手段で表現したりすることが求められている。一方、中央教育審議会答申において、「教科書の文章を読み解けていないとの調査結果もあるところであり、文章で表された情報を的確に理解し、自分の考えの形成に生かしていけるようにすることは喫緊の課題である。」と指摘されているところである。（『中学校学習指導要領（平成 29 年告示）解説　国語編』、『高等学校学習指導要領（平成 30 年告示）解説　国語編』より）

　これらの要請に応える形で新設された「情報の扱い方に関する事項」（以下「情報の扱い方」と略述）は「情報と情報との関係」及び「情報の整理」という一貫した二つの系統を設定している（次ページの表を参照）。

(2) 小学校・中学校・高等学校における「情報の扱い方」の系統とその特徴

　「情報の扱い方」が設定された意図として、理解に重点が置かれつつも理解と表現の双方の充実があることから言えば、「国語表現」に「情報の扱い方」に関する内容が設定されていないことには課題がある。したがって、「現代の国語」と「論理国語」で獲得した知識・技能を表現にも生かすことができるような指導の工夫が求められる。

【小・中学校】（『小学校学習指導要領（平成 29 年告示）解説　国語編』及び『中学校学習指導要領（平成 29 年告示）解説　国語編』より抜粋）

学年	情報と情報との関係	情報の整理
小学 1・2 年	共通、相違、事柄の順序	
小学 3・4 年	考えとそれを支える理由や事例、全体と中心など	比較や分類の仕方、必要な語句などの書き留め方、引用の仕方や出典の示し方、辞書や事典の使い方
小学 5・6 年	原因と結果など	情報と情報との関係付けの仕方、図などによる語句と語句との関係の表し方
中学 1 年	原因と結果、意見と根拠など	比較や分類、関係付けなどの情報の整理の仕方、引用の仕方や出典の示し方
中学 2 年	意見と根拠、具体と抽象など	情報と情報との関係の様々な表し方
中学 3 年	具体と抽象など	情報の信頼性の確かめ方

【高等学校】（『高等学校学習指導要領（平成 30 年告示）解説　国語編』より抜粋）

科目	情報と情報との関係	情報の整理
現代の国語（共通必履修）	主張と論拠、個別の情報と一般化された情報	推論の仕方、情報の妥当性や信頼性の吟味の仕方、引用の仕方や出典の示し方、それらの必要性についての理解
論理国語（選択）	主張とその前提や反証など	情報を重要度や抽象度などによって階層化して整理する方法、推論の仕方

※高等学校「言語文化」「文学国語」「国語表現」「古典探究」には「情報の扱い方」の指導事項が設定されていない。

　また、全体的な傾向として蓋然性の高い論証を構築する能力を形成することが目指されている。したがって、具体的な言語活動の中で獲得することができる指導上の工夫が必要で、知識・技能に関するレディネスを評価する機会を設け、年間指導計画などに生かすことが重要である。

（3）授業づくりにおいて大切にしたいこと

①主張と根拠の関係に焦点を当てた言語活動（理解）

　読んだり、聞いたりするとき、根拠にくらべて主張に当たる部分は文章量が少ないことが多い。この傾向を生かし、まず主張は何かと見当を付けることを

Ⅳ　国語科授業づくりの実際　　83

大切にし、次に、その根拠は何かと考える読み方、聞き方を経験する言語活動を繰り返し組織したい。

このような読みを一貫して重視する指導は、主張と根拠の関係を手がかりにして解釈を生み出す読み手、聞き手を育てる。そのような読み手、聞き手は結論を予想しつつ根拠を読んだり聞いたりする楽しさや、結論を基に根拠を予想しつつ読んだり聞いたりする楽しさも感じることができるだろう。

②主張と根拠の関係に焦点を当てた言語活動（表現）

書いたり、話したりするとき、結論を先行させた表現は読み手、聞き手に理解しやすい。この傾向を生かし、まずは読み手、聞き手にとって分かりやすい表現を目指すのが望ましい。この傾向を体験的に理解することは、相手意識、目的意識の醸成にもつながる。

さらに取り組みたいことは文章における主張の配置を変えさせることである。主張と根拠の有機的な関係を維持しつつ、学習者の工夫によって様々な構成が実現するように取り組ませたい。できあがった文章における主張の配置について学習者相互で比較させ、そのような構成にした理由について語り合わせることは、主張と根拠の関係を手がかりにした表現の仕方について深く学ばせる機会となるだろう。

③根拠の構造についての批判的検討（理解・表現）

中学校・高等学校においては情報の妥当性や信頼性を問いながらの理解、分かりやすく信頼性の高い表現など、批判的な構えで理解と表現の質を高める授業を組織することが必要である。その上で大切にしたいことは、書き手、話し手がどのような主張と根拠の関係を構築しているかを意識することである。

さらに本稿で提案しておきたいことは、根拠の構造について検討する言語活動である。比較、順序、分類、抽象－具体といった様々な関係付けは、根拠を構造化し、主張を論証する効果をねらったものである。根拠を構造化している関係付けが、主張を論証するためにどのような効果をもっているかを検討する学習は、書き手、話し手を対象化する力を強化し、自らの表現を批判的に検討する力も高める。

なお、①と②で述べた理解・表現はマクロの視点から行われるのに対して、③で述べている理解・表現はミクロの視点から行われるものである。これらを相互補完的に機能させることの重要性を認識できる学習を組織したい。

④クリティカルな構えの重視（理解・表現）

　「情報の扱い方」が設定された背景に示されているように、様々な情報の中から必要なものを選び出し、分かりやすく整理し、発信したい情報を構成するには、自らそれにふさわしい情報を選び、関係付けることが求められる。なぜふさわしいのか、どのようなものがふさわしいのかを考えるためには、様々な情報が示す具体的な状況を個人的な経験に基づいて想像し、状況モデルを構築することが前提となる。その上で、他者から受け取る情報も自ら発信する情報も批判的に吟味し続けることが情報を扱う上で最も重要な構えである。

　そのようなクリティカルな構えで情報を扱うには、発信者の知識・経験・価値観について情報を手がかりにして想像したり、自らの表現に自らの知識・経験・価値観がどのように反映しているかを検討したりすることが重要である。

⑤学習者の切実な学びの重視（理解・表現）

　学習者自らの切実な情報の選び出し、整理、発信を中心においた学びは、情報の扱い方を自分ごとにする。そのような学びはほかの教科・領域における学習での情報の扱い方に望ましい影響を与える。さらに、日常的な情報の扱い方に学びの成果を転移させようとするならば、学習者の切実さは必須である。

　どのような目的でどのような情報を選び出すのか、なぜどのようにそれらを整理し新たに情報を構成していくのか、学習者が自らの問題を解決する過程において、必然性のある情報の取り扱いを行う場を組織することが求められる。

（青山之典）

引用・参考文献
井上尚美（1977）『言語論理教育への道―国語科における思考―』文化開発社
森田信義（1984）『認識主体を育てる説明的文章の指導』溪水社
難波博孝（2018）『ナンバ先生のやさしくわかる論理の授業―国語科で論理力を育てる―』明治図書出版
吉川芳則（2017）『論理的思考力を育てる！批判的読み（クリティカル・リーディング）の授業づくり―説明的文章の指導が変わる理論と方法―』明治図書出版

3. 我が国の言語文化

❶ 伝統的な言語文化

（中学校）

〔知識及び技能〕の内容における、「(3) 我が国の言語文化に関する事項」の中に「伝統的な言語文化」は以下の内容で、小学校での学習を踏まえ、「親しむことを重視し、その表現を味わったり、自らの表現に生かしたりすることに重点を置いて」構成されている。

第1学年

ア　音読に必要な文語のきまりや訓読の仕方を知り、古文や漢文を音読し、古典特有のリズムを通して、古典の世界に親しむこと。

イ　古典には様々な種類の作品があることを知ること。

第2学年

ア　作品の特徴を生かして朗読するなどして、古典の世界に親しむこと。

イ　現代語訳や語注などを手掛かりに作品を読むことを通して、古典に表れたものの見方や考え方を知ること。

第3学年

ア　歴史的背景などに注意して古典を読むことを通して、その世界に親しむこと。

イ　長く親しまれている言葉や古典の一節を引用するなどして使うこと。

以上のように、各学年ともにアは、音読などで伝統的な言語文化の世界に親しむことを系統的に示し、イでは、第1学年では古典には様々な種類の作品があることを知ること、第2学年では、古典に表れたものの見方や考え方を知ること、第3学年では、長く親しまれている言葉や古典の一節を引用するなどして使うことができる知識と技能を求めている。

　では、これらの内容を踏まえた場合、具体的にはどのような授業構想が可能になるだろうか。

　総体的に注意すべき点は、〔知識及び技能〕であるからといって、単なる暗記主義による知識注入とならないような工夫であろう。学習者を伝統的な言語文化に親しませるためには、まずは主体的に興味・関心を向けさせるようにしなければなるまい。古典教育でかねてから言われている立場は、古典を「現代に通じるもの」として捉えるか、「現代にないものを見いだす」のかということである。親しませる段階では、やはり現代との共通性を主張して学習者に興味・関心をもたせ、その学習の意義を理解させる方が早道であろう。古典を身近な存在であることに気付かせ、その知識が現代生活の至るところに散見できることを認知させる必要があると考える。例えば、地名や古語を含んだ慣用的な表現（勿来の関・言わずもがな・えもいわれぬ）などを例として挙げ、そこから知識の獲得へと結び付ける方法がよいと考える。

　また、音読の指導についても、単調な個人による暗誦一辺倒に陥らぬように心がけるべきである。音読を通して、和語のもつ響きが現代人にもやさしく聞こえ、言葉としてのやわらかさをもつことを理解させる一方、和語であるために音声のみで聞くと多義性をもち、時には誤解が生じることにも気付かせるべきである（まつ＝松・待つ）。そのことは、平仮名による表記とも深く関わる点にも気付かせ、それらが和歌の枕詞や序詞、掛詞の技法と深く関わることを理解させておくことは、高等学校の学習とも連係する。

　さらに、漢文訓読とは、中国古典語である漢文をできるだけ和語として読み直そうとしたもので、どうしても日本語に翻訳できない漢熟語を残しているというメカニズムのあることを知ることは、現代語を書くことにおいても重要な

前提となる知識であり、それを活用できることは文章を書く上でとても大切な技能であることに気付かせるべきである。

（高等学校）

「平成30年告示高等学校学習指導要領」では、1年生での必修科目「言語文化」における、

・〔知識及び技能〕では、「（1）言葉の特徴や使い方に関する事項」において、「我が国の言語文化に特徴的な語句」、「本歌取りや見立てなどの我が国の言語文化に特徴的な表現の技法とその効果」などに関することを取り上げている。また、「（2）我が国の言語文化に関する事項」において、「古典の世界に親しむために、作品や文章の歴史的・文化的背景などを理解する」などに関することを取り上げている。

と解説に示されるような事項を念頭に置いた授業づくりが求められよう。従来のように古典作品そのものが先んずるのではなく、こうした技能をどのような古典作品を通して身に付けることが可能になるのかを考えた上で、学習内容を定めていく姿勢をもたなくてはならない。

（1）我が国の言語文化に特徴的な語句

　学習指導要領では「語句の量」を増やし、それらの「文化的背景」を理解して、文章の中で使えるようにすることが求められているので、活用できる知識として定着できるような授業が求められよう。

　例えば、古典における時間の多様な表現を、効果的に表現ができるような授業を展開できよう。朝であれば「あした」「つとめて」「あかつき」「あけぼの」「しののめ」や「有明の月」など、夜ならば「たそがれどき」に始まり「よる」「よなか」「よぶか」や「いざよいの月」「たちまちの月」など、時間変化に応じた使い分けを明確にして活用できる表現力を身に付けさせる授業である。

（2）特徴的な表現技巧

　「本歌取りや見立て」とあることから、和歌におけるそれらの技巧に特化した授業をイメージしがちであるが、古典の知識を基盤とした言語文化の二次的な創作を広く「本歌取り」とし、類似した要素からの「見立て」は散文であっても「見立て」として扱うべきであろう。

　例えば、江戸時代初期の仮名草子には古典作品をパロディー化したものが多く見られ、『仁勢物語』や『尤草紙（もっとものそうし）』・『犬枕』、さらに『犬つれづれ』なども「本歌取り」に含めた学習材としてひろく認められるべきものと考える。パロディーというととかく卑俗なイメージをもちがちであるが、古典的な知識の前提がないと読みが成立しない。先ほどの仮名草子の分野では生徒たちに親しみがなく、興味・関心がもたせられないというのならば、例えば狂言、落語、川柳を活用し、もととなる古典作品との比較を通しての授業展開が可能となろう。

（3）歴史的・文化的背景の理解

　例えば、「あはれなり」と「をかし」の区別などが、まさにこれに該当する。古典ではしばしば「風情がある」や「趣深い」という現代語訳をするが、それであたかも内実が分かったように思ってしまう学習者も多い。日本人が「なんとなく感じられる風情」とは、そもそもどのような「風情」なのか。それは品詞分解や現代語訳の作業だけでは解決できない。にも関わらず、我々現代人がなんとなく現代にもつながる感覚としても理解できるのはなぜなのか、そこに迫る授業が求められている。例えば、近年のパワースポットのブームや日本製アニメなどと関連させながら、そうした場所が自然の豊かさに根ざしている場合が多いことに気付かせ、歴史的な場所を訪れたときに感じとる感覚（例「なにごとのおはしますかは　知らねどもかたじけなさに　涙こぼるる」西行）が、古典作品から現代人たちにもつながる文化的な感性であることを、古典語の「あはれなり」や「わびし」などの理解を通して学習者たちに気付かせ、それらを海外に向けても簡明に説明できるようにしたいものである。

（石塚修）

❷ 書写

（1）書写の位置付け

　書写は、小学校国語科及び中学校国語科の［知識及び技能］の「(3) 我が国の言語文化」に位置付けられている。中学校国語科の「(3) 我が国の言語文化」の項には、古典、共通語と方言、書写、読書、の順に指導事項が記述されている。

　高等学校国語科には、書写に関する直接的な指導事項はない。ただし、「平成30年告示高等学校学習指導要領」において、下記が初出した。「同解説編」の記述と併せて、該当部分を引用する。

平成30年告示 高等学校学習指導要領	同解説
現代の国語　内容の取扱い 　内容の［思考力・判断力・表現力等］に関する指導については、次の事項に配慮するものとする。 ア　「B書くこと」に関する指導については、中学校国語科の書写との関連を図り、効果的に文字を書く機会を設けること。	身の回りの多様な表現に関心をもちながら、字形を正しく整える能力、配列などを整える能力、速く書く能力、楷書や行書を使い分ける能力など、中学校までに身に付けてきた書写の能力を総合的に発揮させ、実社会・実生活の中で文字を書くことを工夫し、様々に書き分けることができるよう、効果的に文字を書く機会を積極的に設けることが大切である。 　情報化社会が進展している状況にあっても、実社会や実生活の中で文字を書く機会は多い。また、電子文書を作成する場合にも、字形や字体の選択、レイアウトなど、書写で身に付けた能力を活用することが求められる。こうした際にも、文字を効果的に書く意味や役割を併せて考えさせたい。
言語文化　内容の取扱い 　上欄と同じ（領域の符号が異なるだけ）。	「言語文化」の「A書くこと」に関する指導については、科目の性格を踏まえ、書く学習活動を通して、書くことに臨む姿勢や相手への思いが書かれた文字から伝わることを背景に文字文化が受け継がれてきたことを踏まえて、効果的に文字を書くことの意味や価値を理解することが大切である。 　中学校国語科の書写での学習内容を踏まえ、さらに、社会で通用する様々な書式のきまりや、相手や目的に応じて書くことの大切さを学習することを通じて、自らの生活や社会に生かすことができるよう、また、文字文化の担い手としての自覚をもつことができるよう、効果的に文字を書く機会を積極的に設けることが大切である。

つまり、高等学校国語科では、中学校国語科で習得した書写力を活用することが求められている。それだけに、中学校書写の指導を確実に行う必要がある。

(2) 中学校国語科書写の指導事項及び指導計画の作成と内容の取扱いについて

　書写の指導には、ほかの領域同様に、大きく分けて、取立て指導、関連指導、単元のまとまりの中での指導がある。「平成29年告示中学校学習指導要領」にある書写の指導事項だけを切り出して読むと、取立て指導が想定されているような気がするが、そうではない。そのことを、下表によって確認することとする。

第3 指導計画の 作成と内容 の取扱い	書写の指導については、第2の内容に定めるほか、次のとおり取り扱うこと。 （ア）文字を正しく整えて速く書くことができるようにするとともに、書写の能力を学習や生活に役立てる態度を育てるよう配慮すること。 （イ）硬筆を使用する書写の指導は各学年で行うこと。 （ウ）毛筆を使用する書写の指導は各学年で行い、硬筆による書写の能力の基礎を養うよう指導すること。 （エ）書写の指導に配当する授業時数は、第1学年及び第2学年では年間20単位時間程度、第3学年では年間10単位時間程度とすること。		
第2 内　容	1年	2年	3年
	書写に関する次の事項を理解し使うこと。		
	（ア）字形を整え、文字の大きさ、配列などについて理解して、楷書で書くこと。 （イ）漢字の行書の基礎的な書き方を理解して、身近な文字を行書で書くこと。	（ア）漢字の行書とそれに調和した仮名の書き方を理解して、読みやすく速く書くこと。 （イ）目的や必要に応じて、楷書又は行書を選んで書くこと。	（ア）身の回りの多様な表現を通して文字文化の豊かさに触れ、効果的に文字を書くこと。

　上表の下段に列挙されている5項目が、書写で指導すべき［知識及び技能］である。それらは、学習者にとって「学習や生活に役立」つという実感を伴って指導されなければならない。かつ、それらを見通した取立て指導であるべきであるし、単元内での書写の活動から戻って来るドリルであるべきである。

次に、平成 20 年告示との最大の違いは、「～指導する」が、平成 29 年版では「～身に付けることができるよう指導する」「～理解し使うこと」となったことである。これは、学習者が書写の［知識及び技能］を習得できるまで指導することが求められていることを示す。また、学習指導要領の構造上からも分かるように、［思考力、判断力、表現力等］を身に付けていくための道具として活用できる書写の［知識及び技能］が位置付けられている。つまり、実用主義がより明確となった。芸術としての書であれば毛筆の操作自体を楽しむという面があるが、国語科書写ではそれは求められていない。

（3）取立て（ドリル）から関連へ、取立て（ドリル）から単元へ、並びにその逆―往還して習得する書写の知識及び技能―

　以下では、往還して習得する書写の事例（大学生対象）を示すこととする。すなわち、ゴールに向かう過程で必要となる書写の知識及び技能を使いながら習得したり、ゴールに到達した時点で書写の知識及び技能を習得しなければならないと感じドリル学習を開始したりする事例である。なお、提示する事例は教員免許状更新講習で実際に行ってみた。中学校教師である受講者は、中学生にも応用可能であり、国語に接続した内容である点に関して納得を示してくれた。

①名前の漢字を使って自己紹介をしよう

学習課題及び言語活動：名前の由来や名前に使われている漢字の成り立ちを織り込んだ自己紹介文集を作成し、それを使ってスピーチをしたり、相手のスピーチを理解したりする。

含まれる書写の活動：①原稿用紙に書く…自己紹介文を、原稿用紙に硬筆で正しく整った文字で書く。②見出しを書く…見出しにふさわしく、自分の名前の漢字を筆ペンで楷書と行書で書く。

必要となる書写の知識及び技能：①原稿用紙の書式、原稿用紙のマス目に読みやすく書く。②書写教科書の巻末にある参考字形を参照して、見出しの文字（ここでは、「栞」）を書く。（「栞」のように）常用漢字表外漢字の場合

は、収載されている部首や部分を参照して組み立てる。ここで把握した楷書及び行書の原則を他字にも応用するよう促す。

②奥の細道マップを作ろう

学習課題及び言語活動：自分のテーマに即して「奥の細道」の全文を繰り返し読み通し、テーマに合致した発句を抽出する。それをポスターにレイアウトし、「奥の細道」に関する解釈及び鑑賞を深め合う。

含まれる書写の活動：①抽出した発句を、書写教科書の巻末にある参考字形を参照して、筆ペンあるいは小筆で短冊に書写する。②その際、芭蕉自筆本「奥の細道」も参照して、芭蕉の書きぶりを鑑賞する。

必要となる書写の知識及び技能：①書体を選ぶ（漢字の楷書＋調和した平仮名、漢字の行書＋調和した平仮名）。②選んだ書体を使って、短冊書式にふさわしい字の大きさ、配列等で書く。③他詠の句を書写する場合の署名の書き方を知り、書く。

ほかに「故事成語辞典を作ろう」「百人一首かるた大会をしよう」など古典と組み合わせて実施した。また、学外の公開研究会を参観した後に、大会委員長、授業者、学習者のいずれかを選んで礼状を書き、実際に郵送する活動を行った。

以上は、全て、自分が書写しようとする文言は他人と同一ではなく、手本も用意されていない。指導者はゴールに到達したときの１モデルを提示している。　　　（鈴木慶子）

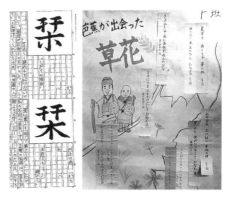

引用・参考文献
鈴木慶子（2020）「〔知識及び技能〕を育成しているか―応用場面での到達度の検討」『番』Vol.4
鈴木慶子（2019）「必要感をもって行う書写を含む単元の開発と試行―「名前の漢字を使って自己紹介をしよう」の場合」『番』Vol.3
鈴木慶子（2018）「言語生活を支え豊かにする書写学習を求めて―「奥の細道マップを作ろう」の場合」『番』Vol.2
鈴木慶子（2015）『文字を手書きさせる教育―「書写」に何ができるか』東信堂

❸ 読書（中学校）

　山元（2010）で検討されているチャルの「読みの発達段階説」によれば、中学生は「新しいことを学ぶために読む段階」と「多様な視点から読む段階」を生きている。日常生活から社会生活へと視野を広げ、自分にとって大切なのは何かを真剣に考える中で、読書生活も量から質へとシフトしていく。

　平成28年12月の中央教育審議会答申において「読書は、国語科で育成を目指す資質・能力をより高める重要な活動の一つである」とされたことを踏まえ、「学習指導要領」では〔知識及び技能〕に「読書」に関する指導事項が位置付けられた。読書行為の有用性（1年）、読書メディアの多様な在り方（2年）、読書・自己・社会の関わり（3年）の理解を目指す中学校国語科の読書学習の糸口を、7項目に渡って取り上げたい。

（1）読書会をひらき、ともに読む

　吉野源三郎著『君たちはどう生きるか』を課題本として「最も重要な登場人物は誰だと思いますか？　それはなぜですか？」をテーマに読書会を行ったとき、各参加者の注目する登場人物が一人ひとり違い、それぞれの人物からこの物語のテーマが浮かび上がってくることに驚いたことがある。そこには他者と話し合うことでしか得られない理解があり、一人で完結する読書では味わえない感情があった。読書会は1冊の本の魅力を立体化する社会的言語行為である。国語教室では、他者と話し合うことまでが読書であると捉え、読書と自己や社会との関わりを考えたり築いたりする時間をもちたい。デイほか（2013）に収められた豊富な話題リストを参考に、まずは体験してみよう。

（2）国語の授業で1冊の本を読む

　府川ほか（1996）では、「まるごと一冊の本を積極的に教室に持ち込むことが、〈読み〉の授業を変える手がかりのひとつである」という考えのもとに構想された「長編」を読む授業が紹介されている。湯本香樹実『夏の庭 The

Friends』の実践では、本を通読し、感想の交流などを行い、相米慎二監督の映画を鑑賞した。担当の小田嶋満は、「映画との比較を通して部分部分を何度も読み返しただけでなく、多くの生徒がまた初めから読んでみたいと答えたのには、かなり驚いた」と言う。「長編」を読む学習は、時間的・物理的な難しさを伴うが、生徒の読書への向き合い方を育むことにつながる。

（3）学校読書調査を教材化する

　全国学校図書館協議会と毎日新聞社による学校読書調査によれば、中学生は「アニメや映画、テレビドラマのノベライズ、原作本」や「軽読書向けの掌編小説集やいわゆるライトノベル」をよく読んでいる。2018年の第64回調査では『君の膵臓を食べたい』『君の名は。』などが「5月1か月間に読んだ本」の上位に入っている（『学校図書館』第817号）。その一方、第63回調査では「ライトノベルだから」という理由でその本を「読んだ冊数」に数えなかった生徒がいたことが報告されている（『学校図書館』第805号）。原作本やライトノベルは中学生の読書生活を大きく支えているにも関わらず、それを「1冊」に数えられなかった生徒がいる。読書に入らない本と入る本を区別することはできるのか。学校読書調査を教材化し、国語の授業で話し合いたい。

（4）読書生活デザイン力を育む

　杉本（2010）は、従来の読書指導は本の紹介や内容理解にとどまりがちであったという問題意識に基づき、「読書生活を認識する」「読書生活を交流する」「読書生活を広げる」「読書生活の未来を描く」の4段階からなる読書指導を提案している。第3段階に位置付けられた単元「これが最高の選択！　私たちのオリジナルライブラリー」に取り組んだ中学3年生の一人は、「『本が学級にある』ということは、とてもよいことだと思う。まだ自分が知らない本や友達がすすめてくれた本、先生のお気に入りの本など、いろんな本を読む機会が増えるからだ」と読書環境の意義を述べる。この実践のように読書生活をメタ認知する学習を構想したい。その上にブックトーク、本の福袋、帯作りなどの

IV　国語科授業づくりの実際　95

活動（『学校図書館』第815号の「子どもと本を結ぶ読書活動」のガイドと
ブックリストが有益）を組み合わせることで、相乗的・多層的な読書学習とな
る。

(5) ノンフィクションを読む前に予想する

　ノンフィクションの読書において効果的な方法の一つに「KWL」の活用が
挙げられる。KWL とは、読書に際して「すでに自分が知っていること」（K）、
「これから自分が知りたいこと」（W）、「本を読んで自分が学んだこと」（L）
をまとめる表のことである。表の K 欄と W 欄は本を読む前に書き、L 欄は本
を読んだ後に書く。KWL を活用することで、生徒は、初めて知ることは何か
を考えながら本を読むことになる（目的的な読書）。また、読書前と読書後の
違いを可視化することにもなる（読書の有用性の実感）。さらには、既有知識
の想起、内容の予想、実際の省察という探究プロセスを経験することにもな
る。これらは適切な資料を予期する力（選書力）を育てることにもつながる。
従来の読書指導の対象は、（1）非印刷資料よりも印刷資料に、（2）ノンフィ
クションよりもフィクションに、（3）読書行為そのものよりも読書から得たも
のに、（4）読書前よりも読書中や読書後に偏りがちであった。KWL は（2）
と（4）を切り拓く読書学習である。

(6) 国語科に「読書科」を設置する

　いくつかの中学校には「読書科」が設置されている。週数時間行われる国語
科授業の1時間を「読書科」と位置付け、国語科教諭、司書教諭、学校司書ら
が協同して、年30時間程度のカリキュラムを実践している学校もある。例えば
中学1年では情報収集・情報整理の仕方を学び資料への視野を広げる、中学2
年では複数の情報を関係付け適切に表現する、中学3年では情報の信頼性を吟
味し問題解決レポートを作成するというように、単発的な読書活動でなく累積
的な読書学習を構築したい。読書指導の先行研究で提案されてきた読書力・読
書生活力一覧表や月別読書指導計画表も参考になる（安居ほか（2005）など）。

（7）読書の経験則を言語化する

　慶應義塾大学 SFC 井庭崇研究室による『Life with Reading―読書の秘訣カード（創造的読書のパターン・ランゲージ）』（有隣堂、2018 年）の中の 1 枚、「本のなかのリンク」と題された「カード」には、「これから読む本を探しているときに、何を読めばよいか迷ってしまうことがあります。（中略）そこで、自分が面白いと思った本のなかで紹介されている本や人の情報をもとにして、次に読む本を選びます。いわば「本のなかのリンク」を辿っていくのです」と記されている。『読書の秘訣カード』は、「読書のコツや楽しみ方を「言語化」することで、読書について考えたり、コミュニケーションを図ったり、実践したりすることを支援する」道具として設計されている。ほかに「本との先約」「まわりを巻き込む」「なじみの本屋」「追っかけ読書」など合計 27 枚のカードがあり、それらが三つのカテゴリー（読書のコツ、読書の楽しみ方、創造的読書）に整理されている。カードを見て思い浮かんだことを語り合う、自分の経験から新たなカードを作るなど、いろいろな使い方を創造してみよう。

　読書に関する知識や技能が身に付いているとはどういうことをいうのだろう。読書量が多い人、読んだ本の内容をよく憶えている人、面白い本を何冊も知っている人――そういう人は読書に親しんでいるかもしれないが、もしクラスの中学生が皆そうであれば読書の学習はしなくてよいのだろうか。手始めにこのような問いを考えてみることも、「読書の意義と効用」に関する理解を育む糸口となる。国語科であればこそできる読書の学習とは、読書についての言葉を獲得し創造する学習だからである。　　　　　　　　　　　　　　（竜田徹）

引用・参考文献

ジェニ・ポラック・デイほか（2013）『本を読んで語り合うリテラチャー・サークル実践入門』溪水社

杉本直美（2010）『自立した読み手が育つ読書生活デザイン力―子どもが変わる読書指導』東洋館出版社

府川源一郎・長編の会編（1996）『読書を教室に―〈読み〉の授業を変えよう―中学校編』東洋館出版社

安居總子・東京都中学校青年国語研究会編（2005）『中学校の読書指導　読書生活者を育てる』東洋館出版社

山元隆春（2010）「読書教育の研究」森田信義ほか『新訂国語科教育学の基礎』溪水社

❹ 読書（高等学校）

「平成30年告示高等学校学習指導要領」では、中央教育審議会答申（平成28年12月）において、読書が「国語科で育成を目指す資質・能力をより高める重要な活動の一つ」であるとされたことを踏まえ、今回の改訂で読書に関連する事項を全ての科目の〔知識及び技能〕に位置付けるとともに、特に〔思考力、判断力、表現力等〕の各領域の指導を通して、生徒の読書意欲を喚起し、読書の幅を一層広げ、読書の習慣を養うことが重要であると規定した。

例えば、「文学国語」では、「イ　人間、社会、自然などに対するものの見方、感じ方、考え方を豊かにする読書の意義と効用について理解を深めること」を目標とした上で、次のような解説を行っている。

同じ文学的な文章を読んだとしても、年を重ねたり、ある具体的な経験をしたりすることで、以前読んだ時とは異なる印象や感想をもったり、文章から受け取るメッセージが変化したりすることがあり、新たなものの見方、感じ方、考え方の獲得につながることがある。目標にあるように、生涯にわたって読書に親しむことで、ものの見方、感じ方、考え方を豊かにすることは、充実した人生を送るうえで欠かせないことであるという読書の意義と効用について、理解を深められるよう指導していく必要がある。

（文部科学省『高等学校学習指導要領（平成30年告示）解説　国語編』より）

本を読むという行為がもたらす考える力の育成は、確かな学力の土台を育むのみならず、「書物から知識や情報を収集し活用する資質・能力を身に付ける基盤ともなる」（『高等学校学習指導要領（平成30年告示）解説　国語編』）。同解説国語編においては、指導の際、「学校図書館を活用し、司書教諭や司書などとも連携して適切な読書指導を行い、生涯を通じて読書に親しむ姿勢を養うことが大切である」と述べられているが、そうした習慣を養うことは、思考力や想像力、感受性豊かな人間性を培う上でも重要な役割を担っていると言え

るだろう。

（1）高校生の読書量と不読率

　では高等学校の生徒に見られる読書の実態とはどのようなものなのだろうか。例えば、全国学校図書館協議会が毎日新聞社と共同で実施している「学校読書調査」によると、高校生の読書量や不読率は次のような傾向を示すという。

図1

図2

　左図は「読書世論調査」所収のデータを経年比較のため3年単位で示したもので、図1の縦軸は児童生徒が1か月に読んだ本の冊数を、また図2の縦軸は児童生徒の不読率を%で表している。図1からは、近年の特徴として小・中学生の読書量の増進、中でも小学生が顕著に高い平均読書量の伸びを示す一方で、高校生はほぼ横ばいが続く傾向があることが読み取れる。また、図2からは2000年を境にどの校種も不読率が減少傾向を見せる中、高校生だけが十数年前の水準に逆に戻りつつあることがうかがえよう。

　小・中学生に見られる読書量の顕著な伸びの背景には、朝読書の着実な現場への浸透やハリー・ポッターに代表されるようなファンタジー作品のシリーズ化、話題となった作品の映画化などが指摘されている。他方、高校生の場合は多様化する情報媒体の出現や受験に関する制約など、もてる時間を読書のみに

は充てづらい状況の存在が推測される。「学習指導要領」では、思考力に関わる読書の効能とその習慣化による人間形成を謳うものの、日本の学習者の場合、読書量と読解力の間には明確な相関関係は必ずしも存在しない（例えば、吉岡 2010 など）という指摘もあること等に鑑みれば、今後は読む本の冊数だけでなく、本をどのように読み、そこから何を考えたのかという読書の質的な側面も問われるのではないかと思われる。

（2）思考を培うための方法

上記のような現状があるとき、読書量を含め、限られた教育場面において読書の質を上げるために必要な取組にはどのようなものがあるのだろうか。その一つとして、ここではスペインのジャーナリスト Maria Montserrat Sarto とマドリードの書店主 Carmen Ondsabar によって考案された、「読書のアニマシオン」という Reading Method を取り上げてみよう。この読書活動は、黙読や我流による自由な読書とは違い、読解力や適切な表現力の向上に特化した画期的な読書法であり、スペインや中南米では、これまで 1 万名を超える教員や司書、保護者たちが学校図書館や児童館を含む社会教育の場などで活用してきた。日本では、『読書で遊ぼうアニマシオン：本が大好きになる 25 のゲーム』や『読書へのアニマシオン：75 の作戦』（共に M. M. Sarto 著、邦訳、柏書房）を始めとする諸本で知られている。以下では、その中から読み手の分析力や批判センスを引き出すことを目的として考えられた中高生向けの方法を取り上げ、実際のビデオ（柏書房）に即して内容の一端を紹介してみたい。

アニマシオンでは、事前に対象となる本を参加者が予読してくることが前提となっており、本方法では次のような手順でアニマドール（統括的な作戦進行役）が参加者に活動を促している。

1　参加者には伏せられた 2 種類のカードが配られる。一方のカードには作品の登場人物名が書かれているが、もう一方には何も書かれていない。
2　カードが配られた後、登場人物名が書かれたカードを受け取った参加者は回答する側に、何も書かれていないカードを受け取った者は質問者側に回る。

3 座席は、片側に人物役（回答側）が位置し、向かい合って質問役が座る。また、このとき、人物役には登場人物名が書かれた名札が配られ、人物役は皆に見えるようにその名札を首からかける。

4 質問者は、本の内容に基づき、登場人物に様々な質問を投げかけ、回答側は自分なりの解釈を踏まえ、登場人物の判断や思考について陳述する。

＊作品「カトレンの王」に関する質疑応答例

・質問者：街中に兵器工場があるなんて無責任じゃないの？

・パレンケの市長：閉鎖したかったが駄目だった。市民は工場で生計を立てているし、閉鎖したら市民も損害を受けるだろう。

・アニマドール：そう答えるわけか……。もっと質問を出して。

・質問者：オルクメネの市長に質問します。市長一族が別の教会の信者だなんて、地元への裏切り行為だわ。

・オルクメネの市長：そうとれるかも。でもどんな住民でも尊重し、敵対せずに守るのが私の市長としての役目。だから信仰の自由も尊重すべきだと思う。

・アニマドール：民主的な市長だね。

　Montserrat Sarto は、文章を読むことと読書ができることは違うのだと言う。また、スポーツの上達に練習が欠かせないのと同様、読み手の潜在的な能力の開発にも訓練が必要だと述べる。すなわち、こうした実証的な効果が方法論的に確立している鍛錬を継続的に行うからこそ読書ができる学習者が育つのだと言うのである。今日、高校生の読書を取り巻く環境には厳しいものがあるが、ただ自由に好きな本を読むだけでなく、こうした方法で本の内容解釈を自分なりに深めながら、繰り返し読む力を高め、読む楽しみを豊かにしていくことも大事なのではないだろうか。

（渡部洋一郎）

引用・参考文献
ESTEL 文化協会（2000）『読書のアニマシオン〈VHS〉』柏書房
毎日新聞社（1996 〜 2017）『読書世論調査』
吉岡亮衛（2010）「中学生の読解力と読書活動の関係」『読書教育への招待―確かな学力と豊かな心を育てるために―』国立教育政策研究所、pp.146-164

2. 思考力、判断力、表現力等を育てる授業づくり（中学校）

［ 1. 話すこと・聞くこと ］

❶ 話すこと・聞くことの指導の目標と内容

（1）話すこと・聞くことの目標

　「平成29年告示中学校学習指導要領」（以下、本節においては「学習指導要領」とする）の目標において話すこと・聞くことに関するものは、〔思考力、判断力、表現力等〕の「（2）社会生活における人との関わりの中で伝え合う力を高め、思考力や想像力を養う」がまずは挙げられる。「伝え合う力」には「書くこと」も含まれるが、他者とのコミュニケーションを通して「話すこと・聞くこと」の力や思考力などの向上を求めている。もちろんこれは上記（2）だけでなく、（1）〔知識及び技能〕や、意欲や態度や言語感覚といった（3）〔学びに向かう力、人間性等〕の目標とも相まって実現されるものである。

　注目すべきは話すこと・聞くことは国語科の指導内容というだけではないという点である。「主体的・対話的で深い学び」においては、話すこと・聞くことが国語科だけでなく各教科の学習方法としても極めて重視されているのである。これからの社会の変化などを見据え、なぜ話すこと・聞くことは大切なのか、どんな生活や場面で使われ、何を目標としているのかについて自分自身でしっかりと考えてみることが大切である。

（2）話すこと・聞くことの内容と指導事項

　国語科では具体的な言語活動の中に学習過程があり、その中で指導事項が設

定される。話すこと・聞くことについては学習指導要領では次表のような構造
で示されている。

表 「A 話すこと・聞くこと」領域の構成
（『中学校学習指導要領（平成 29 年告示）解説 国語編』より）

学習過程		(1) 指導事項			(2) 言語活動例		
		第1学年	第2学年	第3学年	第1学年	第2学年	第3学年
話すこと	話題の設定	ア	ア	ア	ア イ（話したり聞いたりする活動）（話し合う活動）	ア イ（話したり聞いたりする活動）（話し合う活動）	ア イ（話したり聞いたりする活動）（話し合う活動）
	情報の収集						
	内容の検討						
	構成の検討	イ	イ	イ			
	考えの形成						
	表現	ウ	ウ	ウ			
	共有						
聞くこと	話題の設定	ア（再掲）	ア（再掲）	ア（再掲）			
	情報の収集						
	構造と内容の把握	エ	エ	エ			
	精査・解釈						
	考えの形成						
	共有						
話し合うこと	話題の設定	ア（再掲）	ア（再掲）	ア（再掲）			
	情報の収集						
	内容の検討						
	話合いの進め方の検討	オ	オ	オ			
	考えの形成						
	共有						

「(2) 言語活動例」としては、いわゆるスピーチやプレゼンテーションや独
話と呼ばれるア「話したり聞いたりする活動」と、話合いや会議や討議といっ
たイ「話し合う活動」が挙げられている。これらの言語活動における学習過程
が「話題の設定、情報の収集、内容の検討」「構成の検討、考えの形成（話す
こと）」「表現、共有（話すこと）」「構造と内容の把握、精査・解釈、考えの形
成、共有（聞くこと）」「話合いの進め方の検討、考えの形成、共有（話し合う
こと）」と整理され、各過程における「(1) 指導事項」が体系的に設定されて

IV 国語科授業づくりの実際 103

いる。以下、学習指導要領解説を参考に指導事項を概観してみよう。

（ア）話題の設定、情報の収集、内容の検討

　第1学年では日常生活、第2・3学年では社会生活の中から話題を集めることが示されている。情報や内容については第2学年では異なる立場、第3学年では多様な考えを想定することなどが示されている。

（イ）構成の検討、考えの形成（話すこと）

　第1学年では話の中心的な部分や付加的な部分、事実と意見の違い、第2学年では根拠の適切さや論理の展開に注意し、第3学年では論理の展開などを考えて構成することなどが示されている。

（ウ）表現、共有（話すこと）

　第1学年では相手の反応を踏まえながら、第2学年では資料や機器、第3学年では場の状況に応じて言葉を選ぶ、などで工夫することが示されている。

（エ）構造と内容の把握、精査・解釈、考えの形成、共有（聞くこと）

　第1学年では必要に応じて記録したり質問したり、第2学年では論理の展開に注意し、第3学年では話の展開を予測しながら聞くことが示される。その上で、第1学年では聞き取った内容の共通点や相違点、第2学年では話し手の考えと比較しながら、第3学年では聞き取った内容や表現の仕方を評価することなどが示されている。

（オ）話合いの進め方の検討、考えの形成、共有（話し合うこと）

　第1学年では話題や展開を捉えながら、第2学年では互いの立場や考えを尊重しながら、第3学年では進行の仕方を工夫したり互いの発言を生かしたりしながら話し合うことが示される。考えの形成については第1学年では互いの発言を結び付け、第2学年では結論を導くために、第3学年では合意形成に向けていくことが示されている。

　なお、上記の学習過程は必ずしも表中の上から下に順序よく進むものではないことや、「話すこと」「聞くこと」「話し合うこと」は密接に関連するため完全に分けられるものではないことにも注意しておくべきである。

(3) 話すこと・聞くことの指導のポイント

①カリキュラム・マネジメントの重要性

「学習指導要領」では、話すこと・聞くことは国語科の第1・2学年で年間15〜25単位時間程度、第3学年で10〜20単位時間程度の配当が示されている。

ただし、話すこと・聞くこと（話し言葉）は「主体的・対話的で深い学び」などでも活用される（図）。国語科のA取り立てた指導（特設）で学んだことを、B読むことや書くことの指導の中で生かしたり、逆にそこでうまくできなかった点をAで向上させたりすることが大切である（大村、1983）。それだけでなく、B他教科・学校生活や総合的な学習の時間とも融合的・往復的に取り扱うためにはカリキュラム・マネジメントが重要になる。

図　学校における話すこと・聞くことの指導（長田、2016）

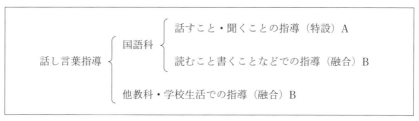

②個人差や特別な支援が必要な学習者に応じた支援

生徒の中には人前で話すことに極度の心理的不安感をもっていたり、また吃音や選択性緘黙（場面緘黙）などの障害があったりする場合もある（高野、2017）。無理に話させることで「二度と話したくない」という生徒を生み出してはならない。話すこと・聞くことの指導は、とりわけ学習者の状況をよく把握し、段階を踏んだり、個人差に応じたりする支援が大切になる。

（長田友紀）

引用・参考文献
大村はま（1983）『大村はま国語教室　第2巻　聞くこと・話すことの実際』筑摩書房
長田友紀（2016）『国語教育における話し合い指導の研究』風間書房、p.94
高木潤野（2017）『学校における場面緘黙への対応』学苑社
堀裕嗣・研究集団ことのは（2002）『総合的学習を支え活かす国語科』（5巻シリーズ）明治図書出版

❷ 話すこと・聞くことの形態と指導方法

1）スピーチ

（1）はじめに

　中学生を対象とする、スピーチの形態と指導の特色とは何か。それは、思春期の中学生が公を意識しつつ自己の思いを話し、他者との交流を行い、学校内外の言語生活場面で活用するという特色である。

　現代の中学生には、スピーチを活用する場面が数多くある。例えば、学級の日直のスピーチ、学校式典時のスピーチ、調べ学習のまとめスピーチ、他教科でのスピーチ、職場体験のスピーチ、読書週間のスピーチ、クラブ活動でのスピーチ、各種委員会でのスピーチ、健全育成の弁論、防犯弁論、社会を明るくする弁論、人権の弁論、税に関する弁論など多種多様にある。そして、これらのスピーチの要は大きく四つに集約される。それは①目的を踏まえること、②場面を考えること、③聞き手である相手を意識すること、④発声や効果的な音声表現を伴うこと、である。つまり、スピーチがまとまりをもつ音声表現であり、個の思考を示す表現となっていることである。

　次に、指導指針として「学習指導要領」における位置付けを示し、スピーチの形態（構造）、最後にスピーチ指導方法（事例）を述べていく。

（2）「学習指導要領」における位置付け

　スピーチの指導は、項目「A 話すこと・聞くこと」「ア」「イ」「ウ」の具体的な事項を踏まえる必要がある。次にそれを掲げる。なお、文中の下線は稿者が施している。

　次の項目を踏まえ、スピーチの指導と「学習指導要領」の趣旨と構成に鑑みることが必要である。

【話題】ア

第１学年ア　目的や場面に応じて、日常生活の中から話題を決め、集めた材料を整理し、伝え合う内容を検討すること。

第２学年ア　日常や場面に応じて、社会生活の中から話題を決め、異なる立場や考えを想定しながら集めた材料を整理し、伝え合う内容を検討すること。

第３学年ア　目的や場面に応じて、社会生活の中から話題を決め、多様な考えを想定しながら材料を整理し、伝え合う内容を検討すること。

【構成】イ

第１学年イ　自分の考えや根拠が明確になるように、話の中心的な部分と付加的な部分、事実と意見との関係などに注意して、話の構成を考えること。

第２学年イ　自分の立場や考えが明確になるように、根拠の適切さや論理の展開などに注意して、話の構成を工夫すること。

第３学年イ　自分の立場や考えを明確にし、相手を説得できるように論理の展開などを考えて、話の構成を工夫すること。

【表現】ウ

第１学年ウ　相手の反応を踏まえながら、自分の考えが分かりやすく伝わるように表現を工夫すること。

第２学年ウ　資料や機器を用いるなどして、自分の考えが分かりやすく伝わるように表現を工夫すること。

第３学年ウ　場の状況に応じて言葉を選ぶなど、自分の考えが分かりやすく伝わるように表現を工夫すること。

（3）スピーチの形態（構造）

①スピーチの形態（構造）

```
                  ↗  オープニング（導入部）  ↗  サブメッセージ

メインメッセージ  →  ボデイ（本論部）      →  サブメッセージ

                  ↘  クロージング（終結部）  ↘  サブメッセージ
```

IV　国語科授業づくりの実際　107

②スピーチの形態（構造）の形成

ア：スピーチの核の作成

・どのような場、どのような聞き手であり、何を望まれているかを考える。

・自分が最も言いたいことを明らかにする。

イ：スピーチの話の全体構成を作成

・話の全体の組み立てを考える（マインドマップ、メモ、付箋紙、図解等）

・オープニング（導入部）を工夫して聞き手をひきつける。

・クロージング（終結部）を工夫して聞き手の印象に残るようにする。

ウ：練習をする。原稿の修正を行い、音声表現の練習をする。

・本番

（4）スピーチ指導方法（事例）

①１分間スピーチの指導方法（参照：東洋大学附属姫路中学校の実践より）

【ねらい】自分の思いを伝えること。

（テーマ）「中学生になって成長したこと」

（指導の要点）・３段落構成で書く練習をすること・文章の推敲の大切さ・マッピングを活用した発想方法・題名や書き出しの工夫の仕方・分かりやすい文章を書くために注意すること。

発表１分間スピーチ

②スピーチコンテストの指導方法（東京都立小石川中等教育学校の実践より）

【計画】

1　表現力の育成・スピーチ「ビブリオバトル」

2　思考力の育成・構想づくり「マインドマップ」

3　表現力の育成・音声言語「発音と発声」

4　表現力の育成・スピーチの仕方「スピーチコンテストへ向けて」

5　読解力の育成・情報スキル育成「図書館での調べ方」

6　複合的活動・ディベート・グループディスカッション・スピーチコンテスト

【手順】「テーマを考える」

（ねらい）現代社会の諸問題について自ら課題を設定、調査し、自らの意見（スピーチの核）をまとめる。説得力をもちながら、聞き手の理解を得られるように工夫を凝らし、効果的な伝え方を考える。

（留意点）調査・考察を行う。次のようなジャンルを設定し、その枠の中からタイトルを考える。マインドマップ・メモ・ワークシート等の利用を促す。（1 医療　2 情報・メディア　3 食生活　4 労働　5 教育　6 社会・生活　7 福祉　8 国際　9 日本語・日本人　10 科学技術・環境）提示したテーマタイトル例「教育の本質とはなにか」「ヒトとロボットの未来」「日本とテロ対策」「SNSトラブル」「日本の言語文化の乱れ」「科学技術の発展と環境」等

【調査・考察の指導】「観点の確認」

1 現状　2 問題の所在・提案の要点　3 意見・主張　4 意見・主張の根拠・理由の追究（学校及び公共図書館、各社各種の新聞、多様な事典、データ掲載報告書、インターネット等）

【全体構造の指導】「組み立てを考える」

（発表時の評価の視点）

題材・話題について	興味深さ・独自性・目的性
意見・論述内容	論理の明確性・説得力・共感度
資料活用の充実度	データ及び引用や出典の明示・資料活用の巧みさ
スピーチの技術	声量・滑舌・簡明・表現力
全体	まとまり・感銘・思考・伝達

【発表】全員が発表をする。クラス代表を決定する。代表者は学級外他者をも含んだ場面で発表を行う。

（有働玲子）

引用・参考文献

文部省（1994）『中学校国語指導資料　指導計画の作成と学習指導の工夫―音声言語の学習指導―』ぎょうせい

佐々木繁範（2012）『思いが伝わる、心が動くスピーチの教科書』ダイヤモンド社

よこはま子ども国際平和スピーチコンテスト（2018）「神奈川県ユニセフ協会」http://www.unicef.or.jp/kodomo/osirase/2015/11-02.html

高橋俊三編（1994）『話すことの指導』明治図書出版

2）対話

(1) 対話とは

　対話を形態として捉えたのは西尾実である。西尾は、対話とは「一対一の間で行われる、話し言葉を用いた通じ合い」であるとした。さらに対話の概念を、①話し手と聞き手が交互に交代する、②聞き手の数は一人、③聞き手の性質が話し手との人間的なつながりを予想できる、の３点で規定した。西尾は交代性・人数・人間関係という規準で対話を捉えている。西尾の考えを発展させ、対話を機能として位置付けた倉澤栄吉は、一対多までを含めた場合も対話であり、広義には自己内対話も対話に含まれるとしている。山元悦子は、対話とは社会的行為であり、話し手と他者との関係をつくっていく基本単位であるという立場から、異質な考えをもつもの同士が共生するために必要なものと位置付けている。村松賢一は、音声言語活動はその本質において全てが対話であるとしている。ロシアの哲学者バフチンは、対話によって、自己がすでにもっていた見解や立場を変えることが可能になり、その結果、相互が豊穣化すると説いている。

　では、「学習指導要領」の中で「対話」はどのように位置付いているだろうか。

　まず、形態として対話を捉えた例として、『中学校学習指導要領（平成29年告示）解説　国語編』1学年の言語活動例の記述がある。

　イ　互いの考えを伝えるなどして、少人数で話し合う活動。

　感じたことや考えたことを伝えるなどして話し合う言語活動を例示している。少人数で話し合う活動の形態としては、対話やグループでの協議など、多様な形態が考えられる。生徒同士の話合いのほか、指導のねらいに応じて、教師と生徒との対話も考えられる。

　少人数で話し合う活動の多様な形態として「対話・グループでの協議・生徒同士の話合い・教師と生徒との対話」が示されている。

次に、学習指導要領の改訂の基本方針にある「主体的、対話的で深い学び」の中に「対話」が含まれている。授業改善の推進を実現するためには、全ての学習で対話を取り入れることが求められているのである。平成28年12月文部科学省答申によれば、「子供同士の協働、教職員や地域の人との対話、先哲の考え方を手掛かりに考えること等を通じ、自己の考えを広げ深める『対話的な学び』が実現できているか。身に付けた知識や技能を定着させるとともに、物事の多面的で深い理解に至るためには、多様な表現を通じて、教職員と子供や、子供同士が対話し、それによって思考を広げ深めていくことが求められる」とある。これはつまり、教室の中で生徒同士や教師と生徒との言葉のやりとりとしての対話はもちろんのこと、読むことを通して筆者や作者とも対話し、自己内対話を通して思考を広げ深めることを目指すものといえるだろう。

（2）「聞くこと」の対話指導

　対話で重要なのは「聞くこと」である。しかし実践研究は少ない。聞いているときの態度や心構えに終始し、聞いた内容を再生する短期記憶を「聞く」力と捉えることも少なくない。対話は双方向のやりとりである。聞きながら思考し、聞きながら次なる発話を構築する。発話が生まれるためには、はじめに相互作用がある。話すためには、自分自身に聞くことが不可欠である。

　「学習指導要領」「聞くこと」の指導事項では、次のような点が示されている。

　第1学年では、「記録や質問をして聞く・共通点や相違点などを踏まえて、自分の考えをまとめること」、第2学年では、「論理の展開を聞く・話し手の考えと比較しながら自分の考えをまとめること」、第3学年では、「話の展開を予測して聞く・聞き取った内容や表現の仕方を評価して自分の考えを広げたり深めたりすること」である。

　「聞くこと」の重要性を指摘した倉澤栄吉は、聞き取り過程における意識反応として10項目を挙げ、それぞれのタイプを理解して学習を行う必要性を述べている。聞くことを受動的な活動から能動的な活動へ転換するのである。聞く過程で働くこれらの意識を自分に問うてみることで、自分の聞き方や聞いているときの思考を自覚することができるようになる。

①認知型（話の内容を関係付けたり、事実を確認したりするタイプ）

②肯定型（話の内容に共鳴を示したり、肯定的に判断したりするタイプ）

③疑問型（話の内容に疑問をもったり、質問的に問い返したりするタイプ）

④批判型（話の内容や形式に対し、批判したり、否定的に判断したりするタイプ）

⑤類推型（話の内容から先を類推したり、推理したりするタイプ）

⑥想像型（話の内容から予想をしたり、場面を想像したり、情景をイメージに描いたりするタイプ）

⑦連想型（話の内容から連想をしたり、過去の経験を想起したりするタイプ）

⑧解決型（話の内容に対し、問題をもっては解決していく自問自答の思考をするタイプ）

⑨反省型（話の内容や形式に対して、自分を比較し反省していくタイプ）

⑩志向型（話の内容や形式に対して、願望や要求を起こしたり、意欲的に行動を示そうとしたりするタイプ）

（3）聞いている思考を重視する対話指導

「言葉のやりとりとしての対話」と「おしゃべり」との違いを明確にするためには、自己の対話を客観的に見つめることが必要になる。即興的で無意識的な言葉のキャッチボールを自覚的に行うのである。そのためには、聞いている思考を重視する対話指導が求められる。

音声言語では、「何を話しているか」という内容と、「どのように話しているか」という方略の両者への認知力が求められる。若木常佳は、大村はまの「学習の手びき」を、「ものごとを多元的立体的視点において捉え、意識的な視点転換をしながら、論点を明確にして考えるという情報処理を育成している」と整理し、「どのように話しているか」という方略の指導の有効性を指摘する。同時に「どのように聞いているか」という方略にも有効である。若木の「台本

型手びき」は、発表内容や話合いの在り方、あるいは発話の〈方略〉に対する指導を、実際の話し言葉で行うものであり、認知的側面を育成する指導法である。

「台本型手びき」を作成するためには、既習の話合い学習の様子から把握した学習者の課題に対し、その課題を克服するための情報処理能力を整理する必要がある。例えば「自分の意見をどこでどのように述べればよいのか分からない」という課題をもつ場合に求められる方略は「自分の意見と他者の意見、あるいは他者の意見相互を比較して共通点・相違点を見出し、関係を捉える方略」と設定する。その上で「台本型手びき」には「相互の意見がどのような関係にあるかを明らかにして発言する場面を入れる」という視点を明確にする。

「台本型手びき」の実際と内包した情報処理（部分抜粋）

導きたい情報処理と該当する方略	「台本型手びき」の実際
他者の発言と自分の保有していることとの関係性を明らかにする	山田：田中さんが言った、人を助けられない辛さ、これが私の読んだ本との共通点かなと思うのですが。私の読んだ本はこの本です。（本を見せる）どうしてこの本を選んだかというと（中略）

「台本型手びき」を用いたグループとそうでないグループとを比較した実践によれば、「台本型手びき」を用いたグループでは、他者の意見と自分の準備した意見の関わる点を明確にして発話する学習者の姿が見られた。これは、「他者の発話を聞くときに、他者の意見と自分の意見を並列し、比較しながら聞き、相互の関係を捉え、その関係を他者に明らかにしながら話すという情報処理が行われている」結果である。

（坂本喜代子）

引用・参考文献
倉澤栄吉（1969）『話しことばとその教育』引用は『倉澤栄吉国語教育全集10　話し言葉による人間形成』（1989）角川書店
西尾実（1951）『国語教育学の構想』引用は『西尾実国語教育全集第4巻』（1975）教育出版
山元悦子（1997）「対話能力の育成を目指して――基本的考え方を求めて」『共生時代の対話能力を育てる国語教育』明治図書出版
村松賢一（2001）『対話能力を育む話すこと・聞くことの学習――理論と実践』明治図書出版
若木常佳（2011）『話す・聞く能力育成に関する国語科学習指導の研究』風間書房

3）話合い・討論

　対話的な学びを実現する上で、話合いという言語活動は重要な役割を担う。もちろん、対話的な学び＝話合いではないが、学習者の話合いの質の高まりは、授業における学びの深まりと密接に関連している。

　国語科における話合い学習指導は、話合いの方法そのものを学ぶ機会として位置付けられる。ただし、そうした話合いの取り立て指導は、国語科の読むことや書くことの指導とくらべて十分とは言い難い現状にある。

　近年の話合い学習指導研究のキーワードの一つには、メタ認知があるとされている（長田、2013）。そのため本項では、メタ認知を重視した話合いの授業における、学習内容・教材・指導方法・話題について述べる。

　なお、話合いの形態にはグループ・ディスカッションのように比較的自由な形式のものと、一定のルールに基づく討論（ディベート等）がある。以下では、前者の話合い指導を中心にし、後者との関連性は適宜補足する。

（1）話合いの学習内容—メタ認知させたい方法知—

　話合いの授業構想は、学習者が普段どのような話合いをしているのかという実態の見取りから始まる。ただし、話合いの結論のみに着目したり、意見交流が活発かどうかを観点にしたりするだけでは、付けたい力が判然としない。そこで、表1に示したような発言レベルの方法知（話合いのこつ）を観点にすることで、具体的な目標設定が可能となる。

　方法知は小学校段階でも学習される性質のものであるため、メタ認知が発達した中学校段階においては、方法知を状況に応じて柔軟に活用することが期待される。自分の考えと相手の考えの関係性、話合いの展開や目的といった状況に応じて適切な発言ができるよう、個々の方法知の効果についても自覚化させたい。こうした方法知は、グループ・ディスカッションに限らず、ディベートやパネル・ディスカッションといった形態にも活用できる。

表1　学習内容としての方法知の一覧（上山（2018）を一部修正）

	方法知	説明	発言例
つなげる・広げる	提案	意見を提案する	「じゃあ、……」／「……はどう？」
	確認	発言内容を確認する	「どういうこと？」／「……って何？」
	質問	理由を尋ねる	「なんで？」／「どうして？」
	理由づけ	意見の理由を述べる	「だって、……」／「……だから」
	発話の促し	相手の発言を促す	「〇〇さんはどう？」／「意見はある？」
深める・まとめる	反論	反対意見を述べる	「でも、……」／「それは……じゃない？」
	受容	相手の考えを受容する	「そうだね」／「それはわかるよ」
	言い換え	別の言葉に言い換える	「それって、……だよね」
	補足	相手の考えに付加する	「それに、……」／「しかも、……」
	整理	論点を整理する	「ちょっとまとめるね」
進める・やわらげる	計画	最初に計画を立てる	「話し合う順番は……」
	展開	別の展開への進行を促す	「……について話そうか」
	逸脱の修正	逸れた話題を戻す	「話を元に戻そうよ」
	あいづち	話しやすくするあいづち	「うん」／「なるほどね」
	ユーモア	雰囲気を和ますユーモア等	―

（2）話合いの教材―文字媒体の活用―

　話し合う力を育てるという視点から見た教材には、目指す像を示すモデルとしての教材と、実態に根ざしたサンプルとしての教材とが考えられる。

　話合いのモデルとしての教材には、台本型の教材を挙げることができる。文字媒体の教材の音読を通して、話合いの進め方をイメージできる（若木、2011）ことから、教科書教材にも多く取り入れられている。

　また、話合いのサンプルとしての教材には、学習者自身の話合いの記録が挙げられる。学習者の話合いの記録には、分析を行う必然性があり学習意欲を喚起できるという、教材としての価値が備わっている。話合いを教材化する際には、即時的に消えてしまう音声言語の非記録性という特性への対応が必要不可欠である（長田、2013）。音声媒体（ICレコーダー）や映像媒体（ビデオ）だけでなく、文字媒体（学習者の話合いを文字起こしした教材＝文字化資料）の活用も重要になる。特に、話合いの文字化資料の教材としての特徴は、話合い

IV　国語科授業づくりの実際　115

の見える化が可能になる点にある。

　文字化資料を作成する教師の負担に対しては、教師が即時的に板書で文字化したり、学習者が分担して短冊に文字化したりする工夫による対応も考えられている（上山、2018）。指導のねらいや学級の実態に応じて適切な方法を選択しながら、話合いのメタ認知を促す教材開発を試みたい。

（3）話合いの指導方法―振り返り活動の重視―

　これまでの話合いの指導方法は、台本型教材の活用に代表される事前の指導が中心であった。学習者のメタ認知を促すためには、そうした事前指導の充実だけでなく、事後における振り返り活動を重視することが求められる。

　文字化資料を活用する場合は、話合いを実施した次の時間に文字化資料を教材として、自分たちの話合いを振り返る活動を展開する授業が考えられる（上山、2018）。そこでは、表2に示したような授業過程によって、自分たちや代表班の話合いのよい発言や問題点を分析する活動を行う。

表2　振り返り活動を行う授業過程（上山（2018）を一部修正）

よい発言に着目させる場合	問題点に着目させる場合
①教師が評価の観点を提示し、学習者に話し合いを評価させる ②評価で得た視点をもとに、具体的な発言に着目した分析をさせる	
③よい発言と理由を説明させる ④気付きを概念化することで方法知とその効果に気付かせる	③問題点と改善案を検討させる ④特定場面への方法知の適用や追加を通して効果に気付かせる

　教師が①で提示する評価の観点は、学習者の話合い観の表出を促す「よい話合いだったか」といったものから、より焦点化した「計画的な進行だったか」まで様々に考えられる。また②では、文字化資料に線を引かせる等の指示により、具体的な発言に着目させる。振り返り活動後は、取り立て指導における意識的な活用や、他領域での話合いにおける無意識的な活用へとつなげ、時機を見て振り返り活動を行うというサイクルを構築したい。

（4）話合いの話題―ねらいに応じた話題の選択―

　授業で扱う話題については、意見を一つに収束させるのか、拡散させて終わるのかを検討するだけでなく、ねらいに応じて設定することが重要である。話題のタイプのうち、アイデアを出し合う話題（例：文化祭の出し物は何がいいか）とディベートのような二項対立の話題（例：日本は救急車の利用を有料化すべきである。是か非か）では、求められる思考や発言が異なる。小学校段階では前者の話題から指導することが有効であるとされており（北川、2016）、こうした順序性は中学校段階でも活用できると考えられる。

　特に、話合いという言語活動は事前に展開を予測することが難しい。そのため、表1の提案や確認を指導する際にはアイデアを出し合う話題、反論や受容を指導する際には二項対立の話題、といったねらいに応じた選択により、意識する発言や振り返りの観点を焦点化させたい。その上で、日常的な話合いでは、上記二つのタイプの話合いが入り混じりながら、複数の論点について話し合うことがほとんどである。そのため、計画や展開といった進行に関わる方法知も、中学校段階を通して指導したい。

　学校や社会生活における話合いの重要度は、今後ますます増加することが考えられる。学習者が自律的に話し合えるよう、学習内容・教材・指導方法・話題を連動させながら、実態に応じた指導を展開することが求められる。

（上山伸幸）

引用・参考文献

上山伸幸（2018）「話し合いの授業の学習内容・教材・指導方法の工夫」長崎伸仁監修、香月正登・上山伸幸編著、国語教育探究の会著『対話力がぐんぐん伸びる！　文字化資料・振り返り活動でつくる小学校国語科「話し合い」の授業』明治図書出版、pp.14-21

長田友紀（2013）「話すこと・聞くことの学習指導の内容・方法に関する研究の成果と展望」全国大学国語教育学会編『国語科教育学研究の成果と展望Ⅱ』学芸図書 ,pp.69-76

北川雅浩（2016）「小学校段階で討論を円滑に導入する方法の検討―討論において協同性を育むことの意義とその指導方法を中心に―」『国語科教育』79,pp.23-30

三好健介（2019）「脱・多数決！　納得する合意形成を目指そう」大滝一登編著『高校国語　新学習指導要領をふまえた授業づくり　実践編　資質・能力を育成する 14 事例』明治書院、pp.42-49

若木常佳（2011）『話す・聞く能力育成に関する国語科学習指導の研究』風間書房

<h1 style="text-align:center">2. 書くこと</h1>

❶ 書くことの指導の目標と内容

（1）書くことの領域の構成

　書くことの指導は、「思考力、判断力、表現力等」の中の「B書くこと」として示されている。書くことの指導事項は、表の通り学習過程に即して学年ごとに分けられており、また言語活動例は文章のタイプごとに示されている。

表　「B書くこと」領域の構成
（『中学校学習指導要領（平成29年告示）解説　国語編』より）

	学習過程	（1）指導事項			（2）言語活動例		
		第1学年	第2学年	第3学年	第1学年	第2学年	第3学年
書くこと	題材の設定	ア	ア	ア	アイウ（説明的な文章を書く活動）（実用的な文章を書く活動）（文学的な文章を書く活動）	アイウ（説明的な文章を書く活動）（実用的な文章を書く活動）（文学的な文章を書く活動）	アイウ（説明的な文章を書く活動）（実用的な文章を書く活動）（文学的な文章を書く活動）
	情報の収集						
	内容の検討						
	構成の検討	イ	イ	イ			
	考えの形成	ウ	ウ	ウ			
	記述						
	推敲	エ	エ	エ			
	共有	オ	オ	オ			

　指導事項の内容を確認する前に、『中学校学習指導要領（平成29年告示）解説　国語編』の第4章「指導計画の作成と内容の取扱い」にふれておきたい。そこでは「B書くこと」に関わって、「実際に文章を書く活動を重視すること」と明記されている。これは従前にはなかった文言である。書く力を育成するために書く活動を行うのは当然のことであるにも関わらず、なぜこのような「念押し」があるのか。

　書くことを苦手とする生徒は多く、学習活動や指導の工夫、書く時間の確

保、評価など、書く活動にかかる負担は決して小さくない。しかし、情報媒体が多様化する現代社会において、書くことは中心的な発信活動の一つとして一層重要になっている。「実際に書く」ことが明記された背景にはこうした事情があるものと思われ、まずは書く活動の時間確保が重要になる。

（2）書くことの指導事項

　今回の「学習指導要領」の「目標」には、「社会生活」という語が複数出てくる。書くことにおいてもそれが反映され、社会的機能を果たすテクストの生成という側面を重視する「読み手志向」が強まっていると言えるだろう。

（ア）題材の設定、情報の収集、内容の検討

　目的や意図に応じて題材を集め、情報を収集・整理し、伝えたいことを明確にする指導事項である。第1学年では小学校からの接続が考慮され日常生活から題材を選定することが想定されているが、第2・第3学年においては社会生活の中から集めることとしている。書くことを通して地域社会や身近な情報メディアで話題になっていることなどに関心をもち、それに対する自らの考えを形成・発信することが求められている。情報の収集に当たっては、図書館などを利用した資料収集やインターネットでの調査だけでなく、インタビューやアンケートなど多様な取材活動が想定される。また、それらの情報をただ引き写すのではなく、目的に応じて取捨選択し整理することが必要になる。加えて第3学年では、集めた情報の「客観性や信頼性を確認」することが求められており、情報の発信元が明確か、裏付けはあるか、いつの情報か、といったことを確かめることになる。慎重に情報を吟味すること、また責任ある姿勢で情報を発信することが求められているのである。

（イ）構成の検討

　文章の構成や展開を考え工夫する指導事項である。第1・第2学年では、段落の役割を意識し、段落相互の関係を明確にすることが求められている。しかし、段落や構成の意識というのはなかなか自然には習得されにくい。小学校までは「はじめ・なか・終わり」という構成で書けていたとしても、それだけで

IV　国語科授業づくりの実際　119

は分かりやすく論理的な文章構成にはなりにくい。特に第3学年では、説得的な論理展開で書くことが求められている。そのためには、主張の正当性を示す様々な論証方法を理解する必要があるだろう。「C読むこと」の学習（説明的文章教材など）と関連させながら、段落の働きや展開、事例の挙げ方や例証の方法などについて検討させることが重要になる。

（ウ）考えの形成、記述

　記述の仕方を工夫し、自分の考えが伝わる文章を書いていく指導事項である。この指導事項では、第1・第2学年の両方で「根拠」という言葉が挙げられている。根拠を示しながら自分の考えを述べることは、論理的に思考したり説得的に表現したりする上で必要不可欠である。根拠の適切さを考えるに当たっては、根拠として挙げたものが確かな事実に基づいているか、主張と根拠の結び付きが適切かどうか、といった観点で行うとよいだろう。

　また、第3学年では「資料を適切に引用したりする」ことも指導事項に含まれている。適切な引用の仕方（「　」でくくる、出典を明示するなど）を知り、資料の内容と自らの考えとの関係を示していくことを通して、主体的な情報の使い手になることをねらいとしているのである。

（エ）推敲

　読み手の立場に立ち、自分が書いた文章について捉え直し、分かりやすい文章に整える指導事項である。第1学年で「表記や語句の用法」「叙述の仕方」、第2学年で「表現の効果」、第3学年で「目的や意図に応じた表現」と示されており、推敲の観点が、文章そのものから読み手を意識した効果や機能へと拡大していることが分かる。しかし読み手意識は、書く経験の豊かさや意欲と密接に結び付いている。ただ「読み手の立場に立って」と指示するだけでは、具体的にどのように書けばよいのか、書く経験が乏しい生徒ほど理解しにくい。書く目的を明確にする、具体的な読み手を設定する、読み手の反応を得る機会を設定するなど、授業づくりに一層の工夫が必要となる。

（オ）共有

　この指導事項では、全ての学年で「読み手からの助言などを踏まえ、自分の

文章のよい点や改善点を見いだすこと」と明記されており、これは今回新たに加わった文言である。読み手からの反応を直接得られる機会であるため、（エ）推敲と関連させて指導することが肝要である。

　これまでも相互に読み合い推敲に生かすことは示されてきたが、ただ読み合うだけでなく、他者と対話することで書くことを充実させていくような手立てが求められている。そのためにはまず、書き上げる前の段階においても個々の文章の改善点を相互に指摘し合う機会を設けるなどの活動が考えられる。文章は一旦書き上げてしまうと大幅な改善は難しく、また意欲も低下してしまう。書き上げる前の段階で何らかの対話的活動を入れ、他者の視点を通して改善点を見いだす工夫が必要である。また、文章の論理性や構成などの観点は、他者との対話や指摘で得られることが少なくない。観点や目的を明確にした対話的な活動を設定することで、書き上げるための支援とする。

（3）書くことの言語活動例と授業づくり

①相手や媒体を考慮して書く

　言語活動例では、「電子メール」「相手や媒体を考慮して」という文言が新たに追加されている。インターネットやスマートフォン等の媒体の使用が、生徒たちの読み書きに大きな影響を与えていることを踏まえ、相手の状況や媒体の特性を考慮して書くことが求められているのである。自分の発信した情報がどのように受け止められるかを想像したり、媒体や目的に応じて表現を吟味したりするような学習活動の工夫が今後新たに必要となるだろう。

②参照する力を育てる

　大量の情報にアクセスでき利用可能な現代社会では、他者の考えや表現を批評しつつ、それを基に自らの考えを形成・展開するような「参照」の力を育成することが一層重要になる。引用する、要約する、事例を挙げるなど、「読む」「話す・聞く」活動から得た他者からの情報を、目的に応じて適切に自分の文章に組み込む活動を設定する。できるだけ部分的・段階的な指導を設け、見通しや達成感をもたせる工夫が必要となるだろう。　　　　（森田香緒里）

❶ 書くことの指導方法

1）実用文・意見文の指導

　実用文・意見文の指導は、形式中心に語られることが多い分野である。そこで学ぶ形式が、学習者の実用や現実生活での発信に役立つものであってほしい。そう考えるとき、学習者にとっての実用や現実生活のありようが問いとして浮かび上がる。

　学習者の生活における「書く」機会は飛躍的に増大している。生徒らはインターネット上で自由に情報の収集を行い、大人と平等な一人の発信者として思いを述べる。発信は、文字だけの場合、または写真や動画に文字を添える場合など様々な形式や媒体で、様々な内容について、自分の意志で行われている。「学習指導要領」で主体的な学びがあえて謳われているが、そこでの生徒はすでに主体的発信者である。

　ここでは生徒らの現実に目を向け、発信者としての生徒に寄り添うものとしての実用文・意見文の指導を模索したい。

（1）生徒にとっての実用・現実と「場」

　改めて、生徒にとっての実用・現実とはどのようなものか。

　大内（2012）は、学校はやはり現実の社会生活とは異なる「虚構の場」であるとする。「虚構の場」である学校で、「書くこと」が生徒の主体的発信であるためには、社会的実用以前に、それが表現の欲求や必要に駆られるという意味での「実の場」であるかが重要となると述べている。

　予測不能の社会に出て行く生徒にとって、現在の社会的実用のための形式の学びの有効性は疑問である。実用文・意見文の学びは、自身の欲求や必要のために書く、自分にとっての問題解決のための「書くこと」の学びである。

　そこで次に問題となるのは、生徒が、自身の欲求や必要に駆られる「場」をどのように設定するのかという点である。

例えば、『国語教育総合事典』「書くことの教育」では、全教科の学習における書くこと（記録、調査・研究、備忘・伝達・連絡）などに目を向けるべきであるとしている。生徒にとっての日々の実用や必要の視点から柔軟に考え、様々な「場」を取り入れてゆきたい。

　また田中（2016）は、切実感・真実感のある「状況的な場」の設定について、「だれが、どういう立場から」（主体・立場）、「誰に向けて」（相手）、「何のために」（目的・意図）、「何を」（内容）、「どのように」（あたかも現実の場らしく見える表現方法・形態）の五つの条件を明確にすべきであるとしている。

(2) 実践例の考察：書き手の目的

　実用文指導の実践例として手紙文の実践を取り上げ考察を試みる。手紙文の実践は、形式の学びの必要性もさることながら、「場」の設定の観点からも、相手意識・目的意識が自ずと明確になること、実用感など、望ましい要素を備えている（その意味ではメール文の指導も同様の意義をもつ）。

　ここでは田中（2016）の中で、三浦和尚が取り上げた手紙文の4実践のうち、藤堂浩伸の実践について考察する。実践の概要は次に示すとおりである。

藤堂浩伸「相手意識を持って、手紙文を書く指導
　　　　　　　　　　　―中2「手紙を書く」の実践を通して―」
　指導過程（全4時間扱い）
第一次　・手紙の書き方のルールを知る。
　　　　・どんな手紙を誰に書くかを考える。　　　　　　　　（1時間）
第二次　・内容や構成を考えて手紙を書く。
　　　　・推敲して、清書する。（『表記法辞典』の活用）
　　　　・友達に読んでもらい、改良点を見つける。　　　　　（2時間）
第三次　・手紙を清書する。
　　　　・表書きを書き、手紙を出す。　　　　　　　　　　　（1時間）

Ⅳ　国語科授業づくりの実際　123

藤堂実践の特徴は、「どんな手紙を誰に書くかを考える」とあるように、生徒がそれぞれ自由に手紙を出す相手とその目的を設定する点にある。教師からは、形式に則った手紙を書くための知識と機会が授業として提供され、その他は学習者に委ねられている。

　この手紙が書き手自身の目的によって書かれるものであることは重要な点である。目的が書き手自身のものであることによって、「書くこと」自体が主体的な問題解決の学びとなるからである。

　藤堂実践のもう一つの特徴は、「友達に読んでもらい、改良点を見つける」という学習者間の対話交流にある。この交流は相談であり、いわゆる相互評価とは性質的に異なるものである。書き手が自分の目的の実現のために書く手紙であるから、途中で相談（協働）したとしても書き手の手紙である。目的が書き手自身のものであることが相談としての対話を可能にしている。

(3)「対話」：作文過程へのアクセス

　ここまで、学習者による目的設定の重要性について述べてきたが、意見文の指導における実際的な問題として、そもそも「書くこと（意見）がない」という問題がある。

　佐渡島（2016）は、プランニング段階での「対話」によって、書き手が自ら自分の書きたいこと（意見）を見いだす方向へ向かうことができるとし、実践例を示す。また文章作成過程のすべての段階で「対話」を行うことが、書き手の自立を促し、主体的な学びを生むとしている。

　「対話」は、完成作の批評だけでなく、完成前の様々な過程での働きかけを可能にする。留意すべきは、この「対話」が、学習者の目的による「書くこと」を前提としている点である。

　清道（2013）は、作文過程は、プランニング（書く目的や読み手を特定する、アイデアを生み出し組み立てる等）、記述（プランをもとに文章を書く、読み手に合わせて工夫する等）、推敲（目的や読み手に注意して読み返す、語句を修正する等）に関する方略が複雑に組み合わさって、何度も繰り返して起

こる、認知的に高度な問題解決のプロセスであることを指摘する。

　「学習指導要領」では「書くこと」の学習過程を、「題材の設定」「情報の収集」「内容の検討」「構成の検討」「考えの形成」「記述」「推敲」「共有」のように分けるが、もちろんこの順での指導を求めているわけではない。

（4）まとめ

　学習者が自身の欲求や必要からくる目的のために実用文・意見文を「書くこと」は、主体的な問題解決としての学びである。またそこでの「対話」は、複雑で個人差の大きい作文過程の様々な段階での働きかけを可能にする。作文が、書き手一人一人にとっての欲求や必要による「書くこと」となる「場」の設定、その過程で「対話」の起こる教室づくりの実現を目指したい。

（出雲俊江）

引用・参考文献

大内善一（2012）『国語科授業改革への実践的提言』溪水社、p.53

田中宏幸（2016）「「書くこと」の授業づくりの基本的考え方」浜本純逸監修・田中宏幸編『ことばの授業づくりハンドブック　中学校・高等学校　「書くこと」の学習指導　─実践史をふまえて─』溪水社、p.19

藤堂浩伸「相手意識を持って手紙を書く指導─中2「手紙を書く」の実践を通して」（上掲　田中（2016）p.85）

佐渡島紗織（2016）「書くことのカリキュラムを「対話」で起こす─書き手が自己を拓き、主体的に学び、自立するために─」全国大学国語教育学会編著『国語科カリキュラムの再検討』学芸図書、p.15

清道亜都子（2013）『書くことの教育における理論知と実践知の統合』溪水社、p.8

2）詩歌・創作文の指導

（1）詩歌・創作文を書くことの意義

　書くことにおける詩歌・創作文の指導は、「学習指導要領」の「書くこと」の言語活動例の中に「詩を創作したり随筆を書いたりするなど、感じたことや考えたことを書く活動」（第1学年）・「短歌や俳句、物語を創作するなど、感じたことや想像したことを書く活動」（第2学年）が取り上げられているように、学習者が「感じたこと」や「考えたこと」、「想像したこと」を書く活動を展開するものとして学習指導の中に位置付けられている。

　「感じたこと」や「考えたこと」、「想像したこと」を書くということは、「自分にしか書けないこと」を追求するということである。

　同じものを見たとしても、同じ経験をしたとしても、全ての人々がそれらをまったく同じように認識するということはおそらくない。各人において少しずつ事象・事物の認識の有り様にはズレが生じているはずである。

　ただし、一般的な実用文系統の文章表現において、そのようなズレは捨象される方向で内容が調整される。それぞれのもっている認識が摺り合わせられ、共通化する方向で言葉は用いられることになる。そのような共通認識がないと言葉によるコミュニケーションがそもそも成り立たなくなってしまうからである。我々が書く文章に「客観性」や「論理性」というものが求められるのはこのためである。

　しかし、誰にでも分かる文章を書くということは、ともすれば文章を平板なものにし、そこにおいて展開する想を均質化する方向へと向かわせてしまう恐れがある。使い古された表現・紋切り型の表現ではない自分ならではの独創的な表現は、文学的文章を書くことによって追求される。そうした言葉を自ら紡ぎ出すことができることに気付く契機が必要である。書くことにおける詩歌・創作文の指導の意義はここにある。

（2）詩歌の指導のポイント

　詩歌を創作するということは、無限に広がる周囲の世界を有限である言葉によって切り取って認識し直すことである。ただ単に見たものや経験したことを写し取るというのではなく、経験を通して獲得される「自分だけ」の思いをなんとか人に分かってもらうように言葉を選び、紡ぎ出すことが重要になってくる。

　ゆえに、授業が始まっていきなり「さあ書きましょう」では到底うまくいくはずもなく、まずは書きたいことや思いをあらかじめ豊かにもたせておくことが必要である。そのためには、例えば常時の活動として、日記や生活記録文を書くことを習慣付けたり、体験活動と連動させつつ詩歌の創作を行ったりなどの手立てがとられている。

　ただし、そこで問題になるのは原経験と文章経験とが時間的に乖離してしまうという点である。感動したことを書いて表そうとする場合に「上手く思い出せない」という事態が生じてしまうのはこのためである。それをできるだけ是正できるような手立て・場づくりを心がけなければならない。

　また、自分の感じたことを詩や短歌としてまとめるに当たっては、修辞技法などそれぞれのジャンルの書きぶりに対する理解も必要である。学習指導要領の解説にも「詩を創作する際には、凝縮した表現であること、散文とは違った改行形式や連による構成になっていることなどの基本的な特徴を踏まえて、感じたことや考えたことを書くこととなる」とある。

　詩集や句集にふれる機会を多くし、その中から自分の気に入ったものを書き留め、お気に入りの詩集・句集などアンソロジーとしてまとめるといった活動や、既成の詩歌の一部を空欄にし、学習者にそれぞれ自由に空欄に入る言葉を考えさせた後に、元々の言葉を示した上で自身のものとくらべながら、その表現効果について考えさせるという活動などが考えられる。児玉（2017）においても指摘されているが、今後は詩の創作指導と鑑賞指導との連携がとりわけ重要になってくる。

　なお、学習者によって紡ぎ出された詩歌は、学習者同士の相互理解を深める

という点から豊かに読み合う場が設定される必要がある。これまでの指導の中では、句会・歌会・歌合わせなどを取り入れた交流などが行われている。近年ではSNS等を活用したインターネット上での交流も盛んに行われるようになっている。今後はそうした状況も踏まえながら詩歌の交流の在り方について考えていくべきであろう。

(3) 創作文の指導のポイント

　書くことの指導における創作文は「虚構をベースにして学習者が想像豊かに自ら物語世界を描き出すもの」として広く教育現場に受け入れられている。

　創作文を書くための方法について『中学校学習指導要領（平成29年告示）解説　国語編』には「登場人物や場面、状況等を設定し、発端から結末までの展開を考えて書くことのほかに、それまでに読んだことのある物語の構成や展開を参考に書くこと、与えられた設定の中で展開を膨らませて書くこと、自分の経験を基に書くことなどが考えられる」とある。具体的な手立てについても、井上（2004）・山本（2014）など数多くの提案がなされている。ただ、どのような方法をとるにせよ中学校段階における創作文の指導では、「荒唐無稽な作り話」をつくるにとどまらない、また単に楽しいだけではない活動の広がりをもたせるということを考えていかなければならない。

　そうした見地から重要になってくるのが、現実と虚構との往還関係を踏まえた創作文指導という観点である。登場人物の行動・心情・発話などを創作活動の中で「リアル」に考えるということは、学習者の経験や既有の知識を起点としつつ、そこに新たな知識などを加えながら、学習者の現実認識を拡大させていくことにつながる。取材活動や情報収集活動を適切に取り入れながら、虚構を書くということを現実を見る目を養うことにつなげていくことが大切である。

　また、学習者の創作する物語には、学習者自身が抱える問題意識やコンプレックスなどが少なからず反映することになる。浜本（2000）は、物語を創作することによって、現実世界に対する問題意識を自覚し、それを虚構の中で

昇華させることが可能であると指摘する。

　そういった点を踏まえるならば、自身の創作した作品に対して自分で「解説」「あとがき」などを書くなどすることを通して、自らの問題意識や価値観を相対化するということが指導の中であっていいのかもしれない。中学校段階の多感な時期だからこそ書けることや書くべきことがあるのだということを念頭に置きつつ、創作文の指導は行われるべきであろう。

（4）詩歌・創作文をたしなむ人の育成を目指して

　詩歌・創作文を書くということは「自分にしか書けないこと」を追求することである。それを実現するためには、豊かなインプットがなければ、創造的で人から共感を得られる豊かなアウトプットは生まれないという考えを前提として、まずは学習者に多くの言葉に出会わせることが必要である。そして、多作を通してその中から光る言葉を紡ぎ出させるということを意識して指導に当たるべきであろう。

　このような指導はプロの作家・歌人を育てるという立場とは一線を画す。生活に潤いを与えるものとして、連綿と受け継がれてきた言語文化の担い手として、詩歌・創作文を日常生活の中でたしなむ人を育てていくというスタンスである。論理では割り切れないものを抱えながら生きていかざるを得ない今日的な状況に鑑みると、詩歌や創作文を書くことで自他に慰藉を与えようとすることは、我々の言語生活において必要不可欠な行為であると言えるのである。

（森田真吾）

引用・参考文献

浜本純逸（2000）「他者の生を生き　自己の生を探索する」『月刊国語教育』2000.5、pp.12-15
井上一郎（2004）『国語力の基礎・基本を創る―想像力育成の実践理論と展開―』明治図書出版
山本茂喜（2014）『魔法の「ストーリーマップ」で国語の授業づくり』東洋館出版社
児玉忠（2017）『詩の教材研究―「創作のレトリック」を活かす―』教育出版

3. 読むこと

❶ 読むことの指導の目標と内容

(1)「読むこと」領域の位置付け

　「学習指導要領」において、国語科の内容は〔知識及び技能〕及び〔思考力、判断力、表現力等〕で構成されることとされた。この二つは、「学びに向かう力、人間性等」と合わせた「国語科において育成を目指す資質・能力」の「三つの柱」から、「内容の構成」として示されたものである。「読むこと」領域が〔思考力、判断力、表現力等〕における「C 読むこと」となったことは、その位置付けの上で従来の学習指導要領とは大きく異なるものであることを確認する必要がある。また、〔知識及び技能〕で示された各項との関わりにおいて「読むこと」の学習をどのようなものとして考えていけるのか、自身の見方をつくっていくことが肝要となる。ここでは、「平成20年告示学習指導要領」との比較を行うことを観点として、考察の資としたい。

(2)「読むこと」の「指導事項」から

　「読むこと」の「指導事項」は、次の構成として示されている。
　　○構造と内容の把握　　○精査・解釈　　○考えの形成、共有
　今回の改訂では「学習過程を一層明確にし、各指導事項を位置付けた」とされ、前学習指導要領の「○語句の意味の理解に関する指導事項　　○文章の解釈に関する指導事項　　○自分の考えの形成に関する指導事項　　○読書と情報活用に関する指導事項」とはかなり違うものとなった。「語句の意味の理解」と「読書と情報活用」に関しては、〔知識及び技能〕の「(1) 言葉の特徴や使い方に関する事項」に立てられた「語彙」の項目、新設された「(2) 情報の扱い方に関する事項」の内容、また「(3) 我が国の言語文化に関する事項」の中に入った「読書」の項目と照合させて、その内実を確認していく必要があろう。

○構造と内容の把握

「叙述を基に、文章の構成や展開を捉えたり、内容を理解したりすること」として示された指導事項である。「説明的な文章」と「文学的な文章」の双方が意識されて事項がつくられており、第1学年の「文章の中心的な部分と付加的な部分、事実と意見との関係など」「場面の展開やと登場人物の相互関係、心情の変化など」を、「叙述・描写を基に捉えること」から、第2学年での「文章全体と部分との関係に注意しながら、主張と例示との関係や登場人物の設定の仕方などを捉えること」、第3学年での「文章の種類を踏まえて、論理や物語の展開の仕方などを捉えること」へと展開されている。第1学年の「要旨を把握すること」を含め、概ね前学習指導要領の「文章の解釈に関する指導事項」に沿う内容だが、「内容の理解に役立てる」という各学年を通して付されていた文言はなく、「捉えること」で統一されている。このことは、「解釈」の前段階として「把握」の過程があることを示し、指導事項において「学習過程を一層明確に」したことの現れと見ることができるだろう。

○精査・解釈

「文章の内容や形式に着目して読み、目的に応じて意味付けたり考えたりすること」として示された指導事項である。今回は「文章の内容」と「文章の形式」に分けた提示がされている。「内容」においては、第1学年では「必要な情報に着目して要約したり、場面と場面、場面と描写などを結び付けたりして」、第2学年では「複数の情報を整理しながら適切な情報を得たり、登場人物の言動の意味などについて考えたり」、「文章と図表などを結び付けたりして」内容を解釈する、これらを踏まえて第3学年では「文章を批判的に読みながら、文章に表れているものの見方や考え方について考えること」とされている。第1学年、第2学年には「目的に応じて」という、前学習指導要領の「読書と情報活用」にあった文言が見られる。一方の「形式」においては、第1学年では「文章の構成や展開、表現の効果について、根拠を明確にして考えること」、第2学年では「観点を明確にして文章を比較するなどし、文章の構成や論理の展開、表現の効果について考えること」、第3学年では「文章の構成や

論理の展開、表現の仕方について評価すること」が示されている。前学習指導要領において「自分の考えの形成」の１項目にあった内容が、「精査・解釈」という事項の内に再編されている。

○考えの形成、共有

「考えの形成」とは「文章の構造と内容を捉え、精査・解釈することを通して理解したことに基づいて、自分の既有の知識や様々な経験と結び付けて考えをまとめたり広げたり深めたりしていくこと」と示されている。前学習指導要領「自分の考えの形成」の２項目の内容を概ね踏襲しているが、例えば第１学年の「文章に表れているものの見方や考え方を捉え、自分のものの見方や考え方を広くすること」が、今回「文章を読んで理解したことに基づいて、自分の考えを確かなものにすること」となっているように、学習過程を踏まえ、より着実に歩みを進めることが企図されていると見られる。「共有」という語が付されたことについて、「自分の考えを他者の考えと比較して共通点や相違点を明らかにしたり、一人一人の捉え方の違いやその理由などについて考えたりすることが重要である」と解説され、「そうした中で、他者の考えのよさを感じたり、自分の考えのよさを認識したりすることが、第３学年の人間、社会、自然などについて、自分の意見をもつことにつながる」と記述されていることについても、同様の文脈から考察することができるだろう。

（3）読むことの「言語活動例」から

言語活動例については、各学年ともア、イ、ウの三つが示されている。各学年アは「主として説明的な文章を読んで理解したことや考えたことを表現する言語活動」であるが、イ「主として説明的な文章を読むことについての言語活動」とされていた前学習指導要領とくらべると、順がアとなったことに加え、理解活動としての「読むこと」について「表現する言語活動」と説明され、各学年とも「文章にまとめたりする活動」が入っていることが分かる。各学年イ「文学的な文章を読んで考えたことなどを記録したり伝え合ったりする言語活動」は、前回のア「主として文学的な文章を読むことについての言語活動」か

ら変わった文言である。第1学年の「音読したり朗読したりすること」がなくなって「小説や随筆などを読み」となっている。「随筆」が加わったこと、また、各学年とも「伝え合ったりする活動」とされたことが注目される。各学年ウの「主として本などから情報を得て活用する言語活動」は、前学習指導要領では「目的をもって読書を進めることについての言語活動」であった。前述した〔知識及び技能〕での「情報」「読書」の扱いと連動して、内容だけでなく学習指導要領で示されている学習構造という視点で検討する必要があろう。具体的には、「情報」「出典」という語について、また第3学年で「実用的な文章・実生活」という語が現れたことを、授業実践に向けた考察の観点にすることができるだろう。

(4) 読むことの学習指導を考えるために

　読むことの学習指導における現代的課題は多く存在するが、それは様々な学習・学力調査においても見ることができる。「テクストを読むことは必ず、ある現実の具体的なコンテクストにおいて行われる。それは個人的なコンテクストでもあると同時に社会的・集団的なコンテクストでもある。具体的な状況のコンテクストで重要なことは、そのテクストを手にして読むという際の目的であり、読み手主体とテクストとの関係である」「言語を獲得し、読むことが成立するということは、言語主体や読み手自身の個性的意味付与、個性的意味創造との関係づけが不可欠なのである」と桑原（2008）が指摘する「コンテクスト」に関わる認識を、読むことの学習にどのように取り入れ、実践に生かしていけるかが、今後一層重要になっていくと考えられる。このことは、諸調査の結果を精緻に分析する際の視点としても機能するであろう。

（飯田和明）

引用・参考文献
桑原隆編（2008）「リテラシー観の変容と意味の創造」『新しい時代のリテラシー教育』東洋館出版社、pp.8-16
文部科学省（2008）『中学校学習指導要領解説　国語編』東洋館出版社

❷ 読むことの指導方法

1）小説の指導

（1）「学習指導要領」が求める小説を読む学習のゴール

　小説を読む学習において、中学校3年間を通して生徒ができるようになることが期待されていることは、第3学年の読むことの言語活動例イを根拠にすれば、「小説を批評し、考えたことなどを伝え合う」ことである。具体的には、読んだ本について話し合う読書会ができる人を育てることが、ひとまずのゴールだと言えるだろう。例えば「故郷」（魯迅）の授業では、「ヤンおばさんって嫌な奴だよね」など、思ったことをそのまま言うのではなく、「批評」のレベルで話し合うことが期待されている。つまり、なぜ、かつて「豆腐屋小町」と呼ばれていたヤンおばさんが「こんながらくた道具、じゃまだから、あたしにくれてしまいなさいよ」と言う人になってしまったのか、ということに思いを巡らせること、さらには、なぜ魯迅は作品中にこのような人物を登場させたのか、その意図は上手くいっているか、と作品の特性や価値を論じ、評価していくことが必要なのである。

（2）小説を批評し、読書会ができる人を育てる

　では、小説を批評し、読書会ができる人を育てるために、どのような方法が考えられるだろうか。おそらく「実践あるのみ」では上手くいかないのではないか。生徒の意見をクラス全体で共有する場面と、初読後に一人一人が意見をつくる場面に限定して、それぞれ指導の方法を紹介する。詳細は、勝田（2019）を参照してほしい。

　かつて中学生に教えていたとき、クラス全体の話合いは教師の発言を最小限にとどめ、生徒が活発に発言し合えばよいと考えていた。しかし、その考えに基づいて授業した結果、誰が何を発言し、なぜAさんとBさんで意見が対立しているのかが分からないまま、教室は阿鼻叫喚となったのである……。この

事態を改善するために「この人であれば」と考える先生にお願いして、「走れメロス」（太宰治）を教材にした授業を見せていただいた。その先生はクラス全体で意見交換をするとき、まず発言者に一度ゆっくりと意見を述べさせ、ほかの生徒にはその意見を正確にノートに記録させていた。その後、もう一度同じ意見を述べさせた上で「具体的にちょっとこの辺っていうのを言ってもらっても大丈夫ですか？」と質問し、「じゃあ152頁の6行目ぐらいを見て……」と生徒に本文のどこを根拠にした意見なのかを説明させていた。

　もちろん、このやり方が全てではないだろうが、ほかの人の意見を真摯に聞くことが難しい中学生に書き取りの課題を与えることでクラスメイトの意見を聞く行為が促されていたことは確かだった。また、「普通の小説ではセリフの後に鍵括弧と○○は言ったというような文が省略されているが、この小説には比較的書かれている」という意見について、発言をした生徒が本文中に根拠を求めて作品を批評できるよう追加の質問を行っていた点も私との大きな違いだった。

　ところで、クラス全体での意見交流は生徒一人一人が自分の意見をもっていることが前提となるが、教科書の小説が難しく一読しただけでは意見をもてない生徒もいる。かつて「故郷」（魯迅）を教材にした授業を観察したとき、ある中学3年生は初読の感想で「難しい。意味がわかんなかった」とだけ書いた。こういう生徒が自分の意見をもって読書会に参加できるようにするためにどう指導したらよいか。

　読んだ文章がほぼ理解できず感想文を書けない生徒でも、理解したことを視覚的には表現できることがある。例えば、「語句を線で結んで、蜘蛛の巣状に張りめぐらしていく」（塚田、2005）マッピングである。先の授業で教師は感想を書かせた後、「故郷」を中心語にして「故郷の様子・状況」、「登場人物」、「希望」、「出来事」という語句を線で結んだマップを生徒に渡した。すると、「難しい……」と書いた生徒は「故郷の様子・状況」から「冷たい風」、「鉛色の空」と本文中の語句を結ぶなど熱心に取り組んでいた。この活動を経た後に書いた感想文では、作品中の希望という語句に着目して「希望は道のようなも

の。これは自分でつくるから努力が必要。頭がよくなるのは努力が必要だから ガンバロー」と記した。つたなさもある文章だが、本文中に根拠を求めながら 作品と自分の生活を関連付けており、自分の意見をもてたと評価できるだろ う。

(3) 楽しんで小説を読むという視点

　ここまで「学習指導要領」を根拠としながら小説を批評し、読書会ができる 人を育てるために生徒が小説を分析的に読み、自分の意見をつくれるようにす る指導の方法を紹介してきた。ただし、その前提として、小説を読むことが好 きだ、この小説を深く読めるようになりたい、という思いを生徒がもっていな ければならない。もちろん、読書会においてクラスメイトと批評を伝え合うこ と自体が楽しい、あるいは自分の陳腐な批評にくらべて〇〇さんは……という 経験をして小説を分析的に読むことへの意欲が高まることもあるだろう。ここ では、読書会以外で小説を楽しんで読む経験を保障すると思われる方法を二つ 紹介する。

　まず、新しいお話をつくるために小説を読むという方法である。かつて稿者 も関わった共同研究で開発された授業で用いた方法なのだが、その授業では古 典に親しむ態度を養うために、生徒に馴染みある古典「浦島太郎」を思い出さ せて、そのあらすじを書かせることから始めた。唱歌を流してあらすじを確認 した後、浦島太郎が鶴になる、空を飛べるなど、ユニークな内容をもつ『御伽 草子』や『浦嶋子縁起』をリライトした作品を音読し、それぞれの違いを分析 させた。最後に「あなただったらどんな内容にしたいか」と問いかけてオリジ ナルの「浦島太郎」を創作させ、完成作品を読み合った。新しいお話をつくる ために読むという活動がどんな意味をもつのかを調べるために、創作の代わり に感想文を書かせた授業と比較・分析した結果、創作に中学生が高い意欲をも つことに加えて、クラスメイトが書いた文章との類似度が感想文のときよりも 低かったことにより、お互いに書いた文章を読み合う活動が盛り上がることが 分かったのである（勝田、2019）。

次に、リーディング・ワークショップである。実践者によって細かな違いは
あるが、大切なのは読むことの学習目標を生徒一人一人が決めて、自分の読み
たい本を読むという点である。類似する活動に朝読書があるが、1時間の授業
が構造化されていて、教師が読みの技法や選書を指導する点が異なる。筑波大
学附属中・高等学校の澤田教諭によるリーディング・ワークショップの1コマ
の流れは以下の通りだった（勝田・澤田、2018）。

　最初の10分は、ミニ・レッスンとブック・トークである。ここでは、様々
なジャンルと作者の本を生徒に紹介し、次に読む本を考える手助けをしたり、
優れた読み手が読むときに使う方略を教えたりしていた。次の30分は、個人
読書とカンファランスである。生徒は自分で決めた目標に基づいて自分が選ん
だ本を読み、教師は個別に生徒に話しかけて何を読んでいるか、楽しめている
か等を聞いていた。最後の10分は、共有の時間である。2～3人の生徒でグ
ループになり1分ずつ今日読んだ本について話していた。教科書を使う授業で
は「この作家の作品を全部読む」など自分で目標を決めて楽しんで読む経験を
保障しにくいきらいがある。この経験を保障した上で読みの指導もし、読書量
も確保できる点にリーディング・ワークショップの意義があると思われる。

　以上、中学校3年間における小説を読む指導のゴールを読書会ができる人を
育てることだと捉えて、クラス全体での意見交流をどうするか、自分の意見を
もたせるためにどうするか、楽しい読みの経験をどう保障するかという観点か
らいくつかの方法を紹介した。目の前の生徒が小説を批評し、読書会に参加で
きるようにするために、どうすればよいかを考えるときの手助けとなれば幸い
である。

（勝田光）

引用・参考文献

勝田光（2019）『中学生の書く行為に着目した国語科における読者反応の支援』風間書房

勝田光・澤田英輔（2018）「リーディング・ワークショップによる優れた読み手の育成―1時間の授
　業過程の分析―」『国語科教育』全国大学国語教育学会、第84集、pp.58-65.

塚田泰彦編著（2005）『国語教室のマッピング』教育出版、p.9

2）詩歌の指導

　詩歌教材の読むことの指導は従来から読解と鑑賞が中心であり、ともすると指導者の十分な教材研究が乏しく、豊かな学びを創りにくい分野と捉えられがちである。本項では新たな時代の学びとして、詩歌教材の本来の価値を生かすべく、学習者が主体的・対話的に表現・創作する学習方法について問題意識の喚起と提案を示したい。

（1）短歌の学習―韻律・読みくらべ・創作

　短歌の三要素とは、韻律（音楽）・イメージ・意味であるとされ、その均衡ある姿が「よい歌」とされる。だが、学校教育では往々にして「意味」を重視し、型通りの「イメージ」を教え込み、「韻律」はほぼ度外視されたかのような授業実践がなされていることが多い。むしろ三要素に優先順位をあえてつけるならば、ベクトルはこうした授業の実情の真逆と言えるかもしれない。以下、具体的な教材を提示し深い学びへの提案を示す。

　　白鳥は哀しからずや空の青海のあをにも染まずただよふ（若山牧水）

　　観覧車回れよ回れ想ひ出は君には一日我には一生（栗木京子）

　この二首は多くの中学校国語教科書で教材化されている名歌であるが、まずは句切れを意識した音読がなされているかを確認したい。『百人一首』カルタの読み札や俳句の韻律の影響もあり、現代ではどのような短歌でも「七五調」として三句目まで読んで一呼吸を置く音読が多くなされてしまう。だが前掲の歌では「白鳥は哀しからずや」「観覧車回れよ回れ」までは「白鳥」「観覧車」への呼び掛けの声であり、その場面イメージを「空の青海のあをにも」「想い出は君には一日」と引き受け、最後に「染まずただよふ」「我には一生」という創作主体のこころにある意味を吐露するように展開する歌である。所謂「二句切れ・五七調」で音読してこそ、「空の青／海のあを」や「君／我」との対照性も引き立ち、均衡ある理解へと導くことができる。短歌の音読では、まず解釈に即した句切れを意識することである。

　次にイメージや意味について読みを深めるには、ほかの歌との読みくらべ活

動が有効である。例えば、「想い出」をテーマとするならば、次の歌を前掲「観覧車」の歌と併せて読む活動を設定したい。

　　思い出の一つのようでそのままにしておく麦わら帽子のへこみ（俵万智）

　「思い出」とはこころの中に存在すると思われがちだが、物理的に「麦わら帽子のへこみ」にそれを発見した創作者のこころの揺れを活動の中で発見したい。戻そうと思えばすぐに「へこみ」を直すことはできるが、「そのまま」にしておくことの「意味」こそが「思い出」を象徴する。前掲の「観覧車」の回転に人生の変転を見いだし「一日」「一生」という捉え方の違いとともに、学習者も自らの「思い出」を想起しながら、その具体物とこころの関係に思いを致すことが、短歌教材の読みを深めることになる。

　自らの経験を起ち上げて読むことを「深い学び」とするなら、やはり「よみ」の到達点は「自ら歌を詠む」ことであろう。短歌実作者の間では「詠むは読むこと」とよく言われる。自らの日常にある「こころの揺れ」をそのまま放置し忘却するのではなく、短歌を錨として繋ぎ止めることこそ、豊かな想像力や言語感覚を育むことになるだろう。そのためにも、指導者自らも短歌などに親しむ言語生活者として活動する素地が必要になる。学習者が短歌を深く読むためには、自ら「詠む」ことの他に技術的な道など用意されてはいない。

　ここで述べて来た短歌学習活動の具体的な時間ごとの指導計画を示す。

短歌の学習―韻律・こころ・創作・リーフレット作成・発表（全6時間）

（1）短歌教材をどのように音読したらよいか、韻律と意味内容とを照らし合わせて考える。

（2）音読をもとに歌のイメージを思い描き、歌のこころを味わう。

（3）教科書教材以外で「読み比べ」に適した関連歌を提示し読みを深める。

（4）教材とした短歌に素材の類似した歌を自己の経験をもとに創作する。

（5）教材の読みと創作歌を他者に伝える「リーフレット」を制作する。

（6）リーフレット内容を他者に伝わるように発表し交流する。

IV　国語科授業づくりの実際　139

「主体的」な「読むこと」の意識を起動させるには、歌を「教えよう」とせずに、学習者の好奇心に任せて三十一文字の世界を、自らの足で冒険させるごとき活動設定が求められる。他者に道案内をされて到着した場所には、二度目でも自力で到達できないことが多い。短歌の森の中での歩き方は自由である。こうした趣旨で学習者にその「歩いた道」を「リーフレット」などの目的ある表現作品として制作させることが、「主体的」な学習を起動させる。

（2）詩の学習—主体的読みから対話的群読

　詩歌と散文の違いは何か？　という問題は単純ではない。少なくとも「説明的文章」は単一な声で語られているが、詩歌では二つ以上の声が響き合うことで感情の揺れを表現している。よって詩の学習においては、散文的・説明文的な音読をまずは排さねばなるまい。〈教室〉の「音読」は教材が詩歌であっても往々にして「説明文」的になりがちである。また、「音読」という学習活動の目的も明確に意識すべきである。詩との出会い、初発の感想を求める前に〈教室〉で「一斉読み」「個別読み」「指名読み」などがなされるのだが、概して「音読」はこの機会に限定されがちである。だが本来は、詩の内容理解を進めた段階でこそ学習者にとって意義ある「音読」をすることができる。解釈・鑑賞を文字づらの理屈で述べ立てるよりも、対話的活動で交流した意見を擦り合わせて、「群読」（複数人の声を交響させ教材を豊かに表現する音読方法）を創る過程にこそ、主体的な学習者の学びが起動する。ここでは「群読」によって詩教材の読みが深まることを意図した学習過程を示す。

詩の学習—創造的表現から学び合う（全3時間）

（1）いくつかの詩を読み味わい、班で群読表現したい教材を選定する。

（2）詩に複数の声が交響していることを考え、班で群読脚本を作成する。

（3）リハーサル練習の後に班別に群読を発表する。

　詩教材単元の授業は、決して多くの時間を当てられないのが実情であろうが、それだけに技巧などの知識や指導者の鑑賞の押しつけになることを避ける

べきである。谷川俊太郎は「だいたい、『詩をわかる』『詩を理解する』という言い方自体に、僕はすでに誤りがあるんじゃないかと思っているんです」と発言した上で、「目の前においしそうな食べ物がある、食べてみたい、食べてみたらおいしかったというのが、基本的な詩の受けとり方だと思うんですよ」と続けている。となれば、詩をバラバラに解体してしまって無理やり学習者に食べさせるごとき学習活動は、厳に慎まねばならないはずだ。「骨を取らないと食べられない」と思うのは指導者の傲慢な思い込みに過ぎず、解体される段階で本来は「おいしい」はずの詩が、味も素っ気もなくなってしまう。よって「おいしいまま」に詩を学習者にまずは食べてもらい、それを「口コミコメント」のごとくに交流し合う活動が求められる。こうした立場の学習を進めるには、「おいしいものをどのように食べたか」を、学習者が群読表現を創る段階で「テーマ性」として提示しておく必要がある。「どのような料理で、味の具合や素材のよさはどこにあったか」といった鑑賞内容を、詩そのものを声で再構成することで表現していきたい。相互に聴く側に回った学習者は、その「テーマ性」（レシピ）と再構成された詩の「料理」をくらべて、批評的な視点から評価の言葉を表現者らに投げ掛ける機会を設ける。この過程こそに「主体的・対話的で深い学び」が現出する。

　前掲の谷川俊太郎の言葉には、このようなくだりもある。「詩というものは愛されないと生きないんですよね。これ、異性と同じだというのが僕の意見です。特に、子どもに教えるとしたら、やっぱり教師自身がその詩にある程度ほれてくれないと、何も伝わらないだろうというのが、一つありますよね」。指導者がまずは詩教材を愛することを忘れていては、どんなによい授業方法・技術を構えても、学習者のこころに響くことはないのである。　　　　（中村佳文）

引用・参考文献

岡部桂一郎ほか（2002）『現代短歌全集第17巻』筑摩書房

谷川俊太郎・竹内敏晴・稲垣忠彦・国語教育を学ぶ会（1988）『子どもが生きることばが生きる詩の授業』国土社 pp.38-39

吉川宏志（2018）「二声の構造—身体による音声化」『角川短歌』第65巻第9号

中村佳文（2012）『声で思考する国語教育—〈教室〉の音読・朗読実践構想』ひつじ書房

3）説明的文章の指導

（1）中学校説明的文章教材の特質

　説明的文章とは、記録文や説明文、論説・評論文といった、いくつかの文章ジャンルの総称である。ただし、実際の教材レベルでは一つのジャンルに整然と対応するものは少なく、複数の要素が組み合わさっているものがほとんどである。特に、中学校教材では、物事の原因や仕組みを説明した後に、それを踏まえて、社会的・人間的な問題を解決するための行動や考え方を主張するものが多くなっている。すなわち、説明文的な内容から論説・評論文的な内容への論理の展開が一つの典型となっているのである。

　また、説明的文章の筆者の目的は、自らの考えを論理的に述べることではなく、それを分かりやすく、面白く、驚きをもって読者に伝え、共感や納得を引き出すことにある。ゆえに、説明的文章では、読者にとって身近な例を挙げたり、例の順序を工夫したり、比較を通して論旨を強調したり、印象的な表現を用いたりといった様々な工夫（レトリック）も施されている。

　このように、中学校の説明的文章教材は、物事の原因や仕組みの説明から行動や考え方の主張へという発展的な論理の展開と、それを効果的に伝えるためのレトリックとが組み合わさったものである。教材に即して柔軟に授業を構想するためにも、これら多様な視点から教材を分析できるようにしたい。

（2）説明的文章の指導事項と批判的読み

　「学習指導要領」で育てようとしている読みの力とはどのようなものか。中学校3年生の指導事項（思考力、判断力、表現力等）から考えてみよう（下線稿者）。

ア　文章の種類を踏まえて、論理や物語の展開の仕方などを捉えること。

イ　文章を批判的に読みながら、文章に表れているものの見方や考え方について考えること。

ウ　文章の構成や論理の展開、表現の仕方について評価すること。
　エ　文章を読んで考えを広げたり深めたりして、人間、社会、自然などについて、自分の意見をもつこと。

　授業においては、問いと答えの対応を確認したり、筆者が一番伝えたい主張を把握したり、論理の展開をマクロに整理したりすることがまずは基本である。だが、「学習指導要領」で育てようとしている読みの力は、そうした受容的なものにはとどまらない。筆者の考えに納得できるかを根拠との関係で吟味したり、レトリックの効果を評価したり、筆者の考えで問題が十分に解決できるのかを問うたりといった、より批判的な読みの力が求められているのである。
　「批判的読み」と言うと、「文章に注文や文句をつける読み」というマイナスイメージをもつ人も多いかもしれない。しかしながら、本来の批判的読みはそうした低次な読みでは決してない。それは、文章への疑問や違和感を率直に出し合い、生徒同士で意見を交流しながら、自分の理解や考えを更新していくような反省的・生産的な営みなのである。より深い理解や考えの形成に拓かれたものとして批判的読みを捉えたい。

（3）批判的読みを駆動させる授業のデザイン

　批判的読みの授業を充実させるには、何よりも生徒自身に批判的読みの構えをもたせることである。そこでは主発問に至るまでの授業デザインが決定的に重要である。以下では、そうしたデザインのポイントをいくつか述べる。

①生徒の見方・考え方や既習学習を生かす

　批判的読みの構えを生徒にもたせるには、教材に出会わせる前の導入が非常に大切である。題材や問題に対する興味や考えを生徒にもたせておくことによって、「なぜ、筆者はこのように考えるのか？」と疑問がつくられていくからである。例えば、稿者が行った渡辺武信「玄関扉」（平成27年版三省堂中学1年）の授業では、生徒を教材に出会わせる前に、外開き、内開き、引き戸の写真を見せ、「客を出迎えるならどれがよいか」を話し合った。すると、外

IV　国語科授業づくりの実際　143

開きは客を押しのける場合が、内開きは土間の靴が邪魔になる場合があるのに対し、引き戸なら両方の課題をクリアできることが明らかになっていった。こうした考えをもたせた上で教材に出会わせるのである。

　ただし、教材を一読して唐突に「納得できる？」と問うても、生徒はどの言葉に注目してよいのか分からず、散漫な読みに終始してしまう。生徒の既有の知識・技能を引き出し、批判的読みの観点をつくっていきたい。稿者の授業では、「筆者には読者へ伝えたい主張があること」「そのために根拠を挙げていること」を振り返らせ、その観点から文章を整理していった。その結果、筆者は自身が人の家を訪問したときの経験を根拠に、「日本人には外開きのドアが適している」ことを主張していることが読み取られていった。

　その上で「筆者の主張に納得できるか？」と発問すると、S1のような疑問があがり、それに反論する形でS2のように読みが深まっていった。

　S1：学校の引き戸だったら、外開きのデメリットも内開きのデメリットもクリアされるから、「外開きが適している」っていうのが分からない。

　S2：本当は引き戸が日本的にはよいけど、「ドアが一般化した」現状だったら、外開きの方が「おじぎ」ができるからよいっていうのが筆者の主張なんじゃないかと思いました。

②学習活動の段階性を生かす

　中学校教材では、学年が上がるにつれて内容が専門化・抽象化していく。そのため、生徒の見方・考え方や既習学習を引き出しても、内容の高度さに圧倒されてしまうことが多々ある。批判的読みの糸口をつくるためにも、教師が綿密に学習活動を組み立てていきたい。例えば、安田喜憲「モアイは語る─地球の未来」（平成27年版光村図書中学2年）は、イースター島の文明が崩壊した原因を説明し、「地球も同じである」と述べ、有限の資源を長期的に利用する方法を考えることの必要性を主張した文章である。こうした論理の展開を逆手にとって、イースター島と地球の違いを考えさせる活動を仕組むことが考えられる。筆者の論理の展開の仕方を相対化させていくのである。その結果、S1のような疑問が出され、S2のように読みが深められていった。

144

S1：時代や気候が違っていて、地球とイースター島が同じようになるとは言い切れないと思って、どこが似ているのかが分からない。

S2：イースター島も文明が崩壊するときに森林の消滅が起きていて、それと同じような過程を地球も繰り返しつつあるので納得できます。

　以上に挙げた二つの授業では、生徒の疑問を共有し、対立的に話し合う中で、筆者の考えがより的確に理解されていっているのである。

③比べ読みを生かす

　最後に、比べ読みという方法を紹介したい。この方法のよさは、同じ問題に対して異なる考えを述べた文章をくらべることで、「どちらの考えが問題を解決するのにより適当なのか」という指導事項エに向けた読みが行われていく点である。稿者が観察した授業では、「モアイは語る」と、スティーブン・エモット『世界がもし100億人になったなら』（マガジンハウス社、2013年）を教材に用いていた。生徒は、自分がより納得できる教材を選び、それぞれの立場に立って議論を行う。その中で、S1、S2の疑問が出されていった。

S1：「息子に銃の撃ち方を教える」と言っているが、世界や人々の平和を大切にしようという気はないのですか？（安田氏側からエモット氏側へ）

S2：今よりも資源を使うことを望んでいる発展途上国の存在は考えなくてもよいのですか？（エモット氏側から安田氏側へ）

　授業では、こうした質問に答えていく中で、どちらの考えも環境問題を解決するには不十分であることが明らかになっていった。生徒は、自分が選んだ筆者の考えをも疑問視し始め、新たな考えを構築していったのである。

　授業を「注文や文句の言いっ放し」「できる子だけの発言」に終わらせないためにも、教師には、生徒が自分の疑問や考えを整理する時間を十分に確保することや、どの発言とどの発言を全体の場に引き出し、出会わせるのかを計画すること、生徒の発言に対してさらなる問いを発し、読みの深まりをガイドすることなど、多くのことが求められる。教師の綿密な授業デザインが強く求められるのが、説明的文章の批判的読みの授業である。　　　　　（古賀洋一）

4）古典の指導

　人間に特有の文化的進化が、過去の「習得」とそれに基づく未来の「創造」によって成り立っているように、我が国の歴史の中で創造された言語文化は、原テクストの形で継承されることが重要である。しかし、継承は単に原文をそのまま次の時代に引き継ぐことではない。ある時代に創造された古典の価値を時代時代の継承者が生成的に受容しそれを自在に使いこなせるようになったとき、古典は未来の創造の源となってきた。例えば、『竹取物語』は、絵巻をはじめ絵本、現代語訳や漫画、映画や音楽など多様なメディアの異本（バージョン）を生み出し続け、原テクストも伝え続けられている。『源氏物語』もまた同様である。現在の国語教科書では、原文だけでなく、古典作品の継承と創造の具体物である伝本写本や絵巻等も多数紹介され、現代語訳や解説を含め、受容史という観点からも、創造の源である古典の魅力を伝えている。

　古典学習では、継承を「文化学習」（他者の視点からの世界理解を他者の視点に立って理解する）プロセス、創造を「文化生成」（個人や共同で文化的な言語作品を生成する）プロセスとし、この二つのプロセス（学習過程）が魅力ある目標達成のために、相互作用的に統合された学習となるとき、授業は文化的な営み、文化的実践となる。文化的な営みとしての古典の授業づくりを考えるとき、古典に表れたものの見方や考え方、古典の言葉そのものと現代のそれらとの違い、古典の特殊性を意識することが肝要である。

（a）記号的表示（symbolic representation）の間主観性が長い時間軸をもち、現代の言語と異なること。

（b）それが指す現象解釈の時間的空間的範囲が広く、時代状況が異なるために他者の意図理解に困難が多いこと。

　この二つの特殊性をどのようにして克服するか、またどのように学びの契機として転じるかが、発達段階に応じた、思考力、判断力、表現力等を育む古典の授業づくりの鍵となる。古典の言葉は長い時間軸を有し、様々な時代の状況の中で用いられてきたものであるため、現代の言葉とはカテゴリー化や視点が

異なることが多い。一つ一つの言葉がどのように世界をカテゴリー化しているのか、どのような視点からの世界理解や解釈なのかを現代の言葉以上に意識することで、古典学習独自の意義や目標が明確になる。

「学習指導要領」では、読むことの指導事項は資質・能力の三つの柱の中の思考力・判断力・表現力等に位置付けられた。「思考力、判断力、表現力等」は、未知の状況の中でも、その状況と自分との関わりを見つめて、既得の知識や技能を活用して課題を解決するために必要な力と規定されている。先にも述べたように、古典の言葉やそこに表現されている様々な事物、経験、思い、考え等、古典に表れたものの見方や考え方は、現代とは大きく異なるものもある。現代とは違う学習者にとっていわば未知の状況での登場人物の言動や心情を状況との関わりの中で想像することは、「考えを広げたり深めたり」する過程となり得る。

（1）過去の実践から—「古典の中に見つけた子ども」（昭和54年）—

大村はまが昭和54年に実践した単元「古典の中に見つけた子ども」（中1）は、継承と創造の二つのプロセス（学習過程）が統合された文化的な営みとしての古典の授業となっている。学習の実際を図に示した。

図　継承と創造から捉えた単元「古典のなかに見つけた子ども」の学習

学習活動	形態	継承と創造のプロセス
1　学習の進め方の説明 2　傍注テキストを用いて読む 3　朗読テスト、グループ分け 4　謡曲「天鼓」のテープを聴く	一斉 一斉・個人 個人・グループ 一斉	「聞く」「読む」が中心 音声言語による学習 直観的な理解の学習 継承プロセス
5　グループで担当箇所を読む 6　暗唱の練習 7　暗唱箇所を今の言葉に直す 8　グループ全員で意味をとる 9　朗読発表会の練習	グループ グループ グループ グループ グループ	「聞く・読む・話す・書く」が組み合わされた学習 理解と表現が融合した協働で文化を生み出す営みとしての創造プロセス
10　発表会、聴写、感想を書く 11　学習記録をまとめる	一斉・個人 個人	学びを振り返るメタ学習

IV　国語科授業づくりの実際　147

① 学習者一人一人が文化的な営みに主体的に参加するための「個に応じた指導」がなされている（主体的に取り組むための支援）。

・担当する作品は個人の希望と朗読テストにより決定（難易度を加味）。

・発表会では聞き手として、各班の暗唱箇所（短い一節）を丁寧に聴写し、簡単な感想を記入（どの学習者も無理なく取り組める学習活動）。

② 教師や仲間と協働で言語活動を行い、新たな言語作品（現代語訳や解説）を生成する文化的な営みとしての学習が対話的に行われた（聞き合い、教え合い、話し合う必要がある場の設定）。

③ 学習記録をまとめ振り返りを行う。現在と古典の子どもとの違い、共通点を再認識する（学びの過程や変容をメタ認識する場、深い学びの生成）。

(2) 思考力・判断力・表現力等を育てる古典の授業づくり

各学年の指導事項、指導計画の作成と内容の取扱いについての配慮事項を踏まえて、学年ごとの古典の授業を構想する。

○「竹取物語」（中1）―絵本と原文、絵巻を比べて読む―

> イ　場面の展開や登場人物の相互関係、心情の変化などについて、描写を基に捉えること。（中1C読むこと（1）構造と内容の把握）

図書館を活用して絵本や現代の作家の竹取物語（川端康成、星新一、江國香織など）を教科書とくらべて読み、「かぐや姫の昇天」の場面の描かれ方を比較する。その活動を通して、天の羽衣を着たかぐや姫の心情の変化を捉え、原文と絵本がなぜ違っているのか、ワークシートにまとめ、発表する（学校図書館などの活用に関する事項）。

○「枕草子」（中2）―初段の構成を捉え、随筆を書く―

> エ　観点を明確にして文章を比較するなどし、文章の構成や論理の展開、表現の効果について考えること。（中2C読むこと（1）精査・解釈）

初段を音読しなぞり書きシートを用いて丁寧に視写した後に、文の構造や表現の特徴、作者の工夫を捉える。具体的には、視覚による表現、聴覚による表現、皮膚感覚による表現、対比などを抜き出すことで、古来より名文として評価されてきた理由を探りまとめる。その際、教師が「あけぼの」の語誌（語の歴史）を紹介し、三代集（古今、後撰、拾遺）にはない語であること、随筆という新しいジャンルを開拓したことを教える。最後に各自が表現を工夫して自身の体験や発見を基に随筆を書く（書写を含む）。

○「三大和歌集」（中3）―歌合わせをしよう―

> イ　詩歌や小説などを読み、批評したり、考えたことなどを伝え合ったりする活動。（中3C 読むこと（2）言語活動例）

　違う和歌集から同じモチーフの和歌を2首ずつ（春、秋、恋、夢の4テーマで計8首）選び、2班1組となり各班が担当する和歌のよさをパワーポイントで作成した資料を電子黒板等に投影して発表し競う。残りの班は発表を聞いて、モチーフによりふさわしいと思う和歌に投票して勝負する歌合的手法を用いる。最後に学習活動を通して感じたこと、考えたことと便覧の三大和歌集の特徴とを関連付けてまとめ、「和歌の伝統をどのように繋いでいけばよいか」というレポートを各自で書く（情報機器の活用に関する事項）。

（坂東智子）

引用・参考文献
外山滋比古（2001）『古典論』みすず書房、pp.128-135
マイケル・トマセロ（2006）『心とことばの起源を探る』勁草書房、pp.10-291
大村はま（1991）『大村はま国語教室　第3巻　古典に親しませる学習指導』筑摩書房

3. 思考力、判断力、表現力等を育てる授業づくり（高等学校）

$$\boxed{\text{1. 話すこと・聞くこと}}$$

❶ 話すこと・聞くことの指導の目標と内容

(1)「話すこと・聞くこと」領域の単位数・指導時数及び目標

「平成30年告示高等学校学習指導要領」（以下、本節においては「学習指導要領」とする）においては、国語科で育成する資質・能力を整理した「知識及び技能」「思考力、判断力、表現力等」「学びに向かう力、人間性等」の三つの柱に基づき、「話すこと・聞くこと」は「思考力、判断力、表現力等」に位置付けられた。「話すこと・聞くこと」の領域が設定されている科目は、共通必履修科目「現代の国語」（2単位）と新設の選択科目「国語表現」（4単位）の2科目である（括弧内は標準単位数）。

「幼稚園、小学校、中学校、高等学校及び特別支援学校の学習指導要領等の改善及び必要な方策等について（答申）」（平成28年12月。以下、「答申」とする）では、高等学校の国語教育の課題として、これまで国語による主体的な表現等が重視された授業が十分に行われていないこと、話合いや論述などの「話すこと・聞くこと」、「書くこと」の領域の学習が十分に行われていないこ

表1 「話すこと・聞くこと」領域の標準単位および配当授業時数（『高等学校学習指導要領（平成30年告示）解説 国語編』より）

	現代の国語【共通必履修】	国語表現【選択科目】
標準単位	2単位	4単位
話すこと・聞くことの指導時数	20〜30単位時間程度	40〜50単位時間程度

150

とが指摘された。これを受けて「話すこと・聞くこと」領域は、指導の改善と充実を図るため、表1のような配当授業時数が示された。

「話すこと・聞くこと」の学習を計画的に位置付け、見通しをもった指導計画を立てる必要がある。

(2)「話すこと・聞くこと」領域の目標

高等学校段階においては、国語科の教科目標を踏まえつつ、科目ごとの目標の違いを認識し、目標に応じた効果的な指導を行う必要がある。「話すこと・聞くこと」領域に関わる目標として、「現代の国語」では、論理的に考える力、及び他者との関わりの中で伝え合う力の育成が、「国語表現」では、共通必履修科目で育成された資質・能力を基盤としながら、実社会で必要となる他者との多様な関わりの中で伝え合う力の育成が、それぞれ求められる。

(3)「話すこと・聞くこと」領域の五つの指導事項と学習過程

表2は「話すこと・聞くこと」領域の学習過程と指導事項、言語活動例を明示したものである。ここでは、育成すべき資質・能力に関する指導事項と、それらを育成するための言語活動例との関係が学習過程に対応して示されている。これらは、小学校中学校及び高等学校まで一貫性が図られており系統性をもつ。

「話すこと・聞くこと」の指導事項として、①話題の設定、情報の収集、内容の検討、②構成の検討、考えの形成（話すこと）、③表現、共有（話すこと）、④構造と内容の把握、精査・解釈、考えの形成、共有（聞くこと）、⑤話合いの進め方の検討、考えの形成、共有（話し合うこと）の五つが挙げられている。これらは、「話すこと」「聞くこと」「話し合うこと」の三つに類別され、それぞれの学習過程に添って示されている。

例えば、スピーチの学習指導の場合、これまで、スピーチを実際に行う時間に重点が置かれることはなかっただろうか。実社会において、話すことや聞くことは、目的をもってなされることが多い。また、他者との関わり方も相手によって多様なものとなる。指導に当たっては、実施するまでの学びの過程（実社会に即した話題設定→観点を決めた情報収集→観点に沿った内容検討→相手の反応を予想した構成の組立て→聞き手を意識した効果的な資料提示によるスピーチ）を踏まえた指導計画が重要となる（括弧内は「現代の国語」の指導事項に添った学習過程の例を示した）。

Ⅳ　国語科授業づくりの実際　　151

表2 「話すこと・聞くこと」領域の構成(『高等学校学習指導要領（平成30年告示）解説 国語編』より)

	学習過程	(1) 指導事項		(2) 言語活動例	
		現代の国語	国語表現	現代の国語	国語表現
話すこと	話題の設定	ア	ア	アイ（話したり聞いたりする活動）　ウエ（情報を活用する活動）	アイウ（話したり聞いたりする活動）　エ（話し合う活動）　オ（情報を活用する活動）
	情報の収集				
	内容の検討				
	構成の検討	イ	イ		
	考えの形成		ウ		
	表現	ウ	エ		
	共有				
聞くこと	話題の設定	ア	ア		
	情報の収集				
	構造と内容の把握	エ	オカ		
	精査・解釈				
	考えの形成				
	共有				
話し合うこと	話題の設定	ア	ア		
	情報の収集				
	内容の検討				
	話合いの進め方の検討	オ	キ		
	考えの形成				
	共有				

(4)「話すこと・聞くこと」の言語活動例

　学習指導要領における言語活動の位置付けは、平成10年度版に「内容の取扱い」として登場したことに遡るが、平成20年度版では、「内容」に位置付けられ、例示数も増えた。今回の改訂では、教科目標に、言語活動を通して資質・能力を育成することが明示され、重視されている。「答申」で、国語科における学習活動は「言葉による記録、要約、説明、論述、話合い等の言語活動を通じて行われる」こと、「ただ活動するだけの学習にならないよう、活動を通じてどのような資質・能力を育成するのかを示す」こととされたことを受け、言語活動例は指導事項別に、話したり聞いたりする活動、話し合う活動、

情報を活用する活動の三つの種類にまとめられて明示されている（表3参照）。

「話すこと・聞くこと」の学習は、話し手と聞き手との関わりの下で成立する。各指導事項は、独立して取り上げたり、それぞれを補完させて取り上げたり、また学習過程を明確に整理するなどして授業改善を図りながら行う必要がある。

表3 「話すこと・聞くこと」の言語活動例（『高等学校学習指導要領（平成30年告示）解説 国語編』より）

	現代の国語			国語表現	
ア	スピーチ		ア	スピーチ	
	スピーチを聞いて同意			面接	
	スピーチを聞いて質問			スピーチ等を聞いて批評	
	スピーチを聞いて論拠を示して反論		イ	連絡	
イ	報告	資料に基づいて必要事項を話す		紹介	
	連絡			依頼	
	案内			連絡・紹介・依頼を聞いて批評	
	報告・連絡・案内を聞いて質問		ウ	異世代や初対面の人へのインタビュー	
	報告・連絡・案内を聞いて批評			報道や記録映像による見聞をまとめた発表	
ウ	話合いの目的に応じて結論を得たり多様な考えを引き出すための議論や討論		エ	目的をもって行った議論や討論の記録を基にした話合いの仕方や結論の出し方についての批評	
	話合いの目的に応じた議論や討論			目的に応じた結論を得るための議論や討論	
	他の議論や討論の記録等を参考にした議論・討論			多様な考えを引き出すための議論や討論	
エ	集めた情報を資料にまとめて発表			（記録を基にした）話合いの仕方や結論の出し方についての批評	
			オ	調べたことを図表や画像を用いて資料を作成して説明	

（5）教材の取り扱い

　言語活動を取り入れることで、教材の範囲も広がる。学習者がグローバル化・情報化・成熟化の進む社会に主体的に関わり、言語を通して他者とのコミュニケーション（相互伝達や理解）を積極的かつ円滑に行う資質・能力を身に付けていくには、ICTの活用を含めた教材の工夫も必要となる。　（渡辺通子）

引用・参考文献

大滝一登（2018）『高校国語　新学習指導要領をふまえた授業づくり』明治書院

渡辺通子（2017）「新学習指導要領が目指す資質・能力と話す・聞く話し合う力—言語活動の内側で展開される思考活動を見てとる分析的視点を」『教育科学　国語教育』No.811、明治図書出版、pp.4-6

❶ 話すこと・聞くことの形態と指導方法

1）スピーチ

（1）スピーチの定義

　『音声言語指導大事典』に「スピーチとは、場の目的や趣旨に即し、一人の話し手が一人または多数の聞き手に対して、一方的に行う独話の一形態のことである」と定義されている。場の目的や趣旨とはa「楽しませたり、感動を与えたりする」、b「情報の提供・理解を目指す」、c「説得して理解や納得を求める」ということになろう。スピーチの学習とは、a〜cの目的や趣旨に応じて話題を構成し、どのように話すのかを考えて、適切な話し方を身に付けることなのである。また、スピーチは話し手が「一方的に行う独話の一形態」と記されているが、話すと聞くとは対の関係であり、聞き手の姿勢や聞く技能が話し手を支えていることを考えると、両者によってスピーチの学習指導が成立すると捉えなければならない。

（2）学習指導要領におけるスピーチの位置付け

　「学習指導要領」では、高等学校国語科の科目の中で「A 話すこと・聞くこと」領域が設定されているのは「現代の国語」と「国語表現」である。授業時数は、前者では20〜30単位時間程度、後者においては40〜50単位時間程度と規定されている。両科目とも言語活動例としてスピーチを取り上げており、この授業時数の中で学習指導を行うことになる。ただ、国語科だけでスピーチの学習指導を終えるのではなく、ホームルームや「総合的な探究の時間」などにおいても経験の積み重ねを図りたい。

　また、「話すこと」の学習過程は、「話題の設定」「情報の収集」「内容の検討」「構成の検討」「考えの形成」「表現」「共有」と明確に示され、各指導事項が位置付けられている。スピーチもこの学習過程に則って指導される。

（3）学習過程

○「話題の設定」「情報の収集」「内容の検討」

　「話題の設定」に関する指導事項に「実社会の中から適切な話題を決め」（「現代の国語」）、「実社会の問題や自分に関わる事柄の中から話題を決め」（「国語表現」）と記されている。中学校の「日常生活の中から」（第1学年）、「社会生活の中から」（第2・3学年）との差異を考慮して話題を絞る必要がある。高等学校の場合、生徒が実社会に出て直面する切実な問題や、実社会に生起している興味深い問題などを話題として設定するのが望ましい。また、それは教師が与えるのではなく、生徒自らが決めるようにしたい。そうすることによって、意欲的な学習の場となるはずである。「話題の設定」に関する指導事項の文言を見ると、高等学校のスピーチは先述のb「情報の提供・理解を目指す」、c「説得して理解や納得を求める」ことを目的としたスピーチが中心になろう。

　話題が決まれば、「情報の収集」と「内容の検討」に入る。指導事項には「様々な観点から情報を収集、整理して」（「現代の国語」）、「他者との多様な交流を想定しながら情報を収集、整理して」（「国語表現」）と記されている。インターネット、新聞、書籍などから情報を収集するとともに、それらをカードに書き込み、ラベリングとナンバリングを行い、整理させたい。その際、聞き手を分析し、異なる立場の意見など多様な見方を想定しながら内容を検討することを忘れてはならない。

○「構成の検討」「考えの形成」

　収集し検討した情報をどのように配列するのかを考える必要がある。話の構成や展開の工夫については、「相手の反応を予想して論理の展開を考える」（「現代の国語」）、「相手の反論を想定して論理の展開を考える」「具体例を効果的に配置する」（「国語表現」）と指導事項に示されている。ここにおいても、聞き手の多様な考えを想定して、構成や展開を検討することが求められている。異論や反論の予想、主張と根拠のつながり、根拠の妥当性と具体性、話のつながり、分かりやすい表現などを心がけたい。

IV　国語科授業づくりの実際　155

スピーチの構成として、高橋（1993）には次のようなものが示されている。

ア、自然の順序……事柄自体がもっている順序関係に従って並べる方式。

　　　①時間的経過に従って並べる。②空間的配列に従って並べる。

イ、論理の順序……話し手の頭の中にある秩序の概念を通して組み立てられる

　　　順序。

　　　①並列する。②全体から部分へと並べる。③一般から特殊へと並べる。

　　　④原因から結果へと並べる。⑤理由から帰結（結論）へと並べる。

ウ、効果の順序……聞き手への伝わり方を予想して、効果の上から組み立てら

　　　れる順序。

　　　①既知から未知へと並べる。②易から難へと並べる。③軽から重へと並

　　　べる。④倒置する。⑤対比する。⑥課題から解決（解答）へと並べる。

　　　⑦エピソードを入れる。⑧屈折させる。⑨クライマックスをつくる。

　現実的には高校生のスピーチが一つの構成法だけを採ることはなく、これら
を併用して変化をつける必要がある。また、スピーチ原稿を書かせることについて是非はあるものの、しっかりと構成の整ったスピーチを期待するためには、一旦原稿を作成させるのがよいだろう。その際、300字で１分程度を目安とする。スピーチの概略が頭に入れば、それをメモにして聞き手の反応を見ながら臨機応変にスピーチできるようにさせたい。

〇「表現」「共有」

　ここまでの準備を経て、実際にスピーチを行い、クラスメートと考えを共有する。指導事項には「話し言葉の特徴を踏まえて話したり、場の状況に応じて資料や機器を効果的に用いたりするなど、相手の理解が得られるように」（「現代の国語」）、「相手の反応に応じて言葉を選んだり、場の状況に応じて資料や機器を効果的に用いたりするなど、相手の同意や共感が得られるように」（「国語表現」）と表現に工夫を凝らすように記されている。「話し言葉の特徴を踏まえて」話すとは、イントネーション・プロミネンス・間・速さ・声量・高低の工夫、発音や発声の明瞭さ、適切な語句や表現の選択を意識させるということである。また、資料や機器を使用する場合、それはあくまで補助手段であっ

て、音声言語が中心であることを理解させる必要がある。聞き手への分かりやすさに重点をおいて表現を工夫させることが大切である。

　動作・表情・姿勢・アイコンタクトといったノンバーバル（言語以外の）コミュニケーションにも注意を払い、「かかわり合う表現」（間瀬、2004）を用いさせたい。「かかわり合う表現」とは、「さあ、深呼吸してみましょう。今、何を吸い込みましたか。たいていの人は、空気と答えたでしょう」というように聞き手をスピーチに巻き込む表現のことである。さらに、聞き手はメモを取りながらスピーチを聞き、質問や意見を出すように指示して、話し手と聞き手との相互交流を促すことを忘れてはならない。

（4）スピーチの評価

　スピーチの評価は教師だけが行うのではなく、聞き手を育てるという観点から相互評価を大切にしたい。多くの聞き手による評価は多面的な評価を実現することにもなる。また、自己のスピーチをメタ認知し、次の学習に生かすために自己評価も活用したい。さらに、学習者に寄り添った評価を行うのが望ましい。各学習過程で生徒の学習状況を把握し、賞賛や助言を積極的に行い、スピーチをすることに対する自信をもたせるようにする。

　評価はチェック表を用いて行うことが多いが、スピーチの内容、音声言語技能、非言語面（資料・機器の活用を含む）の能力といった観点から評価するようにしたい。このチェック表の観点は単元の評価規準と合致させるとよいだろう。

（井上雅彦）

引用・参考文献
倉澤栄吉、野地潤家監修（2004）『朝倉国語教育講座　3話し言葉の教育』第四章（項目の執筆は間瀬茂夫）、pp.122-124
高橋俊三編、米田猛（1999）『音声言語指導大事典』明治図書出版、p.61
高橋俊三（1993）『対話能力を磨く』明治図書出版、pp.112-113

2）対話

(1)「対話」の定義

　まず、『日本国語大辞典』から「対話」の語義を引用する。「直接に向かい合って互いに話をすること。また、その話。多くは二人の場合にいう。対談」。もちろん「多くは」二人の場合であり、したがって三人以上の場合もあり得る。

　また、国語教育の文脈で「対話」を考える際には、西尾実の見解が重要である。西尾（1950）は「談話の形態」を三つに分け、「対話　一⇆一」「会話　一⇆多数」「独話　一→集団」と示している。つまり、「対話」の形態は「1対1」だということになる。また、山元（2015）の定義付けにおいても、「対話は、形態面からいうと、二人の人間の間で交わされる話し手と聞き手が固定されない双方向性のある言葉のやりとりである。広義には『二国間の対話』のように、対等な立場という価値的な意味を含んで使われることもある」としている。そして、倉澤栄吉による「自己内対話」「対話者」という概念を踏まえ、対話の価値を「①自分を見つめる（対話の自己照射性）②他者とつながり合う③新たなものを生み出す」という3点に整理し、他の主な対話研究の成果も広く見渡した上で、「対話の相互作用を、認知プロセス面で解明することや、対話をコミュニケーション活動の基本単位として位置付け、話し合いへと展開していく指導法を開拓していくこと」などを「課題」として指摘している。このように、国語教育界において「対話」は「1対1」で行われることを基本として考えられてきた。もちろん、そこには「自己内での1対1」や、「1対1が複数成立する」可能性も含めて考えられてきている。

(2) 学習指導要領における「対話」

　ところで、学習指導要領（幼小中も含めて）においては、「対話」の様相が異なってきている。全校種で「主体的・対話的で深い学びの実現に向けた授業改善」がその眼目となり、「対話」は教科・校種を問わず重要なものとされた

ことになる。

　ただし、「対話的な学び」に対する文部科学省の定義付けは、明確にはなされていない。平成28年中教審答申の中の「主体的・対話的で深い学びの実現（「アクティブ・ラーニング」の視点からの授業改善）について（イメージ）」によれば、「対話的な学び」については、「子供同士の協働、教職員や地域の人との対話、先哲の考え方を手掛かりに考えること等を通じ、自己の考えを広げ深める『対話的な学び』が実現できているか」を求め、「例」として「実社会で働く人々が連携・協働して社会に見られる課題を解決している姿を調べたり、実社会の人々の話を聞いたりすることで自らの考えを広める」「あらかじめ個人で考えたことを、意見交換したり、議論したりすることで新たな考え方に気が付いたり、自分の考えをより妥当なものとしたりする」「子供同士の対話に加え、子供と教員、子供と地域の人、本を通して本の作者などとの対話を図る」という三つが挙げられている（下線　稿者）。一方、『高等学校学習指導要領（平成30年告示）解説　国語編』では、共通必履修科目「現代の国語」の解説の中に「話し言葉の種類には、演説、説明など、自分が話すことの主体である独話と、討論、会議、相談など、双方向のやりとりとなる対話とがある」（下線　稿者）とあり、これが文科省による「対話」の捉え方である。ここにおいて「1対1」という枠組みは、現実の学習場面ではあまり強調されてはいない。むしろ集団の中での話合いが念頭に置かれている。もちろんその中には「1対1」が複数同時に存在する。しかし、形態として「1対1」で話す学習が中心だとは言えず、「対話」の捉え方は西尾より、冒頭の辞書的な意味に近い。ただし、山元や倉澤ほかの研究成果も考慮して、様々な学習活動を活発に行わせる方向性が打ち出されていると考えられる。

　従来高等学校では、「対話」を意識した学習活動が行われることは少なかったが、今後は常に考えねばならない。もちろん「学習指導要領にあるから」ではなく、「学習活動を活性化するため」という意識が各教師に必要であろう。

IV　国語科授業づくりの実際　159

（3）対話の授業づくり

①対話自体の指導

「学習指導要領」で「話すこと・聞くこと」の項目が示されているのは「現代の国語」「国語表現」の2科目で、その〔思考力、判断力、表現力等〕は「現代の国語」で示されたものを「国語表現」で深めるという構成であり、身に付ける事項も言語活動例も、ほぼ同様の対応関係になっている（巻末資料参照）。そしてそこでは「対話」の語は使われていない。上述の通り独話でないものが対話だとすれば、ここでは「話すこと」について身に付ける事項と、「聞くこと」について身に付ける事項、それに「話合いの仕方や結論の出し方」についての事項が示され、その力を付けるため独話も対話も行うことになるであろう。

そうなると、対話の力を付けることに特化した指導は考えにくい。結局は話し手と聞き手がそれぞれの立場に立ったときの留意事項を意識させ、話の内容や構成についてメタ認知していくよう促すことになるが、それは独話の指導と本質的に変わりはない。対話場面になったときには「話合いの仕方や結論の出し方」等を考えさせるということになる。また、「現代の国語」と「国語表現」の中だけで指導するのも不自然である。他科目の中でも発表したり話し合ったりする活動は随時行われるからである。それゆえ共通必履修科目「現代の国語」の中で、ある程度独話・対話・話し言葉についてのメタ認知を促しておき、それをほかの4科目へと転移させていくような学習計画の立案が現実的だと言える。

②対話を重視した授業づくりの例

山元や倉澤の知見を基にして、対話を重要な活動として組み込んだ、浅田の授業実践事例（東京学芸大学附属高等学校、2017）を1点、簡単に紹介しておこう。

単元名は「記録的な文学に見られる言葉の重みを考えよう―「養和の飢饉」（『方丈記』）における「あさまし」の含意―」。対象は高校2年生で、実施時期は2017年6月、平成21年告示学習指導要領の課程における「古典B」で実

施した。『方丈記』の五大災厄の話の中でも「養和の飢饉」を主教材として取り上げ、ほかの四つの災厄についても分担して読ませた後で、作中の言葉に込められた鴨長明の思いを汲み取るために、いわゆるアクティブ・ラーニングの手法の中で、Think-Pair-Share やジグソー法を積極的に用いたものである。大きな流れは、①「長明の言葉の重みについて、話せるようにするために自分で考える（自己内対話）」②「ペアで考えを話して共有する（自分を見つめる／他者とつながり合う）」③「他の災厄の話について各班が協働で読み、その読み取った内容をジグソー法で他班と共有する（他者とつながり合う）」④「自班に戻って五大災厄を二つに分類した上で重みのある表現について検討し、各班から全体に向けて発表する（新たなものを生み出す）」、というものである。

　見ての通りまず「話す内容」を意識し、次にペアで話して共有し深め（ここまでが Think-Pair-Share）、ジグソー法の「専門家集団」からそれぞれが話を聞いて持ち帰り、さらに自分たちの班の見解を深めて言語化するというプロセスであり、古典作品を読んだ後でそれを様々な形で対話に持ち込み、認識を深めさせる授業であった。1 年次以来の国語科の授業の中で、独話も対話も経験してきている生徒集団であったため、このような方法で実施できた。

　この授業の主目標は対話だけではなかったが、この活動によって、話す内容を個人でも集団でも考えねばならず、最終的には対話力の向上に資する授業になり得たと考えている。今後の高校国語教育では、こうした形で機会を捉えて積極的に対話場面をつくっていくことが求められてくるであろう。　（浅田孝紀）

参考・引用文献
西尾実（1950）『国語教育学の構想』筑摩書房、p.50
山元悦子（2015）「対話」高木まさきほか編『国語科重要用語事典』明治図書出版、p.77
東京学芸大学附属高等学校（2017）「コンピテンシー・ベースのカリキュラム開発（2）」『東京学芸大学附属高等学校紀要 55 集』pp.75-104、https://ir.u-gakugei.ac.jp/bitstream/2309/149055/1/AN00158465_55_075.pdf
栗田佳代子・日本教育研究イノベーションセンター編（2017）『インタラクティブ・ティーチング―アクティブ・ラーニングを促す授業づくり―』河合出版
全国大学国語教育学会（2018）『公開講座ブックレット⑨　対話のある国語科授業づくり』東洋館出版社 http://www.gakkai.ac/JTSJ/kouza/?action=multidatabase_action_main_filedownload&download_flag=1&upload_id=4017&metadata_id=345

3）話合い・討論

（1）学習指導要領における位置付け

　「学習指導要領」では、「話すこと・聞くこと」領域が共通必履修の「現代の国語」と選択科目の「国語表現」に設けられた。「書くこと」とともに「話すこと・聞くこと」の授業時数が増え、学習の系統性についても見直しが図られたが、平成28年12月中央教育審議会答申において「高等学校の国語教育においては、教材の読み取りが指導の中心になることが多く、国語による主体的な表現等が重視された授業が十分行われていないこと、話合いや論述などの『話すこと・聞くこと』、『書くこと』の領域の学習が十分に行われていないこと」が問題視されているように、平成21年告示の学習指導要領における「言語活動の充実」を目指した授業改善が国語科を中核として高等学校段階で必ずしも十分になされてこなかったことが、こうした「見直し」の背景にあるとみることができる。「現代の国語」で「実社会における国語による諸活動に必要な資質・能力の育成に主眼を置き」（『高等学校学習指導要領（平成30年告示）解説　国語編』）、また、「国語表現」で「実社会において必要となる、他者との多様な関わりの中で伝え合う資質・能力の育成を重視して」（『高等学校学習指導要領（平成30年告示）解説　国語編』）と説明されるように、コミュニケーション場面を重視するとともに、実社会・日常生活で活用することのできる言語能力の育成をどのように図っていくかが喫緊の教育課題となっていることが分かる。

　「話し合うこと」の指導事項（内容の（1））については、「現代の国語」において「オ　論点を共有し、考えを広げたり深めたりしながら、話合いの目的、種類、状況に応じて、表現や進行など話合いの仕方や結論の出し方を工夫すること」、また、「国語表現」においては「キ　互いの主張や論拠を吟味したり、話合いの進行や展開を助けたりするために発言を工夫するなど、考えを広げたり深めたりしながら、話合いの仕方や結論の出し方を工夫すること」と示され、それぞれ「話合いの進め方の検討、考えの形成、共有」といった学習過程が明らかにされている。内容の（2）については、「現代の国語」のウと「国語

表現」のエで話合いに関する言語活動例が示されており、議論や討論を行うとともに、その記録を基に話合いの仕方や結論の出し方について批評する活動が明記されている。特にこの議論や討論は、「多様な考えを引き出したりする」ための手段として位置付けられており、授業のねらいに沿ってこれらを効果的に組み合わせた単元開発が期待されているとみることができる。

　『高等学校学習指導要領（平成30年告示）解説　国語編』では、議論について「それぞれの立場から考えを述べ合いながらも、話合いの目的に応じて一定の結論を導くために、参加者が互いに意見を交わす中からよりよい位置、考え、方法を発見しようとするために論じ合うこと」、討論について「それぞれの立場からの多様な考えを引き出し、互いの考えの違いなどを基にして論じ合うこと」と説明されている。異なる立場から質問や意見を交流する、論点を明らかにしながら論理の構築をはかるという点で高度な言語活動であると言えるだろう。実社会、特に公的な場面においてその能力が評価されることも多く、このことを視野に入れて高等学校段階では系統的、継続的な学習指導を行う必要がある。

（2）国語科における話合い活動

　国語科における「話合い」学習は、「話合いを学ぶ」と「話合いで学ぶ」とに分けることができる。前者については、「国語表現」の〔思考力、判断力、表現力等〕の「A話すこと・聞くこと」において、「互いの主張や論拠を吟味したり、話合いの進行や展開を助けたりするために発言を工夫するなど、考えを広げたり深めたりしながら、話合いの仕方や結論の出し方を工夫する」といった指導事項に示されるように、話合いの方法や手順について学習することが目的となる。話合い活動は、その目的や参加者の人数によって、ブレーン・ストーミング、バズ・セッション、グループ・ディスカッション、ワールド・カフェ、ディベート、シンポジウム、パネル・ディスカッション、フォーラムなどの形式に分けることができるが、それぞれ目的が異なるため、教師には、話題の設定や目的に応じた話合いの展開に関する単元全体の見通しが教材研究の段階で求められる。

Ⅳ　国語科授業づくりの実際　　163

後者の「話合いで学ぶ」は、話合いを手段として学習活動が組織される場合
で、「設定した題材について多様な資料を集め、調べたことを整理したり話し
合ったりして、自分や集団の意見を提案書などにまとめる活動」（「国語表現」
の2内容「B書くこと」）、「社会的な話題について書かれた論説文やその関連
資料を読み、それらの内容を基に、自分の考えを論述したり討論したりする活
動」（「論理国語」の2内容「B読むこと」）などの言語活動を通して指導を行
うものとされる。「話すこと・聞くこと」の領域に関わる資質・能力の育成を
図るだけでなく、話合いを通して「書くこと」や「読むこと」の領域の資質・
能力の育成を目指すことも期待されていると言えるだろう。ただ話合いをすれ
ばよいというものではなく、「論文やレポートをまとめる場面で、他者の意見
や考え方を参考にするために話合いをする」、「文学作品の内容や形式に対する
評価を行う際に、評論や解説の方法を学ぶために話合いをする」など、学習指
導に際しては、話し合うことの目的を明確にする必要がある。

　ディベートやパネル・ディスカッションなどの討論についても、それが自己
目的的な活動、あるいは疑似体験的な活動に終始しないように、「何のために
話し合うのか」についての意識付けを重視すべきであり、このことと合わせ
て、「話合いや討論への参加の仕方に問題はないか」「話合いの目的に応じて結
論を導くことができたか」「論点を共有することができたか」といった診断的
な自己評価や相互評価を各場面で求めていくようにしたい。

（3）学習指導の方法と話合いの進め方

　学習指導に当たっては、話し方、聞き方といった技能面の習熟を図ることは
もちろんのこと、日常的なコミュニケーション場面における様々な状況を想定
して言語活動を組織する必要がある。特に、「話合いの見通しをもつ」「発言や
意見を関係付ける」といった行動目標を明確にしておくとともに、「関係構築」
「相互理解」「合意形成」「問題解決」、または、「考えを共有する」「考えを深め
る」「（新たな）考えを生み出す」といった授業のねらいに沿って話題や論題を
設定するようにしたい。グループ・ディスカッションやワールド・カフェなど

の話合いに加え、会議や協議、討論など、その方法や形式は様々であるが、言語活動例に「他の議論や討論の記録などを参考にしながら」（「現代の国語」のウ）と示されるように、話合いの進め方やまとめ方の参考になるような実例の映像や音声記録、議事録などを提示し、これをモデル（典型）として議論や討論の方法を学ぶことも求められる。

　また、「学習指導要領」では、各領域の学習過程に沿って〔思考力、判断力、表現力等〕の内容が構成されており、「話し合うこと」については、「話題の設定、情報の収集、内容の検討、話合いの進め方の検討、考えの形成、共有」といった指導事項が示されている。実社会（または実社会の問題）や学習者自身に関わる事柄の中から話題を決め、様々な観点から情報を収集、整理していくことになるが、この過程においては、論点を整理しながら発言と発言との関係や話合いの展開を俯瞰的に捉えるとともに、改めて自分自身の話合いへの参加の仕方、発言の在り方を見直すことのできるような時間を設けるようにしたい。例えば、実際に話合いを行った後に、その音声記録を文字化した資料、ビデオやタブレット型端末などの録画記録、評価シートなどを検討対象とし、話合いの観点、流れ、司会進行の仕方などについての考えや意見を交流・共有するといった学習活動を組織するとよいだろう。話合い活動が円滑なものとならなかった場合、そこには何らかの理由が認められるはずである。学習者個人の言語的技能に問題があったのか、それとも参加者間での協働の在り方や発言のまとめ方にこうした活動を妨げる要因があったのかなど、現象の発生とその原因を話合いの一参加者として探っていく過程にも多くの学びの機会を見いだすことができるように思われる。

　特に高等学校段階ではコーディネーターとしての資質・能力も問われることになる。これを学習者だけの課題とするのではなく、教師自身の課題でもあることを自覚した上で、教室における場面形成者（倉澤、1969）としての役割を重視し、その意義を明らかにしながら、話し合い、学び合うための場と機会を学習者個々に保障していく必要がある。

（迎勝彦）

引用・参考文献
倉澤栄吉（1969）『話しことばとその教育』新光閣書店、p.62
倉澤栄吉・野地潤家監修（2004）『朝倉国語教育講座　3　話しことばの教育』朝倉書店

2. 書くこと

❶ 書くことの指導の目標と内容

(1)「書くこと」領域の構成

「学習指導要領」における「書くこと」の領域は、表1のように構成されている。

表1 「B書くこと」領域の構成（『高等学校学習指導要領（平成30年告示）解説　国語編』より）

学習過程	(1) 指導事項					(2) 言語活動例				
	現代の国語	言語文化	論理国語	文学国語	国語表現	現代の国語	言語文化	論理国語	文学国語	国語表現
題材の設定	ア	ア	ア	ア	ア	ウ／アイ（論理的な文章や実用的な文章を書く活動）	ア（文学的な文章を書く活動）	エ／アイウ（情報を活用して書く活動）	アイウエ（文学的な文章を書く活動）	オカ／アイウエ（情報を活用して書く活動）／アイウエ（論理的な文章や実用的な文章を書く活動）
情報の収集			イ							
内容の検討										
構成の検討	イウ	イ	ウ	イ	イウ					
考えの形成			エオ	ウ	エオ					
記述										
推敲	エ		カ	エ	カ					
共有										

（左端に「書くこと」が縦書きで全体にかかる）

高校「国語」については「教材の読み取りが指導の中心になることが多く、…『書くこと』の領域の学習が十分に行われていないこと」（中教審答申、平成28年）が課題として指摘され続けてきた。この「学習指導要領」が「書くこと」の領域を「古典探究」を除く五つの科目に設定しているのは、こうした課題の解決を重視する姿勢の現れであると考えられる。

また、今回の改訂では「学習過程」の明確化が重視されており、各科目の指

導事項は、「題材の設定」から「共有」に至る「学習過程」に沿って位置付けられている。この「学習過程」は必ずしも指導の順序性を示すものではないとされるが、各段階の指導に当たっては、過程全体における位置付けが常に意識されるべきである。

(2) 書くことの指導事項と言語活動例

　各科目の指導事項は、発達段階と科目の特性を反映しつつ、「学習過程」に沿って配置されている。例えば各科目の指導事項アは「題材の設定、情報の収集、内容の検討に関する事項になっている（「論理国語」はアが「題材の設定」、イが「情報の収集、内容の検討」である）。「題材の設定」について比較して見れば、次の通りである（下線　稿者）。

現代の国語：目的や意図に応じて、実社会の中から適切な題材を決め、集めた情報の妥当性や信頼性を吟味して、伝えたいことを明確にすること。

言語文化：自分の知識や体験の中から適切な題材を決め、集めた材料のよさや味わいを吟味して、表現したいことを明確にすること。

論理国語：実社会や学術的な学習の基礎に関する事柄について、書き手の立場や論点などの様々な観点から情報を収集、整理して、目的や意図に応じた適切な題材を決めること。

文学国語：文学的な文章を書くために、選んだ題材に応じて情報を収集、整理して、表現したいことを明確にすること。

国語表現：目的や意図に応じて、実社会の問題や自分に関わる事柄の中から適切な題材を決め、情報の組合せなどを工夫して、伝えたいことを明確にすること。

　このように個々の指導事項から各科目の性格を窺うことができる。また、「論理国語」の指導事項イは「情報の妥当性や信頼性を吟味しながら、自分の

立場や論点を明確にして、主張を支える適切な根拠をそろえること」と、「現代の国語」の「情報の妥当性や信頼性を吟味して、伝えたいことを明確にすること」を発展させたものになっている。

これに続く「構成の検討」から「推敲」「共有」まで、科目の特性に応じた学習活動の設計が必要となる。

例えば「構成の検討」について選択科目の指導事項を比較すると、「立場の異なる読み手を説得するために、批判的に読まれることを想定して」（論理国語）、「読み手の関心が得られるよう」（文学国語）、「読み手の同意が得られるよう」「読み手の共感が得られるよう」（国語表現）と、科目ごとに異なる検討の観点が設定されている。これらの差異を踏まえ、育成すべき力を明確にしながらそれぞれの言語活動に取り組むことが求められる。

言語活動例については、「現代の国語」「論理国語」「国語表現」には「論理的な文章や実用的な文章を書く活動」と「情報を活用して書く活動」がそろって配置される一方、「言語文化」「文学国語」には「文学的な文章を書く活動」が配置されており、科目群の緩やかな系統性を窺うこともできる。

「実用的な文章を書く」活動には「読み手が必要とする情報に応じて手順書や紹介文などを書いたり、書式を踏まえて案内文や通知文などを書いたりする活動」（現代の国語）など、また「論理的な文章」を書く活動には「社会的な話題について書かれた論説文やその関連資料を参考にして、自分の考えを短い論文にまとめ、批評し合う活動」（論理国語）などがある。

一方、「文学的な文章を書く」活動には「本歌取りや折句などを用いて、感じたことや発見したことを短歌や俳句で表したり、伝統行事や風物詩などの文化に関する題材を選んで、随筆などを書いたりする活動」（言語文化）、「自由に発想したり評論を参考にしたりして、小説や詩歌などを創作し、批評し合う活動」（文学国語）などが含まれる。

このように、科目の特性に応じて、様々な種類の文章を書く活動が想定されている。これらを通して、基礎となる知識や技能の定着を図るとともに、対応する指導事項が示す力の育成を目指すことになる。

（3）書くことの重視

今回の改訂で、各科目の各領域における授業時数が示されたことは注目に値する（表2）。そして「現代の国語」や「論理国語」、「国語表現」の「書くこと」の領域に多くの時数が割り当てられたことは極めて重要である。

この時数の設定は、「実社会に必要な国語の知識や技能を身に付け」、「論理的に」また「批判的に考える力」の育成を図るという目標の達成のためには、とりわけ「書くこと」の指導の充実が欠かせないという事実をあらためて強調するとともに、各科目の各領域における授業時数を確実に保障しようとするものと言える。

表2　各科目の「内容の取扱い」に示された各領域における授業時数
（『高等学校学習指導要領（平成30年告示）解説　国語編』より）

	〔思考力、判断力、表現力等〕		
	話すこと・聞くこと	書くこと	読むこと
現代の国語	20〜30単位時間程度	30〜40単位時間程度	10〜20単位時間程度
言語文化		5〜10単位時間程度	【古典】 40〜45単位時間程度
			【近代以降の文章】 20単位時間程度
論理国語		50〜60単位時間程度	80〜90単位時間程度
文学国語		30〜40単位時間程度	100〜110単位時間程度
国語表現	40〜50単位時間程度	90〜100単位時間程度	
古典探究			※

（※「古典探究」については、1領域のため、授業時間を示していない。）

（島田康行）

引用・参考文献
大滝一登（2018）『高校国語　新学習指導要領をふまえた授業づくり　理論編』明治書院
大滝一登・幸田国広編（2016）『変わる！高校国語の新しい理論と実践』大修館書店
日本国語教育学会監修・町田守弘ほか編（2018）『シリーズ国語授業づくり―高等学校国語科―新科目編成とこれからの授業づくり』東洋館出版社

❷ 書くことの指導方法

1）実用文・論説文の指導

　本項では、文学的文章以外の文章、すなわち実用文と論説文の指導を扱う。

（1）文章の種類に応じた指導

文章の種類をどのように捉えるか

　文学的文章以外の文章を分類する一つの方法は、読み手に何をさせようとして書くのかという、読み手の状態を目的に置く方法である。すると、ここで言う実用文とは、読み手に〈理解させようとする〉あるいは〈行動をさせようとする〉文章である。論説文は、読み手を〈説得しようとする〉文章である。

何かを〈理解させようとする〉文章…

　　　書かれている事柄を相手が理解できるようにする。

　　　観察記録、活動報告、ニュース記事、年鑑、図鑑、辞書など。

特定の〈行動（を）させようとする〉文章…

　　　書かれた通りに相手が行動できるようにする。

　　　取扱説明書、料理レシピ、災害対策ガイド、観光案内など

誰かを〈説得しようとする〉文章…

　　　読み手の考えが書き手と同じ考えに変わるようにする。

　　　意見文、論説文、推薦状、自己推薦書、商品宣伝など。

　留意すべきは、「新聞」「手紙」「葉書」「パンフレット」などの呼び名である。これらは、上のどの目的についても書くことができるため、上の区分とは別の区分に属する用語である。例えば、「新聞」には、ニュース記事（〈理解させようとする〉）も料理レシピ（〈行動させようとする〉）も論説文（〈説得しようとする〉）も掲載される。

例えば、保護者に宛てた学校行事案内は、行事の目的や中身を知らせる（〈理解させようとする〉）と同時に、講堂への道順や持ち物を示したりも（〈行動させようとする〉）する。このように、複数の目的が混ざる文章もある。

文章の目的を考慮した指導

　この3区分を念頭に置くことで、指導を焦点化させることができる。〈理解させようとする〉文章を書かせる場合は、分かり易さが中心となる。〈行動させようとする〉文章を書かせる場合は、分かり易さと併せ、間違えないで行動できる確実さが重要となる。〈説得しようとする〉文章には、明確な主張と強い理由が必要である。

文章の読み手を考慮した指導

　では、「学習指導要領」記載の「読み手」は、どのように捉えたらよいか。

　上述の3区分のどれにおいても、読み手は様々に想定される。例えば、〈理解させようとする〉文章として考えられる、活動報告は学級学年の生徒や教員が読み手である。地図、年鑑、図鑑、辞書などは不特定多数が読み手である。〈行動させようとする〉文章では、学校行事案内は保護者などに範囲が限定されるが、販売商品の取扱説明書は読み手の予測ができない。

　読み手について考える際には、次の三つの要素に配慮する必要がある。

〈対象の物事についての既有知識をどれくらいもっている相手か〉
〈対象の物事についての既有知識をどれくらい共有している相手か〉
〈文章や言葉をどれくらい理解できる相手か〉

　例えば、街の図書館が作る、初めて利用する人への案内書と、繰り返し訪れている利用者への案内書は異なる。初めての人には、本の借り方・返し方など基本的な指示が書かれるだろう。よく利用する人には、書架の場所が変更されたなど追加事項を伝えればよい。利用に関する既有知識があるからである。論説文を書かせる際にも、教室で一度議論された話題について各自の意見を書かせるときには、議論内容の必要な部分だけを示して意見を書かせればよい。議

IV　国語科授業づくりの実際　　171

論内容は既に読み手に共有されているからである。また、日本語が母語ではない人や子供が読み手に含まれる場合は、分かり易い語句と単純な構文で書く必要がある。災害時に街のスピーカーで流すアナウンス原稿がよい例である。

　以上のように、書く目的と読み手の双方が明確に設定されていれば書く内容やその書かれ方は決まってくる。文章の的確さも判断できる。評価基準がよく分からない文章は、目的や読み手の設定が不明確である場合が多い。

文章の対象をどのように書くかの指導

　同一の対象であっても、その対象について〈理解させようとする〉場合はより「説明」することになり、〈説得しようとする〉場合はより「論説」することになるという点を念頭に置きたい。例えば、ある建物を紹介するパンフレットを作るとき、来訪者にその建物を詳細に理解させる目的ならば、建立の背景や経緯、設計者やその意図、建築の特徴などを記すだろう。しかし、この建物を町興しのために観光名所として宣伝する目的ならば、ほかの建物にはない特徴を強調したり、来訪者からのよい評判を載せたりするだろう。ある人物について書く場合も、読み手に知ってもらう目的ならば人物事典のように系譜や業績を挙げるが、推薦する目的ならば肯定的な評価とその理由を挙げる。同一の対象であっても、文章の目的により「適切な表現」が異なってくるのである。

　文章構成も、〈理解させようとする〉目的なら対象の特徴ごとに描写するが、〈説得しようとする〉目的なら、「主張―論拠」をセットにして構成するだろう。〈行動させようとする〉目的なら、対象の描き方は主に時系列となる。

　このように、文章は、目的と読み手によって内容が取捨選択されるのである。表現の仕方が変わるだけでなく内容そのものが異なってくる。100の状況があれば100の文章が生まれるのである。文章の種類とその書き方をあらかじめ対応させて指導するのではなく、その文章が書かれる状況全体を捉えさせ、目的と読み手をよく分析させながら書かせることが重要である。

（2）論説文における主張と論拠

参考文献を使って論じさせる指導

　参考文献の《引用》と《出典の明示》は、それぞれの文献を書いた人の知的所有権を守るという意味で大切であることをまず押さえる必要がある。人の書いた文章を一部書き写し、それが自分の考えであるかのように書いてはならない。図表も同様である。その上で、《引用》と《出典の明示》の具体的な方法を指導するとよい。参考文献は、主張を補強するために論拠として用いたり、それ自体を分析するために用いたりする。《引用》しても要約しても、言及したら参考文献として扱う。次は、国語科の教師が、自分の実践について書いた文章で本稿を引用した例である。自分が示した理由を具体的に補強する内容を引用している。本文中で「著者・発行年・引用頁」の３点を示し、参考文献リストで文献の詳しい情報を載せるのが基本である。

…私たち国語教師は、新しい学習指導要領に基づく国語科教育のあり方を考える必要がある。全国大学国語教育学会では、国語科教育の意義、構造、計画について検討した上で、授業づくりの実際を示している（全国大学国語教育学会編、2019）。私は、情報化社会に生きる高校生にとって、様々な文献を読みそれらを自分の論に組み入れる学習がこれからは特に重要だと考える。目的をもって文章に文献を組み入れる作業は、思考力の育成に繋がるからである。上の文献の著者の一人である佐渡島は、高校生は参考文献を「主張を補強するために論拠として用いたり、それ自体を分析するために用いたりする。」（p. ●）と述べる。…

参考文献

全国大学国語教育学会編（2019）『新たな時代の学びを創る中学校・高等学校国語科教育研究』東洋館出版社

（佐渡島紗織）

2）詩歌・創作文の指導

　高等学校における詩歌・創作文の指導では、社会生活において言語文化を受け継ぎ発展していく能力を育成することが重要である。そのために、小・中学校で学んだ言葉の働きや表現の仕方に関する事項を踏まえ、学習者が言語文化を理解し、表現活動を通して言語文化が創り出される働きを自覚していけるような指導が求められる。その際、学習者の日常的な表現活動や表現意識に基づいて、言語文化を創出する活動を取り入れることが重要となる。また、詩歌や創作文について高度で専門的な知識や技能を学ぶだけではなく、幅広い言語文化に接し、それらを受容し再構築しながら、言語文化創出の当事者として表現活動に参加していくような機会を学習指導において設けることが大切となる。

（1）指導の基本的な考え方

　指導事項と学習過程について整理を行う。特に、ジャンルの取扱いに焦点を当てて指導の要点を述べる。

①「指導事項」と「言語活動例」

　詩歌・創作文の指導に関連の深い科目は、共通必履修科目「言語文化」と選択科目「文学国語」である。

　「言語文化」を例にとって、「A書くこと」の「（1）指導事項」を見ると次のようにある。「ア　自分の知識や体験の中から適切な題材を決め、集めた材料のよさや味わいを吟味して、表現したいことを明確にすること」「イ　自分の体験や思いが効果的に伝わるよう、文章の種類、構成、展開や、文体、描写、語句などの表現の仕方を工夫すること」。これらは、選材、構想、記述などの書くことの段階が示されている。学習者が自発的、主体的に書くことに取り組めるような学習の過程を示すものである。

　また、「（2）言語活動例」には、「ア　本歌取りや折句などを用いて、感じたことや発見したことを短歌や俳句で表したり、伝統行事や風物詩などの文化に関する題材を選んで、随筆などを書いたりする活動」とある。ここにはジャン

ルの例として「短歌や俳句」、「随筆」が挙げられている。「短歌や俳句」については「本歌取りや折句などを用いて」とあり、短歌や俳句を書いて表現するだけではなく、別の作品やテクスト、異なった文脈をもつ言語表現を取り込み、重層的な意味をもつ表現を創り出すという考え方が示されている。また、「随筆」については「伝統行事や風物詩などの文化に関する題材を選んで」とあり、題材を介して伝統的な文化とのつながりにおいて表現を創り出すという考え方が示されている。

　このように、詩歌・創作文の指導では、学習者が主体的・自発的に学習に取り組んでいけるような学習過程を設けるとともに、「短歌や俳句」、「随筆」などのジャンルの特徴に即して、上代から近現代において創られてきた文化的価値に出会い、それらに関与しながら新たな価値の創出という社会的活動に参加するような学びの場面を設けることが求められている。

　また、「文学国語」の「A 書くこと」「(2) 言語活動例」には次のようにある。「ア　自由に発想したり評論を参考にしたりして、小説や詩歌などを創作し、批評し合う活動」「イ　登場人物の心情や情景の描写を、文体や表現の技法等に注意して書き換え、その際に工夫したことなどを話し合ったり、文章にまとめたりする活動」「ウ　古典を題材として小説を書くなど、翻案作品を創作する活動」「エ　グループで同じ題材を書き継いで一つの作品をつくるなど、共同で作品制作に取り組む活動」。ここでは、「小説や詩歌」、「評論」、古典などのジャンルを例として、「批評」や「書き換え」、そして「翻案作品」の創作などの活動を取り入れながら、共同制作などの方法をとることが述べられている。複数のジャンルを融合させる活動を通して、文化的価値の多元性に関わりながら、学習者が文化的価値を見いだし、言語文化を創出していくという学習の在り方が示されている。

　「言語文化」は共通必履修科目の「現代の国語」と不可分の関係にある。また、これらの科目で育成された能力は、選択科目の基盤として位置付けられている。したがって、詩歌・創作文の指導に当たっては、科目全体の関連を視野に入れて指導を行うことが基本となる。

Ⅳ　国語科授業づくりの実際　175

②ジャンルの特徴

詩歌・創作文の指導に関わる文章の種類・ジャンルとしては、短歌、俳句、詩、物語、小説、脚本、随筆、随想などを挙げることができる。これらのジャンルはいずれも歴史的、社会的に受け継がれ、創り出されてきたものである。したがって、指導において文化的価値の創出の機会を保障するためには、これらのジャンルがどのようなかたちで文化的価値を受け継いでいるのかを具体的に考え、理解し、表現活動として実践していくことが必要である。その際、あるジャンルに特有の様式や技法という〈求心性〉と、ほかのジャンルや文脈との相互関連という〈遠心性〉を踏まえることが重要である。ここでは、特に〈遠心性〉を中心としてジャンルの特徴を考えてみる。

まず、短歌・俳句については、「学習指導要領」の記述にあったように、本歌取りや折句など、和歌の様々な修辞法によってこれまでに詠まれてきた作品とのつながりが基底にあり、俳句についても季語にも伝統的な行事や習俗、故事などが関わっている。詩については、文学作品との関係や歴史・文化的背景、さらに社会的な事象や自然科学との関連なども視野に入ってくる。いずれも韻律や定型詩・自由詩などの様式と同時に、これらのジャンルに特有の技法や作品の成立過程といった観点からほかのテクストとの相互関連を視野に入れてジャンルの特徴を学ぶことが可能となる。

また、物語、小説、戯曲などは、ストーリーの構造や語りの仕組みなどの方法によって、歴史叙述や古典作品、漫画やアニメなどとの関連を視野に入れることができる。随筆・随想については、文化的な題材に加えて、さらに複雑なかたちで物語や批評、歴史や思想が関連している。

このようなジャンルの特徴は、「書くこと」よりも「読むこと」の領域で意識されることが多い。したがって、書くことのジャンルを意識して、読むことで学んだ知識を、書くことによる言語文化の創出の働きに生かす、という発想から学習指導の方法を工夫していくことが求められる。

（2）学習指導の方法

　詩歌・創作文の指導は、小・中学校では基本的に自己表現として個人の創作活動が行われることが多いが、書き換えや共同制作などの活動を取り入れた指導も多く行われてきている。例えば、和歌や短歌から歌物語を創ったり、物語から詩歌を詠んだりする活動、あるいは返歌を詠んだり、連句を取り入れた活動などがある。創作の楽しさはもとより、言語文化に出会い、それを自身の表現に取り込みながら学習者が創作に取り組める活動である。

　こうした指導を踏まえて、高等学校では幅広い多様な作品やテクストと対話し、それらの相互関連から言語文化を創出するという指導の発想が重要となる。その際、学習活動の工夫だけではなく、学習者が物事の見方、考え方、感じ方を働かせ、自身の表現活動に意識的に関われるような教材研究が必要である。学習者の生活経験や地域の自然や風土、習俗に関連したテーマの設定、言語文化へのまなざしを再構成していくような課題や発問の工夫、教材の表現への着目の仕方などの観点から授業を構想することが求められる。

（小林一貴）

引用・参考文献

児玉忠（1997）『高等学校文章表現の授業』溪水社

浜本純逸監修・武藤清吾編（2018）『中学校・高等学校　文学創作の学習指導　―実践史をふまえて―』溪水社

府川源一郎・高木まさき・長編の会編（2004）『認識力を育てる「書き換え」学習　中学校・高校編』東洋館出版社

IV　国語科授業づくりの実際　177

$$\boxed{3.\ 読むこと}$$

❶ 読むことの指導の目標と内容

1）「学習指導要領」の特色

　「学習指導要領」では、小学校・中学校の学習指導要領と同様に構造が大きく変化している。目的は育成を目指す資質・能力を明確にするためである。教科目標も各科目の目標も「知識・技能の習得」「思考力、判断力、表現力等の育成」「学びに向かう力・人間性等の涵養」の３点が挙げられ、従来の領域別目標がなくなった。読むことの学習の場合、「思考力、判断力、表現力等の育成」の目標が中心となって学習が行われる。「知識・技能の習得」に当たる語彙指導の改善・充実も今回の特色であり、読むことの学習で扱われることとなる。さらに「知識・技能の習得」に当たる情報の扱い方に関する指導の改善・充実は、論理的思考力の育成と深く関わっているため、読むことの学習でも重要な事項となる。育成を目指す資質・能力を明確にすることが今回の学習指導要領の第一の特色である。

　二つ目の特色として、「主体的・対話的で深い学び」を実現することが目指されている。高等学校は、教材への依存度が高く、主体的な言語活動が行われにくく、伝達型授業に偏っているとの指摘もあり、生徒が学習活動の中で学んでいく授業を考えていく必要がある。その際、「アクティブ・ラーニング」という用語がよく用いられるため誤解が生じている。話合いや調べ学習の授業を行えば、それだけで「主体的・対話的で深い学び」を実現できると考えるのは早計である。これらは学習方法であり、それだけでアクティブ・ラーニングになるというものではなく、そこで何が学ばれていくのかを見定めて実施しなければならない。「主体的・対話的で深い学び」という考え方は DeSeCo のキー・コンピテンシーの考え方を踏まえている。DeSeCo のキー・コンピテンシー

178

は、「異質な集団で交流すること」「自律的に活動すること」「相互作用的に道具を用いること」の3点から構成されている。それぞれ対話的、主体的、深い学びに対応している。他者的存在と出会っているか、自ら目的をもって活動しているか、学んだ知識・技能を活用して課題に取り組んでいるかという視点で学習活動を見つめ直す必要がある。

　高等学校国語科では、語彙の構造や特徴を理解すること、古典に対する学習意欲が低いことが課題とされている。どちらも読むことの学習に深く関わっており、語彙を意識した授業を設計することが大切であるし、古典を学ぶ意義や目的を学習者が自覚する授業を設計することが大切である。こうした視点をもって授業を構想していくことになる。

2）各科目の内容

　「学習指導要領」の全体的な特色や課題を踏まえて、各科目の読むことの内容について見ていく。領域別の目標が廃止されたため、読むことの学習の内容が見えにくくなっているが、「国語表現」を除く全ての科目で読むこと領域の学習指導が行われる。そこで「現代の国語」「言語文化」「論理国語」「文学国語」「古典探究」の各科目の指導事項から特色となる事項を取り上げる。

> 「現代の国語」…論理的な文章や実用的な文章を読む学習を行う。論理の展開について要旨を把握すること、文章や図表の情報を関係付けながら評価すること、そしてそれらを通じて自分の考えを深めていくことなどが目指されている。

> 「言語文化」…論理的な文章を読む学習、文学的な文章を読む学習、本などから情報を得て活用する学習を行う。文章に表れているものの見方などを捉えること、構成や表現を評価すること、成立の背景や他の作品との関係を考えることなどが行われる。

Ⅳ　国語科授業づくりの実際　179

「論理国語」…論理的な文章や実用的な文章を読む学習、本などから情報を得て活用する学習を行う。資料との関係を把握すること、主張を支える根拠や結論を導く論拠を批判的に検討すること、構成や表現などを書き手の意図との関係において多面的・多角的な視点から評価することなどが目指されている。

「文学国語」…文学的な文章を読む学習、本などから情報を得て活用する学習を行う。語り手の視点や表現について評価すること、他の作品と比較したり、作品成立の背景を踏まえて考察すること、解釈の多様性について考察することなどが目指されている。

「古典探究」…文学的な文章を読む学習、本などから情報を得て活用する学習を行う。古典特有の表現に注意して内容を捉えること、作品の成立した背景や他の作品などとの関係を踏まえながら作品の価値について考察すること、古典について解釈を自分の知見と結び付け、自分のものの見方などを広げ深めることが目指されている。

3) これからの読むことの学習で大切なこと

　「学習指導要領」を踏まえて、これからの読むことの学習の目標と内容について求められるポイントを3点挙げたい。

　第一に論理的思考力を育てる学習が大切である。論理的な文章、実用的な文章が取り立てて扱われることは、内容の正確な理解だけを求めるものではない。批判的に主張を支える根拠を吟味したり、主張と根拠との関係（論拠）を吟味したりすることが必要である。従来高等学校の評論文は過剰に難しい文章

が多く、生徒が書き手の論理を吟味する余裕のない学習になりがちであった。これからは学習者が論理を組み立て、書き手の論理と向き合う形の読むことの学習を行うことが大切である。

第二に解釈の多様性に富んだ学習が大切である。文学の解釈には妥当性の優劣はあるが、唯一の正解はない。間違った解釈はあるが、正しい解釈は一つとは限らない。文学の学習は互いの解釈の妥当性を吟味しながら、解釈の多様性に富んだ合意を目指す学習となる必要がある。たどり着いた解釈を評価するのではなく、解釈に至る根拠や論拠を評価する学習とならなければならない。

第三に日本語の歴史の視点をもって読むことの学習を行うことが大切である。古典や書かれた時代の大きく異なる文章を読む際に、書き言葉の歴史の中に位置付けながら読むことで、私たちの日本語と当時の日本語との違いを考える問題意識をもたせたい。古典を学ぶことは、描かれた考え方を学ぶだけでなく、私たちの日本語への理解を深めるものとなることが古典を現代で学習する意義に結び付いていく。

最後に再び「学習指導要領」の記述に立ち返ってみる。高等学校国語科の全体目標を小学校・中学校との違いから見てみると、「日常生活」（小）、「社会生活」（中）という言葉が、「生涯にわたる社会生活」（高）という言葉に変わっていたり、「人との関わり」（小中）という言葉が、「他者との関わり」（高）という言葉に変わっていたりする。また、「国語の大切さを自覚」（小）、「我が国の言語文化に関わり」（中）という表現が、「我が国の言語文化の担い手としての自覚をもち」（高）という表現に変わっている。これらは形式上の表現の異なりということではなく、高等学校の国語科が生涯にわたる社会生活を見通して、他者との関わりを前提とした言語文化の担い手としての自覚を促す学習であることを求めていることを表している。読むことの学習もこれらの理念を実現するステップとして1時間の授業を構想していくことが大切である。

（寺田守）

❷ 読むことの指導方法

1）小説の指導

　文字言語による表現である小説は、「作者」「作品」「読者」という三者を契機として成立している。小説の指導の方法について考えるために、そもそも小説はどこに〈ある〉のか、という問題について考えてみたい。

（1）小説は「作者」に〈ある〉

　古くから小説は「作者」に〈ある〉という考え方が一般的であった。明治以降、国語科教育における小説の指導は、作品の「叙述」を手がかりにその「構想」を明らかにし、「主題」を捉えさせるという解釈学に基づいた指導過程が採用されてきた。その理論的な根拠は、西尾（1929）の「素読」（「反復読誦」による「文学的形象の直観」）、「解釈」（「直観の反省的判断」）、「批評」（「直観の発展としての解釈」の「完成」段階における「価値判断」）や、石山（1935）が体系化した「通読」「精読」「味読」という「解釈の実践過程」などにあった。石山の「解釈」の理論は、後に「三読法」と呼ばれて現場の実践に大きな影響を与えた。石山は「精読」段階の「任務」を「全文の主題の探求決定」としており、その「主題」の「探求」は「作者が原体験を素材としてそれを表現の想にまで構成するに当つて、何を意図し、如何なる価値方向に導かれて、それを成したかといふ点の考察」としていた。小説は作者に〈ある〉のである。

　このような素朴な反映論と作者還元主義に基づく小説の授業は、メタ言語としての「主題」、「作者の意図」などをいかに正確に読むか、すなわち〈読みの統合〉を目標として構想され、極めてオーソドックスな指導過程として現在でも広く採用されている。単元の導入部で、生身の作者の伝記的事実を参照し、小説の通読後に第一次感想文を課してその交流を行う。単元の展開部では、全文をいくつかの部分に分けた後に、語や文についての分析と総合を繰り返す精読による読解指導を行う。単元のまとめの段階で、教師は用意した小説の主題

を提示し、第一次感想における生徒の読みをその主題と対照し、最後に第二次
感想文を課す。このような授業においては、読みの「正解」が厳然として存在
し、学習者一人一人の読みは「不正解」とされて生かされないが、知的な了解
としての学習は成立することになる。

（2）小説は「作品」に〈ある〉

　小説は「作品」に〈ある〉として、「作者」に代表される作品外の情報を遮
断し、作品の自立性を強調したのが新批評（new criticism）の立場である。新
批評は1930年代に英国で伝統的な文献学的文学研究に対する批判として誕生
し、その後、米国の大学における文学教育の方法論として大きな影響力をもっ
た。新批評は、作家の伝記、時代背景など作品の外部を切り捨て、読み手が考
案した価値基準によって作品の巧拙を決定する読みの理論である。川崎（1967）
は、新批評の文学観を、C・ブルックスの「詩は詩の言うところのものを言う」
（The poem says what the poem says.）という発言を引用して紹介している。
詩は、詩人の意図や読者が受け取る主観的感想などに左右されることなく、言
いたいことを言っているのだ、というこの言葉は、新批評の精神の端的な表明
として知られている。作品の先行研究や周辺資料をまったく参照しない新批評
の方法を、英文学研究の本流であった英国の文献学派は「無人島の批評」と揶
揄したという。しかし新批評は、閉じた世界としての作品に挑むアマチュアの
批評であったからこそ、小説の指導法として有効性をもったのである。

　日本では、新批評の過度な反歴史主義、作品至上主義を修正したとされる分
析批評が文学教材の指導に取り入れられ、80年代以降、小学校・中学校にお
いて盛んに実践された。分析批評の読みに基づく授業の指導過程に汎用性が
あったからである。分析批評の読みに基づく指導の出発点は、感動やおもしろ
さは教えることはできないというものである。授業の基調は、この作品は「な
ぜおもしろいのか、感動するのか」という問いの形式をとり、その原因を作品
に求めていく。作品に「何が書いてあるか」だけでなく「どう書かれている
か」が問題にされるのである。分析批評に基づく教材研究は、「話者」がいか

に効果的に語っているか、「話者」は作中にどのような「視点」から関わっているか、作中の「イメージ語」はどれほどの効果を発揮しているか、などの分析によってなされる。教師の発問は基本的に一問一答式であり、その答の文末も「〜である」（分析の答）となり、「〜と思う」（感想の表明）とはならない。

分析批評では、小説のおもしろさや感動は分析と批評という学習の前提とされており、理屈の上ではそれらを授業から切り離すことも可能となる。分析批評がもつこの特色に注目して、無為な主題指導を繰り返す読解指導の弊害を指摘し、小説の指導を「読み取りの手立て」に限定しようとしたのが言語技術教育としての文学教材の指導の立場である。しかし、「読むこと」の指導を、内容（読み）と技術（読み取りの手立て）という二元論に基づいて分離することが果たして可能なのかという点については、さらなる考察が必要であろう。

(3) 小説は「読者」に〈ある〉

フーコー（1969）は、「作者」をテクストの創造者として権威付けることは、近代以降のロマン主義的な発明であり、「作者」とは歴史と言説の中で構築された「機能」に過ぎないとした。バルト（1968）は「『作者』の死によってあがなわれ」た「読者の誕生」を宣言した。これらは小説は「読者」に〈ある〉とする立場である。フーコーやバルトのテクスト論は、ヤウス（1976）『挑発としての文学史』（岩波書店）、イーザー（1982）『行為としての読書』（岩波書店）、フィッシュ（1992）『このクラスにテクストはありますか』（みすず書房）らの受容理論・読者反応批評などとともに、80年代以降の小説の指導論に大きな影響を与えた。山元（1995）が「読むこと及び解釈において〈読者〉の役割の解明を試みる理論の総称」と定義した「読者論」という領域が新しく拓かれたのである。

一口に読者論に基づく小説の指導といっても、生徒の感想を生かすことを目標とした授業、音読に重点を置いた授業、小説の関連教材を用いることによって言語活動を重視した授業、というように個々の実践に大きな違いがある。このことは読者論に基づく読みの授業が、「三読法」のように読みの方式の形を

とらずに実践されたことに要因がある。読者論に基づく小説の授業は、学習者の読みを中心として構想され、読者の人数、読書の回数だけ読みは生じるとする。学習者がお互いの読みを出し合うこと、すなわち〈読みの拡散〉が目標となっているのである。このような授業では、個々人が読むこと自体が目的とされるのだから、それぞれの解釈が有効（「正解」）となり、唯一の「正解」は消滅する。教室は学習者一人一人を生かすことを目指すが、「読むこと」は根拠を失い、教材となった小説は消費の対象となる。バルトのテクスト論は「作者の死」による「読者の誕生」を確かに宣言した。しかし、同時にバルトは「還元不可能な複数性」という概念を用いて解釈の無効、すなわち「読むこと」の無根拠性（アナーキー）をも主張していたのである。

（4）小説の指導のゆくえ

　「学習指導要領」が示した科目の中で、小説が教材として主に扱われるのは「言語文化」と「文学国語」の２科目となる。「言語文化」の「B　読むこと」の指導事項の「ウ」は、「文章の構成や展開、表現の仕方、表現の特色について評価すること」となっている。また「文学国語」の「B　読むこと」の指導事項の「エ」は、「文章の構成や展開、表現の仕方を踏まえ、解釈の多様性について考察すること」となっている。個別の小説の構成や表現の特色を押さえ、作品の舞台や情景、人物の心情や行動、できごとなどのストーリーを踏まえ、なぜそのように語られているのかというプロットを捉えて、解釈の根拠とさせることが小説の指導の基本であることに変わりはない。

（佐野正俊）

引用・参考文献
西尾実（1929）『国語国文の教育』古今書院、p.74、p.93、p.113
石山脩平（1935）『教育的解釈学』賢文館、p.192
川崎寿彦（1967）『分析批評入門』至文堂、p.114
ミッシェル・フーコー（1969）「作者とは何か」清水徹・根本美作子訳（1999）小林康夫・石田英敬・松浦寿輝編（2006）『ミシェル・フーコー思考集成3』筑摩書房、pp.223-266
ロラン・バルト「作者の死」（1968）花輪光訳（1979）『物語の構造分析』みすず書房、p.89
山元隆春（1995）「読者論の具体的展開」田近洵一・浜本純逸・府川源一郎編『「読者論」に立つ読みの指導　小学校高学年編』東洋館出版社、p.167

2）詩歌の指導

(1)「学習指導要領」と詩歌教材

　「学習指導要領」では、詩歌に直接関わる共通必修科目として「言語文化」、選択科目に「文学国語」が新設された。

　例えば、新科目「言語文化」では、育成する「知識及び技能（言葉の働き）」として「言葉には、文化の継承、発展、創造を支える働きがあることを理解すること」が示され、書くことの言語活動例において、詩歌に関わるものでは「本歌取りや折句などを用いて、感じたことや発見したことを短歌や俳句で表」す活動が示された。また、読むことの言語活動例においても、詩歌に関わるものとして「和歌や俳句などを読み、書き換えたり外国語に訳したりすることなどを通して互いの解釈の違いについて話し合ったり、テーマを立ててまとめたりする活動」が示された。さらに、新科目「文学国語」では、詩歌に関わる書くことの言語活動例として「自由に発想したり評論を参考にしたりして、小説や詩歌などを創作し、批評し合う活動」が示されている。

　このように、単に詩歌を読む活動だけでなく、詩歌を創る活動や、創った詩歌を読んで話し合ったり批評し合ったりする活動を通して国語科の「資質・能力」を育成することが示されている。すなわち、詩歌という言語文化の学習指導について、言語の「継承・発展・創造」の機能を踏まえ、これまで基本であった「鑑賞・受容」はもちろん、「創作・批評」までをその射程として学習指導を進めようとしている点に特徴がある。

(2) 高校における詩歌の「鑑賞・受容」の課題

　では、言語の「継承・発展・創造」の機能を踏まえた高等学校における詩歌の学習指導を考える上で、まずは基本となる「鑑賞・受容」面から、詩教材を例に検討してみよう。もともと、高等学校段階での詩教材の学習で「難所」となっているものの一つとして、「近代詩」の学習がある。それは、生徒たちが小・中学校で近代の「文語定型詩」の教材を学んできているものの、響きを味

わうことを目的とした音読や暗誦の学習が中心であって、近代詩に特徴的な表現特性を踏まえた深い解釈や意味付けを経験してきていないからである。

そこで、次に高校の詩教材の定番である「一つのメルヘン」（中原中也）を例に、言語文化としての近代詩をどう「鑑賞・受容」するかを考えてみよう。

　　一つのメルヘン　　　　　中原中也

秋の夜は、はるかの彼方に、

小石ばかりの、河原があって、

そこに陽は、さらさらと

さらさらと射しているのでありました。

陽といっても、まるで硅石か何かのようで、

非常な個体の粉末のようで、

さればこそ、さらさらと

かすかな音を立ててもいるのでした。

さて小石の上に、今しも一つの蝶がとまり、

淡い、それでいてくっきりとした

影を落としているのでした。

やがてその蝶がみえなくなると、いつのまにか、

今迄流れてもいなかった川床に、水は

さらさらと　　さらさらと流れているのでありました……

この詩の魅力や価値を「鑑賞・受容」するには、まずは言語のもつ「記号性」と「創造性」についての確認が必要となる。それは、言語はそもそも実体ではないこと、それゆえ、詩には言語で創造された虚構世界が描かれているこ

との確認である。これが、言語の「継承・発展・創造」の機能を支えている。

　すると、この詩のイメージには、いくつもの創造的な矛盾があることに気付く。例えば、「秋の夜」なのに「陽」が射していること、射しているのは「陽（の光）」なのにそれが「個体の粉末」のようであること、蝶の影が「淡い」にも関わらず「くっきり」としていること、などである。これらの矛盾を取り込みながら、現実にありえないようなイメージ世界が創造されている。

　そして、この詩における矛盾したイメージの結末は、「今迄流れていなかった川床に、水は／さらさらと　さらさらと流れているのでありました……」と、小石ばかりの川床に突如として水が流れるという現象で締めくくられる。

　ここで注目すべきことは、「さらさら」というオノマトペである。『擬音語・擬態語辞典』によれば「軽い物が触れあったり、水が浅いところを流れたりする音」とある。この詩における「さらさら」は、第一連から第三連までは、陽の光でありながら珪石のような粉末でもあるといった矛盾する要素を内包しつつ、「軽い物が触れあう音のイメージ」で用いられている。しかしそれが、最終連では「水が浅いところを流れる音のイメージ」に変容していく。

　このように、この詩の非現実的なイメージの展開・変容は、意味的に矛盾する語句の組み合わせと、オノマトペの相反する二つのイメージが詩の中で結び付けられることで生まれている。そして、このように詩を読み解くことで、現実世界には決してありえないような美しくも不条理な世界で起きた「潤いの再生・回復」というこの詩の価値や魅力（ポエジー）を捉えることができる。

　以上、中原中也の詩を例に近代詩の「鑑賞・受容」の学習指導のポイントについて述べた。詩歌教材である俳句や短歌の「鑑賞・受容」も読みのポイントは基本的には同じである。言語の「記号性」と「創造性」とを基に、言葉がどんな世界を生み出しているかを発見的に学ぶ学習指導が期待される。

（3）高校における詩歌の「創作・批評」の課題

　次に、言語の「継承・発展・創造」の機能を踏まえた詩歌の「創作・批評」の面から、その学習指導を考えてみたい。例えば、「学習指導要領」の言語活

動例にあった「本歌取りや折句などを用いて、感じたことや発見したことを短歌や俳句で表」す活動を例に、教材や活動を具体的に構想してみよう。「本歌取り」や「折句」という技法は、基本的には古典の和歌に用いられてきた技法である。もちろん、名作の和歌を基にして創作されるのが基本ではあろうが、現代の短歌を用いても「本歌取り」は可能であるし、今を生きる生徒たちの感性をリアルに育むことができる。本歌とするのは、次の短歌である。

楽章の絶えし刹那の明るさよふるさとは春の雪解けなるべし　　　馬場あき子
街をゆき子供の傍を通る時蜜柑の香せり冬がまた来る　　　　　　木下利玄

　生徒の言語活動として、馬場あき子の「楽章の〜」では、最後の二句「ふるさとは春の雪解けなるべし」の部分を創作のための「共通の枠組み」とし、生徒たちにはふるさとの春の雪解けにふさわしい様々な題材から上の三句（五・七・五）を創作させる。また、この歌のような「春の雪解け」が見られないような地域では、木下利玄の「街をゆき〜」を用いてもよいだろう。この歌の最初の句「街をゆき」と最後の句「冬がまた来る」とを「共通の枠組み」とし、その上下に挟まれる三句分（七・五・七）を創作させるのである。

　これにより、生徒たちは実際の経験を基にしつつ、様々な題材を基に春の雪解けや冬の訪れを言葉（記号）で実感的に創作（創造）することができるだろう。授業では、創作された生徒たちの短歌を読み合うだけでなく、元となった短歌と生徒たちが創作した短歌とを丁寧に読み比べて、四季に関するものの見方・感じ方の多様性や、そうした多様性を生み出している文学テキストの言語的な特性についても深く学ぶことが可能となるはずである。

　短歌を教材としたこうした「本歌取り」の活動は、もちろん俳句や詩などに応用することも可能である。

（児玉忠）

引用・参考文献

中原中也（1938）『在りし日の歌』創元社
山口仲美編（2015）『擬音語・擬態語辞典』講談社、p.203
浜本純逸・田中宏幸（2017）『中学校・高等学校　「書くこと」の学習指導』溪水社
浜本純逸・武藤清吾（2018）『中学校・高等学校　文学創作の学習指導』溪水社
馬場あき子（1959）『地下にともる灯』新星書房
木下利玄（1919）『紅玉』玄文社

3）評論文・論説文の指導

（1）評論文・論説文の特性

　一般に、評論文は物事の善悪や価値を批評する文章とされ、論説文は物事の是非を解説する文章とされる。「学習指導要領」では内容の取扱いや言語活動例において、次のように取り上げられている。「翻訳の文章、古典における文学的な文章、近代以降の文語文、演劇や映画の作品及び文学などについての評論文などを用いることができる」（「文学国語」）、「社会的な話題について書かれた論説文やその関連資料を読み」（「論理国語」）、等。また、「現代の国語」と「論理国語」の言語活動例で取り上げられている「論理的な文章」を、『高等学校学習指導要領（平成30年告示）解説　国語編』では「説明文、論説文や解説文、評論文、意見文や批評文、学術論文など」としている。

　様々な文章の特徴を描写することを試みてきた多くの国語教育研究は、評論文には主観的な要素が強く表れ、論説文には客観的な要素が強く表れるとし、両者の違いを程度によるものと捉えている。そして、評論文と論説文をともに、読者に対して筆者の考えを論理的な方法によりながら説得する文章と捉え、説明的文章・論理的文章の一種と見なしている。

　また、評論文・論説文で筆者の考えとして示されるのは、従来知られたり考えられたりしていなかったことや通説とされていることに対する問題意識や見解であると指摘されている。評論文・論説文は、多くの読者に対して考えを改めるよう働きかけることで、さらなるコミュニケーションを引き起こそうとするものであり、社会や文化の形成につながっている。

（2）教材分析の観点

　「現代の国語」や「論理国語」の指導事項として「文章の種類を踏まえて、内容や構成、論理の展開など」を捉えることが示されている。評論文と論説文は主観性・客観性の強さの程度による違いと捉えられ、人によって判断が変わる。実際に、同一の文章が評論文と位置付けられたり、論説文と位置付けられ

たりすることがある。ある文章を評論文と位置付けられていることを理由に評論文として読解すると、その文章の特徴を見逃す可能性がある。そのため、様々な文種の特徴を踏まえつつ、読解の対象となる文章がどの種類に当たるかという観点から、分析を行うほうがよいだろう。本項では、主観性が強いほどより「評論的」であり、客観性が強いほどより「論説的」であると捉える過程で文章の分析を行う方法を提案する。

　文章の主観性・客観性の評価に影響を与える要素の一つが文章の内容である。例えば、文章の内容は真善美の観点で次のように3分類できる。

①学問的な真理に関わる内容を扱い、客観的事実を説明するような文章

②道徳的な規範に関わる内容を扱い、社会的な倫理を踏まえて在り方を指示するような文章

③芸術的な価値に関わる内容を扱い、個人の内面に関わる体験や感性を踏まえて物事を評価するような文章

　①～③の内容は文章の中で複数組み合わさることがあり、筆者がどの内容を強調していると捉えるかによって読者の印象が変わる。①側の要素が強いほど客観的と感じられ「論説的」であり、③側の要素が強いほど主観的と感じられ「評論的」であると位置付けられる。このように読解対象の文章の位置付けを考える過程で、文章の内容を分析できる。この際、従来のどのような考えに対して筆者は自身の考えを表明しているのかを捉えておくとよい。

　また、主観性・客観性の評価には、演繹、帰納、仮説形成（アブダクション）といった推論に基づく論証の方法も影響を与える。推論の妥当性を考慮すると演繹的な論証であるほど客観的な印象を受ける。論理が飛躍し誤謬の可能性が高い仮説形成の論理だけで、帰納的な検証が十分に行われなければ、主観的な印象を受けるだろう。

　長く教科書に掲載されてきた「水の東西」（山崎正和『混沌からの表現』PHP研究所、1977）を例に分析を行う。日本で噴水が少ないのは日本人が流れを感じることだけが大切だからだろうという仮説形成の論理を基に、鹿おどしが日本人の水の鑑賞の極致を表している可能性を主張している。鹿おどしか

ら水の流れを感じるという筆者の体験を根拠に日本文化の新たな評価を提示している。筆者の体験を基に文化の価値を論じる内容であり、帰納的な検証をほぼ行わない仮説形成を主とした論証であることから、本項の捉え方では極めて「評論的」な文章と見なせる。

　教材分析の観点としては論証以外にも、より多くの読者の納得を得るための工夫として、対比・比較、具体―抽象などの論理の展開や、逆説や比喩のような修辞的な技法もおさえておきたい。そして、その表現上の工夫が説得上どのような役割を果たしているのかについても考察しておくことが重要である。例えば、「水の東西」において、西洋人と鹿おどし、日本人と噴水という関係を対比的に表現することが、鹿おどしが日本人の水の接し方の極致だろうと論証する上で重要な役割を果たしている。また、筆者個人の感覚を「我々」として読者を巻き込みながら「日本人」一般へと飛躍させる展開も見逃せない。そして、そのような筆者の感覚を読者が受け入れてしまうのは筆者に対する信頼によるところが大きい。そのため、出典のほかにも筆者の専門や受賞歴などの経歴といった人格的要素にも考えを及ばせたい。教科書への掲載自体が権威性を帯びることにも注意したい。

(3) 評論文・論説文の指導

　生徒が評論文・論説文をどのように読解することを目標とし、どのような環境を構成して指導を展開するのかを検討する。評論文・論説文は説明的・論理的文章の一種であることから、説明的・論理的文章の読解指導研究の成果が基本的に応用可能と考えられる。ただし、評論文・論説文の特性として、筆者の新たな考えの提示が社会・文化形成につながることを踏まえ、筆者やほかの読者との公共的な議論に生徒が参加することを意識したい。

　まずは学習目標の設定である。教材分析を踏まえて、何をどの程度読むことができればよいのかを設定する必要がある。例えば、主張や根拠を抜き出す、隠れた前提を解釈する、要旨をまとめる、表現上の工夫を評価する、社会的な価値を検討する、などが考えられる。社会生活における読解を意識した比べ読

みやクリティカル・リーディングなどの指導法の提案が参考になる。

　次に、学習の取り組ませ方である。理解するという課題では生徒自身で達成度を確認できない。他者にも評価可能な形となるように、説明したり、作成したりするようなアウトプット型の課題を設定することが、生徒の自律的な学習を促すのに効果的である。こうした課題に生徒が取り組むための方法として、一人で読む時間やペアやグループの活動を構成的に設定するのか、非構成的な形態で学習の自由度を高めるのか、教員がどのような立ち位置をとるのかを検討する必要がある。公共的な議論は参加者一人一人が主体性をもち、個人として対等な関係で行われることを理想とする。教員の権力性を自覚し、教員が筆者の意図を代弁したり、生徒の発言や活動を暗に誘導したりすることは控え、筆者と対話し、異なる考えをもつほかの生徒と協同できる環境構成に努めたい。また、評論文・論説文で使用される抽象的な概念の理解が困難な生徒は少なくない。具体的な事例に置き換えたり、近接する概念との違いを捉えたりして理解を促すために、多様な資料を用意しつつ、対話によって抽象的な概念の意味を確認する時間を確保したい。

　評論文・論説文の特性、学習者の実態、教育の目的を考慮して、よりよい学習環境を構成する考えを持ち続けたい。教材観、学習者観、教育観に一貫性をもたせた指導を展開することが重要である。

（篠崎祐介）

引用・参考文献

篠崎祐介（2014）「教材としての「評論文」を定義する―「アブダクション」によって「ディスクルス」を志向する文章」『教育学研究ジャーナル』15、pp.31-40

篠崎祐介（2014）「論理的な文章を解釈するための教材分析の提案」『広島大学大学院教育学研究科紀要. 第一部、学習開発関連領域』63、pp.97-104

篠崎祐介・幸坂健太郎・黒川麻実・難波博孝（2015）「評論文読解指導の現状と課題―高等学校教員に対するフォーカスグループインタビューから」『国語科教育』77、pp.70-77

4) 古文の指導

　今回の学習指導要領の改訂によって、大枠の改訂のみならず科目編成にも大きな変更がもたらされた。この背景として中央教育審議会の答申では高等学校での古典に対する課題を以下のように位置付けている。

> 　教材への依存度が高く、主体的な言語活動が軽視され、依然として講義調の伝達型授業に偏っている傾向があり、授業改善に取り組む必要がある。（中略）古典に対する学習意欲が低いことなどが課題となっている。
>
> （中央教育審議会「幼稚園、小学校、中学校、高等学校及び特別支援学校の学習指導要領等の改善及び必要な方策等について（答申）」平成28年12月より）

　このように授業形態のみならず、古典に対する意欲の低さが指摘されている。こうした状況分析を受けて「現代の国語」「言語文化」が共通必履修科目に位置付けられ、古典領域は主に後者に相当すると言える。また選択科目では、主に「古典探究」が古典領域（古文・漢文）の学習に割り当てられていると理解できる。

　「言語文化」では答申での課題として指摘された「日本人として大切にしてきた言語文化を積極的に享受して社会や自分との関わりの中でそれらを生かしていくという観点が弱く、学習意欲が高まらない」ことを改善するために、時間軸に拠って受け継がれてきた我が国の言語文化への理解を深める科目として位置付けられている。このことからすれば、古典が現在の生活とどのように関わるかを理解し、その価値を継承する意識や姿勢を育むための授業が目指されているのであろう。かたや選択科目「古典探究」では、古典が有する意義や価値を的確に捉えて享受することを通して、生涯にわたって古典に親しめる態度を育成するような位置付けがなされている。つまり古典そのものの価値を見いだしていく授業が目指されているのであろう。

　また言語文化に親しみ、継承・発展させる態度を育成するために、〔知識及び技能〕では「我が国の言語文化に関する事項」として、「伝統的な言語文化」

「言葉の由来や変化」「書写」「読書」に関する指導事項を取りまとめている。これによって古典に関わる学習が広がりや柔軟性をもつことになったと言える。しかも答申において指摘された授業形態を改善する方策として、〔思考力、判断力、表現力等〕の内容構成が示された。具体的には「言語文化」は主に「書くこと」「読むこと」、「古典探究」では「読むこと」が領域として割り振られている。

　このような古典、中でも古文領域の指導を実践していくことが、学習指導要領が求める学習が成立しているかを、具体的な教材と学習指導との両面から示していきたい。古文をよりよく学ぶために必要とされる学習内容を保持しながら、主体的で対話的な学習が成立することによって深い学びを実現できるかが肝要であると言えるだろう。

(1) 教材を丁寧に読む学習効果

　高等学校での古典授業が講義調の伝達型授業に偏重しているとの指摘は、ある程度の現実分析を反映しているものの、「古典探究」においてはこのような面も求められているのではないか。従来の授業を生かしつつ、求められる学力の実現に向けての改善も必要である。

　ここでは『伊勢物語』の「さらぬ別れ」（第84段）を取り上げて、主に「古典探究」での授業づくりの教材分析を事例として取り上げたい。本文を取り上げることができないので、表現と構成の特徴を示しながら、教材としての価値を示しておきたい。教材研究する際に留意しなくてはならないのは、以下のような点である。①冒頭から「〜いとかなしうし給ひけり」までの前半と以降の後半との表現の違いがどのようなものであるかを理解し、その効果を考え（構成）、②境界部分に「さるは」が用いられて展開を促進し（文法事項）、③「師走」がもつ意味を理解した上で（言語文化）、④和歌表現の特徴を理解する（言語文化）、という学習過程が構成できる。いずれも課題として設定して調べ学習等の主体的な学びを促進できる内容である。課題②と課題③とは、④を理解するために緊密な関連を有しており、しかも「歌物語」という文学史的な意

IV　国語科授業づくりの実際　　195

義も意識しなくてはならない要素がある。

　また①では前半の文末が「けり」で終止しているのに対して、後半は現在時制で終止するという違いが認められる。このように過去時制から現在時制に転換しているのは、現在時制になることで物語が眼前で展開している、換言すれば現実味をもった出来事として読み得る効果があると言えるだろう。

　構成に留意して読み解き得る表現効果を受けて、課題②から④は以下のように整理できるだろう。②は逆接の接続詞と解されがちであるが、それでは文脈が成立せず、前後の内容から後者が継起的に接続する意味を示すとするのが穏当である。また「歌物語」の特質が和歌を柱として物語を構成することからすれば、和歌の直前で頂点を導く契機となっている。さらに③の理解はいわゆる「数え年」の問題である。そうした言語文化を理解することで本章段の理解は深まりを見せる。最後の④では、母の和歌に条件節が二度（初句・三句）用いられている特徴を考えて、母が息子に伝えようとした思いと、息子がそれをどのように受け取っていたのかとを、母の和歌では「まくほし」「君」を、息子の和歌では「世の中」「もがな」等を手掛かりにしながら比較検討することができるだろう。

　なお、同様な構成と表現効果を有する教材としては、同じ『伊勢物語』の「芥川」が挙げられる。

（2）重複教材の指導

　平成20年版学習指導要領において「伝統的な言語文化」が全校種で位置付けられたことにより、小学校においても古文が教科書に採録された。これによって、小学校・中学校・高等学校の全てに共通して採録される教材が登場してきた。それを重複教材と呼んでいる。代表的な教材としては、『枕草子』『平家物語』『奥の細道』のほかに和歌教材がある。

　本項では『奥の細道』の「平泉」を取り上げて重複教材としての系統的な指導について述べる。現在、『奥の細道』は主に『国語総合』で採録され、韻文教材との取り合わせや紀行文として単元化されている。その意味では共通必履

修の「言語文化」として位置付けることを想定している。

　「平泉」は松尾芭蕉が『奥の細道』の旅において目的の一つに定めた地であった。ここでは生と死、自然と人間、過去と現在等の対比が多く用いられており、それらの比較を通して平泉の現在を描き、過去の栄華に思いを馳せている。そうした思いが次の芭蕉と曾良の句に集約されていると言えるだろう。

　　夏草や兵どもが夢のあと　　芭蕉

　　卯の花に兼房見ゆる白毛かな　　曾良

　それぞれ対比できる要素があり、芭蕉が対象を巨視的に捉えているのとは異なり、曾良は微視的に捉えているのである。また俳句の特徴である取り合わせの面白みを感じ取ることも可能であろう。さらには直前に「国破れて山河あり、城春にして草青みたり」と杜甫の「春望」を引用するものの、傍線部は杜甫の詩句とは異なる。これを発句の「夏草や」との関わりで考えることで関連を見いだすにとどまらず、現代に連綿と続く言語文化の特質を明らかにすることともなるのである。

(3) 教材研究の重要性

　教材に依存した学習において、その教材をどのように活用するかは、実態に応じた教材研究と課題提示にある。『宇治拾遺物語』の「小野篁の広才（十二の子文字）」等は、古文教材のみならず語彙指導にも活用できる要素を有している教材であり、校種を問わず活用できる教材力をもっている。

（西一夫）

引用・参考文献

西一夫（2007）「古典教育における『伊勢物語』作品研究―第84段「さらぬ別れ」の表現分析―」『人文科教育研究』34巻、p.11-22

西一夫（2017）「「伝統的な言語文化」の学習を広げる教材開発」『文教大学国文』46号、p.89-100

西一夫・鎌倉大和（2017）「教材として『伊勢物語』を読む―「芥川」（第6段）の表現分析―」『人文科教育研究』44巻、p.43-58

早稲田久喜の会（2018）『学びを深めるヒントシリーズ　伊勢物語』明治書院

5) 漢文の指導

(1) 漢文の指導の目標

「学習指導要領」では、漢文の指導は、主に「言語文化」と「古典探究」において行われる。まず、それぞれの科目が、どのような科目として設定されているかを中央教育審議会答申から確認してみよう。

【言語文化】（必修）<u>上代（万葉集の歌が詠まれた時代）から近現代につながる我が国の言語文化への理解を深める科目</u>として、「知識・技能」では「伝統的な言語文化に関する理解」を中心としながら、それ以外の各事項も含み、「思考力・判断力・表現力等」では全ての力を総合的に育成する。

【古典探究】（選択）<u>古典を主体的に読み深めることを通して、自分と自分を取り巻く社会にとっての古典の意義や価値について探究する科目</u>として、主に古文・漢文を教材に、「伝統的な言語文化に関する理解」を深めることを重視するとともに、「思考力・判断力・表現力等」を育成する。

（中央教育審議会「幼稚園、小学校、中学校、高等学校及び特別支援学校の学習指導要領等の改善及び必要な方策等について（答申）」平成 28 年 12 月より／下線　稿者）

いずれの科目も、「古典テキストそのもの」を学習する（読解する）ことだけが目的となっているのではなく、古典を言語文化や社会と関連付けながら学ぶことが目的となっている。では、そこでは漢文はどのような教材として用いられることになるのか。

このことを考える上では、まず、これらの科目で取り扱うのが「古典としての漢文」であることに留意したい。これは、国語科では、日本の古典として漢文を読むということを示している。このような漢文の位置付けは、戦後の高等学校における漢文の取り扱いを決定付けた昭和 26 年の「中学校高等学校学習指導要領国語科編（試案）」から変わることのない原則である。

日本の言語文化に大きな影響を与え、また、日本においてもつくられてきた漢文は、日本の言語文化への理解を深める上でも重要な存在であるとともに、

現在の社会（自分と自分を取り巻く社会）においても意義や価値をもっている。漢文の指導では、ただ単に「中国（や日本）の昔の文章を読む」ということではなく、日本の言語文化を見つめ直すことが目標となる。

（2）学習内容とその指導

それでは、そのような「古典としての漢文」を用いた学習には、具体的にはどのような学習内容があり、その指導はどのように行い得るのか。冨安（2016）は、漢文の性質として、「訓読」「読みつがれてきたテキスト」「現代の日本語テキストとの距離」という三つの点に注目し、漢文学習の意義を整理している。ここでは、このうちの「訓読」と「読みつがれてきたテキスト」という特徴から学習内容とその指導の在り方を見てみたい。

〔訓読〕

○音読み・訓読みについての理解を深める

○日常的に用いている熟語についての理解を深める

○「訓読」＝「翻訳」＝「解釈」行為を意識する

漢文の特徴の一つは、白文を訓読する点にある。訓読とは、「中国語の古典」を、「漢文」という「日本語の古典」へと翻訳する行為と捉えることができる。この訓読は、現代の日本の言語文化にも色濃くその影響を残している。

例えば、「読書」や「着陸」、「登山」などの熟語について、その語順を訓読との関係で捉え直すと、現代にまで生きる訓読の影響を理解することができる。それだけではなく、私たちが、未知の熟語を理解しようとする際に、知らず知らずのうちに訓読の方法を使っていることを自覚することもできる。

訓読の翻訳の側面に着目した具体的な学習としては、漢文訓読の「ゆれ」を、教材として取り上げることが提案されてきた。加藤（2005）は、「読みの可能性をひらくものとして訓読を位置づけ」ることを提案し、杜甫「春望」における「国破山河在、城春草木深」を取り上げて、次のように述べている。

「国破」と「山河在」、「城春」と「草木深」をそれぞれ逆接の関係として捉え、「国破れども山河在り、城春なれども草木深し」と訓読してみるとどうであろうか。ことに第二句については、春は訪れたものの、草木が深く生い茂るばかりで人の姿もない、荒廃した長安の様子を描いたとする解釈が容易に可能となるのではあるまいか。

このように、解釈に合わせて訓読を変化させることを検討する学習活動は、訓読が翻訳の一種であることを認識することに培うとともに、漢字一字、漢詩の一句に立ち止まって、その意味を追究する姿勢を育むものである。

〔読みつがれてきたテキスト〕
○日本語や日本の言語文化の来歴についての理解を深める
○様々な時代や目的に応じた読みの蓄積についての理解を深める
○自分自身がそこに読みを付け加える

漢文は読みつがれる中で、日本語や日本の言語文化に大きな影響を与えてきた。このことを学習するためには、日本における漢文の受容と生成について、具体的な教材にふれながら学ぶことが必要になる。

受容に関しては、『論語』や『史記』、漢詩などが教科書上にも多く採録されており、日本において受容された代表的な漢文を学ぶことができる。生成に関しては、学習指導要領では、「言語文化」においても「古典探究」においても、日本でつくられた漢文である「日本漢文」を含め、「言語文化」では「近代以降の文語文や漢詩文」を含めることになっている（「古典探究」においても必要に応じて用いることができる）。

『論語』や『史記』、漢詩を扱うにしても、ただそのテキストのみを読むのでは、十分には「受容」の側面を学んだとは言いにくい。例えば、受容と生成の両面を学ぶためには、教科書にも採録されることの多い頼山陽『日本外史』から、武田信玄と上杉謙信のエピソードを扱う際に、『史記』の項羽本紀との比較を試みる、などの学習も考えられる。齋藤（2007）は、『日本外史』の文体

について、次のように説明している。

　　　　『史記』も『日本外史』も漢文で書かれた史書ですから、『日本外史』が
　　　　『史記』を参考にすること自体は不思議ではありません。（中略）『日本外
　　　　史』を書く前に「項羽本紀」を朗誦する。そのリズムを身体に刻んで、そ
　　　　うしてはじめて筆を執る。しかも、ここで考えねばならないのは、山陽は
　　　　あくまで訓読によって『史記』を読み、またその訓読のリズムで『日本外
　　　　史』を書いているということです。

　漢文や日本漢文だけでなく、齋藤（2007）のような漢文の受容について述
べた説明的文章を合わせて活用することで、「読みつがれてきたテキスト」と
しての漢文の性質に基づく学習指導ができるだろう（日本における『論語』の
受容などについても、比較的読みやすい書籍が出版されている）。

（3）古典の意義や価値の探究にむけて

　これらの学習は、現代の日本語や日本文化が、どのような過去の上に成立し
てきたものであるかを考える学習である。漢字や語彙、表現の技法、言葉の由
来や変化、多様性といった言葉に関する様々な側面で、漢文は現代の日本語や
日本文化について考えるための媒材として機能する。

　「古典探究」の掲げる「自分と自分を取り巻く社会にとっての古典の意義や
価値について探究する」というねらいはそれほど簡単に達成されるものではな
く、あるいは、我々が成長するにつれてその時々に感じ取っていくものだとも
考えられるだろう。重要なのは、唯一の正解として普遍的な「古典の意義や価
値」が存在すると考えるのではなく、今を生きる学習者がそれを探究し、見つ
けていく学習を構想することである。

（冨安慎吾）

引用・参考文献

加藤敏（2005）「読むための訓読」田部井文雄編『漢文教育の諸相』大修館書店、p.43

齋藤希史（2007）「頼山陽の漢詩文」東京大学教養学部国文・漢文学部会編『古典日本語の世界　漢字がつくる日本』東京大学出版会、p.198

冨安慎吾（2016）「国語科教育における漢文教育の意義」浜本純逸監修・冨安慎吾編『中学校・高等学校　漢文の学習指導』溪水社

V

中等国語科の歴史

1.

中学校

　昭和戦後期から平成期にかけて九つの学習指導要領が作成・改訂され、中学校国語科教育の方向性が構想されてきた。

1）中学校における国語科の目標―昭和 22（1947）年～昭和 26（1951）年

　昭和22年に公布された「学校教育法」に基づき、「中等普通教育」としての中学校3年間が義務化された。同年文部省より試案として発行された「学習指導要領　国語科編（試案）」は小学校と中学校を、昭和26年に改訂された「中学校高等学校学習指導要領（試案）」は中学校と高等学校をそれぞれまとめて示した。後者においては、中学校国語科の目標を「中学校は義務教育の完成の段階であるから、国民として日常生活に必要な言語を理解し、使用する能力ができて、高い言語文化を享受する基礎ができなければならない」と示し、言語生活から言語文化への展望と、必要かつ基礎的な能力形成を目指した。

2）中学校における国語科の目標―昭和 33（1958）年～平成 29（2017）年

　試案から文部省告示へと位置付けが変わり、中学校単独で初めてまとめられたのが昭和33年版である。目標は「生活に必要な国語の能力を高め、思考力を伸ばし、心情を豊かにして、言語生活の向上を図る」ことを第一として4項目が示された。昭和44年版は「生活に必要な国語の能力を高め、国語を尊重する態度を育てる」と目標を約言し、5項目の下位目標を具体的に示した。思考・理解・表現・心情・伝達・言語文化・言語感覚の内容である。

　昭和52年版では、以上の目標が一つにまとまり、「国語を正確に理解し表現する能力を高めるとともに、国語に対する認識を深め、言語感覚を豊かにし、国語を尊重する態度を育てる」として示された。この能力・認識・言語感

覚・態度という整理は、以後の改訂における基本構成となっている。平成元年版では、昭和52年版目標に「適切に」表現する能力と「思考力や想像力を養い」が加わって整理された。

　平成10年版ではさらに「伝え合う力」が加えられ、目標前半の「理解」と「表現」の順番が変更された。目標は「国語を適切に表現し正確に理解する能力を育成し、伝え合う力を高めるとともに、思考力や想像力を養い言語感覚を豊かにし、国語に対する認識を深め国語を尊重する態度を育てる」となった。平成20年版は平成10年版の目標をそのまま引き継いで示した。

　平成29年版では、再び、主目標とともに下位項目を示す構成となる。「言葉による見方・考え方を働かせ、言語活動を通して、国語で正確に理解し適切に表現する資質・能力を次のとおり育成することを目指す」と示した上で、その「資質・能力」を下位3項目とし、社会生活に必要な国語、伝え合う力・思考力や想像力、言葉がもつ価値・言語感覚・言語文化・国語の尊重を位置付けた。

3）中学校国語科の内容—領域構成と指導事項の変遷—

　昭和戦後期から平成期までの中学校国語科の内容を、領域構成と指導事項に注目して整理したのが以下である。

・昭和22年版〔5領域〕＝話しかた／作文／読みかた／書きかた／文学／文法

・昭和26年版〔4領域〕＝聞くこと／話すこと／読むこと／書くこと

・昭和33年版〔3領域1事項〕＝A：聞くこと、話すこと／読むこと／書くこと、B：ことばに関する指導事項

・昭和44年版〔3領域1事項〕＝A聞くこと、話すこと／B読むこと／C書くこと／Dことばに関する事項

・昭和52年版〔2領域1事項〕＝A表現／B理解／言語事項

・平成元年版〔2領域1事項〕＝A表現／B理解／言語事項

・平成10年版〔3領域1事項〕＝A話すこと・聞くこと／B書くこと／

Ⅴ　中等国語科の歴史　205

C 読むこと／言語事項

・平成 20 年版〔3 領域 1 事項〕＝ A 話すこと・聞くこと／B 書くこと／
C 読むこと／伝統的な言語文化と国語の特質に関する事項

・平成 29 年版＝〔知識及び技能〕／〔思考力、判断力、表現力等〕

現行の平成 29 年版は〔知識及び技能〕の下位内容に「言葉の特徴や使い方」
「情報の扱い方」「我が国の言語文化」に関する各事項を、〔思考力、判断力、
表現力等〕に「A 話すこと・聞くこと／B 書くこと／C 読むこと」の各領域
をそれぞれ再配置また一部新設している。

4）学習指導要領の変遷と目標規定

以上計九つの学習指導要領の全文は、現在、データベースで確認できる（学
習指導要領データベース作成委員会（国立教育政策研究所内））。研究目的での
利用は許されているので大いに活用したい。

昭和戦後期から平成期における中学校国語科の目標を概観すると、言語生活
から言語文化までを視野に入れながら、話す・聞く・読む・書くの言語活動を
通し、確かな能力育成と、国語・言語文化への関心や態度の形成を求める方向
に進んできた。一方、目標の記述は改訂のたびに細やかな検討が加えられてお
り、そこに時代時代の社会状況や教育課題への対応、様々な国語教育思潮や教
育研究の影響をみることができる。例えば目標にある、活動を通しての能力育
成という視座は、戦後期に行われた論争「経験主義か能力主義か」によって焦
点化され、その後も実践上の課題となってきた。学習指導要領の目標規定は戦
後 70 年余の国語教育研究を集積した到達であると同時に、国語科が本来的に
もつ課題や困難をも内包するものであるとみることができる。

(坂口京子)

引用・参考文献
野地潤家ほか（1981）『国語教育史資料　全 6 巻』東京法令
飛田隆（1983）『戦後国語教育史　上・下』教育出版センター

2.

高等学校

1）学習指導要領の変遷

　高等学校の場合、目に見える特徴として科目編成がある。科目分化の変遷は、端的に言って高等学校国語科における教科内容発見の過程であり、そこから、それぞれの時期に何が求められていたのかを窺うことができる。だが、各期の教育課程の改訂は、直ちにそのねらいが実現したわけではないことに注意する必要がある。

高等学校学習指導要領の変遷

告示年	科目編成　○…必修　△…選択必修	領域構成
1951 （昭和26）	国語甲（○）・国語乙・漢文	読むこと、書くこと、聞くこと、話すこと
1956 （昭和31）	国語甲（○）・国語乙・漢文	読むこと、書くこと、聞くこと、話すこと
1960 （昭和35）	現代国語（○）・古典甲（△）・古典乙Ⅰ（△）・古典乙Ⅱ	A（聞くこと、話すこと）、（読むこと）、（書くこと） B ことばに関する事項
1970 （昭和45）	現代国語（○）・古典Ⅰ甲（○）・古典Ⅰ乙・古典Ⅱ	A聞くこと、話すこと、B読むこと、C書くこと　ことばに関する事項
1978 （昭和53）	国語Ⅰ（○）・国語Ⅱ・国語表現・現代文・古典	A表現、B理解 〔言語事項〕
1989 （平成元）	国語Ⅰ（○）・国語Ⅱ・国語表現・現代文・現代語・古典Ⅰ・古典Ⅱ・古典講読	A表現、B理解 〔言語事項〕
1999 （平成11）	国語表現Ⅰ（△）・国語総合（△）・国語表現Ⅱ・現代文・古典・古典講読	A話すこと・聞くこと、B書くこと、C読むこと 〔言語事項〕
2009 （平成21）	国語総合・国語表現・現代文A・現代文B・古典A・古典B	A話すこと・聞くこと、B書くこと、C読むこと〔伝統的な言語文化と国語の特質に関する事項〕
2018 （平成30）	現代の国語（○）・言語文化（○）・論理国語・文学国語・国語表現・古典探究	〔知識及び技能〕 〔思考力、判断力、表現力等〕

V　中等国語科の歴史　207

2）新制高等学校発足期の特徴

　高等学校の学習指導要領は、1951 年に発行された『昭和 26 年改訂版　中学校高等学校学習指導要領　国語科編（試案）』に始まる。戦後の混乱の中、占領軍の指導により民主的社会建設に向けた経験主義教育の方針が模索された。

　新制高等学校発足後の約 15 年間は、戦前の「国語漢文」の枠組みが継承され、教科内容や性格による科目分化は行われなかった。

　国語教科書は、検定制度が発足するまでの手当として、急遽文部省によって『高等国語』が作成された。これには昭和 23 年発行の修正版より「国語学習の手引き」が付されることとなったが、教材観は戦前からの名文主義を引き継ぎながら、一方で単元学習の理念と接合するべく施された苦肉の策であった。検定制度が発足してからは、昭和 26 年版（試案）を受けて、「言語編」「文学編」の分冊教科書が各教科書会社より発行されたが、ほとんど浸透することなく消えていった。すでに経験主義批判が学力低下論とともに語られる時期の発行であり、分化と統合による単元学習の実現という理念は理解されなかった。

3）系統主義と高度経済成長

　「（試案）」が外れ、教育課程の基準として法的拘束力をもつようになった昭和 31 年版は、経験主義から系統主義への転換点を示すものであったが、その理念が具現化されるのは次の昭和 35 年版改訂における大胆な科目編成においてであった。ここで高等学校の国語科は、「現代国語」と「古典」という二分化構造をとることになる。基礎学力の向上と科学技術教育の充実が謳われ、「現代国語」では読解力と作文力の育成が目指されるようになった。一方、現代とのつながりが切断された「古典」の学習は、次第に大学入試に出題されることだけが学習の動機付けとなり、今日に至るまで継続している「古典嫌い」を多量に生み出す遠因となっていく。高度経済成長という右肩上がりの日本社会は、高校進学率をも一気に押し上げていった。同時にこの流れは、大学進学も大衆化への道を開き、高等学校の教育は入試対策としての側面を強化してい

くことになった。

4）精選と多様化

　オイルショックによって、高度経済成長の夢から覚めた日本社会に漂うことになったのは、受験競争、校内暴力、いじめといった教育問題であった。こうした背景を重く見た昭和 53 年の改訂の方針には、人間性、個性・多様性、ゆとり等の言葉が躍った。高等学校の国語科は、「国語Ⅰ」「国語Ⅱ」といった総合国語に回帰し、新たに「国語表現」を新設した。「国語表現」は、表現重視を反映する国語の選択科目として、当時驚きをもって迎えられた。続く平成 10 年の改訂では、選択科目として「現代語」が新設され、言語事項の指導、言語活動による音声言語教育が注目されたが、現場に定着することなく、一期限りで姿を消すこととなった。しかし「現代語」のエッセンスは、その後の改訂で新設された「国語表現Ⅰ」の中に生かされることになる。文章表現に軸足を置いた旧「国語表現」と音声言語を重視した「現代語」とが、選択必修科目として筆頭科目に置かれた「国語表現Ⅰ」の中に統合されたのである。しかし、「国語表現Ⅰ」の設置は一部の実業校等に限定されていた。

5）高大接続改革との連動

　平成 30 年の改訂では、未曾有の科目編成をとることになった。共通必履修科目として、「実社会における国語による諸活動に必要な資質・能力を育成」する「現代の国語」と、「上代から近現代に受け継がれてきた我が国の言語文化への理解を深める」科目の「言語文化」を置き、選択科目として「論理国語」「文学国語」「国語表現」「古典探究」が置かれた。この改訂は、一方で進展する高大接続改革と軌を一にし、大学入学共通テストでは、記述式問題が課されることとなった。

（幸田国広）

引用・参考文献
斎藤義光（1991）『高校国語教育史』教育出版センター
幸田国広（2011）『高等学校国語科の教科構造　戦後半世紀の展開』溪水社
大滝一登（2018）『高校国語　新学習指導要領をふまえた授業づくり　理論編』明治書院

VI

国語科教育の現代的課題

1.

国語科における探究的な
学びの姿

1）国語科の「学び」

　国語科における読むこと、書くこと、話すこと・聞くこと等の言語活動を通して営まれる「国語」の学びは、すでに探究的な学びである。

　今回の学習指導要領の改訂（平成29年、平成30年）により、国語科においても、主体的・対話的で深い学びの実現を目指すために、授業の在り方を見直し、探究的な学びの学習活動に取り組むことが求められている。

　探究的な学びとは、問題解決的な活動が発展的に繰り返されていく一連の学習活動である。次のような学習の姿を発展的に繰り返すことになっている。

　①　日常生活や社会に目を向け、生徒自らが課題を設定する。

　②　探究の過程を経由する。

　　　ア　課題の設定　イ　情報の収集　ウ　整理・分析　エ　まとめ・表現

　③　自らの考えや課題が新たに更新され、探究の過程が繰り返される。

　すでに、「総合的な学習の時間」において、この探究的な学びが求められてきた。学習対象に対して、自分や自分を取り巻く社会にとっての問題を見いだし、解決すべき課題を設定し、追究し解決していく過程を前提としている。国語科は問題を見いだし課題を認識するのも、追究し解決していくのも言語活動を通して実現する「国語」の学びの姿と言える。

2）国語科における探究的な学びを目指す実践に向けて

　「平成30年告示高等学校学習指導要領」では、「総合的な学習の時間」が「総合的な探究の時間」となったほか、「○○探究」という科目が設けられた。国語科も「古典探究」という科目が登場した。「古典探究」とは「ジャンルと

しての古典を学習対象とし、古典を主体的に読み深めることを通して伝統と文化の基盤としての古典の重要性を理解し、自分と自分を取り巻く社会にとっての古典の意義や価値について探究する資質・能力の育成を重視」した新設科目である。しかも「『古典探究』以外の選択科目においても、高等学校で学ぶ国語の科目として、探求的な学びの要素を含むものとする」としている。

探究的な学びの対象は、自らを取り巻く言語文化や言語生活、言語体系である。そこに問題を見いだし、課題を設定し、その意義や価値を考えることで探究的な学びになる。教材も多様なメディア、ジャンルを対象と考えることになる。そこからどのような社会の在り方の反映や人間観、歴史観が捉えることができるかという問題意識が喚起され、その問題意識に基づいた追究課題が生じてくる。

探究的な学びの方法は、様々な言語活動である。教材・学習材を理解するだけでなく、課題を追究するために調べたり考えたりすることが重要になる。調べることで、読むこと、書くことの必然が生まれ、さらに考えを深めるために発表し話し合う様々な言語活動も必然が生まれる。

探究的な学びは、考えの形成としてのまとめと表現がゴールになる。調べたり考えたりして、一応の課題解決をしたことを言語化しまとめることが最終段階になり、交流を通して新たな課題発見へとつながる。

従来からの国語科の実践の中で、探究的な学びの姿を目指した実践として、いわゆる国語単元学習の実践が積み重ねられてきた。

中学校の場合、言語・言語活動、自然・環境、伝統文化、歴史・郷土、現代社会、文芸・メディア、人間の生き方などの話題や題材に対して、学習者の自分や自分を取り巻く社会の問題として捉え、それを解決するための追究を通して自分の考えの形成にいたる学習活動などが報告されている。

高等学校の場合、各科目やジャンルごとの教材を題材、対象として、学習者一人一人が向き合い、自分や自分を取り巻く社会の問題として追究し解決していく学習活動が報告されている。

課題の設定は、個人がきっかけで学級集団がみんなで追究したり、個々の課

題をグループに分け共同学習的に追究したり、個々それぞれの課題を追究したりと様々である。こうした学習者の課題設定が、主体的・対話的で深い学びの実現を目指す探究的な学びを実現する。

3）探究的な学びの問題点と課題

課題解決的な学習活動は、一斉学習とは異なる問題点や課題が生じる。

学習者が対象となる教材などの資料（学習材）と出合ったからと言って、すぐに課題を発見できない現実がある。まず素朴な疑問の問いかけ、さらに追究を進めるための問いかけ、自分の考えをまとめたり深めたりするなどの課題を階層的に捉え、問いかけることに慣れていくことが必要になる。

また、調べ方、まとめ方などの情報収集、整理の技術、考えるための報告や話合い、討論の仕方の技術等が学び方の基礎になる。これを教師が適切に教えることが課題になる。必要の生まれたところで、知識・技能を「教える」ことで学習効果が上がる。授業づくりの上で、いつどのような場面で「教える」のか十分な教材研究や授業づくりの工夫が必要になる。活動だけさせるのではなく、「教える」ことを大事にする必要がある。

追記　多様な学習活動に対応できる学習環境を整えること

従来の教室で黒板と教科書だけの学習では探究的な学びは生まれない。教室という空間や50分という時間の制約を超えることが求められる。ITの活用や外部との協働などが重要になる。学び合う関係の人的な環境整備も含まれる。

（笠井正信）

引用・参考文献

文部科学省「平成29年告示中学校学習指導要領」「平成30年告示高等学校学習指導要領」

文部科学省『高等学校学習指導要領（平成30年告示）解説　国語編』

日本国語教育学会編（2010）『豊かな言語活動が拓く国語単元学習の創造』（全七巻）東洋館出版社
　　※特に「理論編」、「中学校編」、「高等学校編」参照

小針誠（2018）『アクティブラーニング　学校教育の理想と現実』講談社

マシュー・リップマン（2014）河野哲也ほか訳『探求の共同体　考えるための教室』玉川大学出版部

2. 国語科における協働学習

1) 協働についての学習

　他者と協働して課題を解決していく能力の育成は国語科における重要な使命である。これからの社会は、学校教育はその変化を見通し、大きく急速に変化する。子供たちが様々な変化に積極的に向き合い、他者と協働して課題を解決していく資質・能力を育成しなければならない。中学校・高等学校の国語科においても「社会生活における人（高等学校では「他者」）との関わりの中で伝え合う力を高める」と他者と協働する能力の育成がその目標に明確に提示されている。

　国語科において、協働する力は言語活動を通して育成される。他者と協働する力は、実際に他者と言葉を交わし、互いの異なるアイディアを交流させる中で育てていくものである。この言語活動の質を高めるために、授業において生徒が協働することの価値や意義を意識して取り組めるよう学習活動や教材を工夫することが実践における中心的課題である。他者と伝え合うことで自らの考えを広げ深める活動の経験を、多様性を尊重し互いのよさを生かす態度の育成につなげたい。

2) 協働による学習

　言語に関わる諸能力の発達・学習において、他者との協働は本質的な役割を果たすと考えられている（例えば、ヴィゴツキー、2003）。

他者との協働による学習

国語科においては、〔思考力、判断力、表現力等〕の各領域の学習過程に「考えの形成」と「共有」とが設定され、他者と協働する学習が明確に位置付けられている。今日の国語科学習指導においては、生徒が、他者の考えや意見に出会い、自らの考えを広げたり深めたりする学習活動の設定が必須の要件とされているのである。

　これからの授業実践において追究されなければならないのは協働による学習活動の質の向上である。協働学習に関する知見が様々に見いだされている学習科学の領域の成果を国語科の学習指導に積極的に導入していくことが期待される。例えば、三宅ら（2016）は、協働的な課題解決過程の条件を次のように整理している。

---

① 参加者が共通して「答えを出したい問い」を持っている。

② 問いへの答えを、一人ひとりが、少しずつ違う形で、最初から持てる。

③ 一人ひとりのアイディアを交換し合う場がある、言い換えれば、みんな自分の言いたいことがあって、それが言える。

④ 参加者は、いろいろなメンバーから出てくる多様なアイディアをまとめ上げると「答えの出したい問い」への答えに近づくはずだ、という期待を持っている。

⑤ 話し合いなどで多様なアイディアを統合すると、一人ひとり、自分にとって最初考えていたのより確かだと感じられる答えに到達できる。

⑥ 到達した答えを発表し合って検討すると、自分なりに納得できる答えが得られる。

⑦ 納得してみると、次に何が分からないか、何を知りたいか、が見えてくる。

　実際の授業における生徒の学びを捉える際にこのような観点を意識することで、「主体的・対話的で深い学び」の実現が期待できるだろう。重要なのは、

生徒一人一人が自分の考えに対して他者からの反応を得られる学習環境をデザインすることである。授業のどこにグループ（ペア）活動を入れるかということではなく、学習活動における対話の質をいかに向上させるかを考えたい。

3）授業における協働学習をいかに捉えるか

　実際の協働学習について検討する上で重要なのは、子供の考えの多様性に注意を払いながら活動の見取りを行うことである。教室における協働は、一人一人固有の学習経験や生活経験を背負って集まってくる子供たちの相互作用によって成立し、成員間の異質性、活動の多様性が前提となる（藤江、2010）。ゆえに、授業研究においては、生徒一人一人の考えの相違やその変化が精緻に捉えられなければならない。その授業の学習目標、及び、国語科の特質や固有の学びの在り方に応じて具体的な発話や記述を分析する枠組みをしっかりと設定し、それに基づいて議論を行うことが必要である。

　授業における協働学習の質は、生徒個々の「伝え合う力」や生徒間の社会的な関係性によってのみ決定されるものではない。実践者の仕事は、それらの条件を前提としながら学習課題や教材を工夫することで高い質の協働を生徒に促すことである。例えば、小グループの学習活動にホワイトボードを1枚入れることで共同注視が生じ議論の焦点が定まるということがあるだろう。また、ひとりの生徒の疑問から学習課題を設定することで、生徒が熱心に聴き合うようになることもあるだろう。協働学習というものが、学びの主体性や対話性、そして深さという三つの側面が相互に関連して成立していることを踏まえながら国語科教育実践・研究を進めていきたい。

（濱田秀行）

引用・参考文献

藤江康彦（2010）「協働学習支援の学習環境」秋田喜代美・藤江康彦『授業研究と学習過程』一般財団法人放送大学教育振興会、pp.143-157

三宅なほみ・東京大学 CoREF・河合塾編著（2016）『協調学習とは―対話を通して理解を深めるアクティブラーニング型授業―』北大路書房、p.18

ヴィゴツキー著、土井捷三・神谷栄司訳（2003）『「発達の最近接領域」の理論―教授・学習過程における子どもの発達』三学出版

3.

メディア・リテラシー

1)「メディア・リテラシー」と「情報活用能力」

　文部科学省関係の書類では、「メディア・リテラシー」という用語は使用されておらず、学習指導要領では、「情報活用能力」が、言語能力と同様に「学習の基盤となる資質・能力」と位置付けられている。我が国における「メディア・リテラシー」という用語の定義については、以下の整理が分かりやすい。

---

①メディアを主体的に読み解く能力。：ア. 情報を伝達するメディアそれぞれの特質を理解する能力、イ. メディアから発信される情報について、社会的文脈で批判的（クリティカル）に分析・評価・吟味し、能動的に選択する能力。
②メディアにアクセスし、活用する能力。：メディア（機器）を選択、操作し、能動的に活用する能力。
③メディアを通じてコミュニケーションを創造する能力。特に、情報の読み手との相互作用的（インタラクティブ）コミュニケーション能力。

　郵政省(2000)「放送分野における青少年とメディア・リテラシーに関する調査研究会報告書」

次に、「情報活用能力」の定義を見ると、以下のように記されている。

---

①課題や目的に応じて情報手段を適切に活用することを含めて、必要な情報を主体的に収集・判断・表現・処理・創造し、受け手の状況などを踏まえて発信・伝達できる能力（**情報活用の実践力**）
②情報活用の基礎となる情報手段の特性の理解と、情報を適切に扱ったり、自らの情報活用を評価・改善するための基礎的な理論や方法の理解

（情報の科学的な理解）

③社会生活の中で情報や情報技術が果たしている役割や及ぼしている影響を理解し、情報モラルの必要性や情報に対する責任について考え、望ましい情報社会の創造に参画しようとする態度（**情報社会に参画する態度**）

　情報化の進展に対応した初等中等教育における情報教育の推進等に関する調査研究協力者会議（1998）「情報化の進展に対応した教育環境の実現に向けて（情報化の進展に対応した初等中等教育における情報教育の推進等に関する調査研究協力者会議　最終報告）」
※この整理は、文部科学省（2015）「21世紀を生き抜く児童生徒の情報活用能力育成のために」において、「情報活用能力の3観点8要素」として引き継がれている。

　比較すると、「メディア・リテラシー」が、「メディアから発信される情報」のように、発信者側の態度を重視しているのに対し、「情報活用能力」では、「必要な情報」というように、受信者側の姿勢を重視している点が特徴的である。しかし、求められている能力としては大きく重なっていることが分かる。

2）学習指導要領が対象としている「情報」及び「メディア」の種類

　平成28年に発表された「幼稚園、小学校、中学校、高等学校及び特別支援学校の学習指導要領等の改善及び必要な方策等について（答申）」では、「複数の資料から適切な情報を得てそれらを比較したり関連付けたりすること」（中学校）、「多様なメディアから読み取ったことを踏まえて自分の考えを根拠に基づいて的確に表現すること」（高等学校）に課題があるとされている。このような答申を受けて、平成29・30年告示の学習指導要領では、「（2）情報の扱い方に関する事項」が新設された。この事項の「情報の整理」や、この指導事項に限らず、「多様なメディア」は、指導要領の各種指導事項の中に織り込まれている。次の表は、「メディア・リテラシー」や「情報活用能力」に関わる用語を、学習指導要領及び学習指導要領解説（中学校・高等学校）から検索し、登場した項目数を示したものである。

　「図表」は、PISA調査の「非連続型テキスト」との関係からも全部で68項目と頻繁に登場している。逆に写真は、中学校4項目と少なく、高等学校では「画像」と合わせると、18項目と増える。「絵本」は2項目、「マンガ」、「ゲー

VI　国語科教育の現代的課題　　219

ム」は0項目と、現代的メディアであっても差が生じている。「インターネット」は30項目に及ぶが「スマートフォン」は1項目のみとなっている。動画系のうち、「映像」・「映画」・「テレビ」・「ドラマ」を合わせると、29項目となる。

　中学校、高等学校ともに、学習指導要領の指導事項としては言語外メディアの掲載がかなり少なく、「情報」としての幅が少ないように見えるが、特に高等学校では、「解説」で「多様なメディア」に言及しており、現代的課題に応える言語能力（「メディア・リテラシー」、「情報活用能力」）育成を目指そうとしていることが分かる。　（羽田潤）

引用・参考文献

D. バッキンガム著・鈴木みどり監訳（2006）『メディア・リテラシー教育―学びと現代文化』世界思想社

アンドリュー・バーン著・奥泉香編訳（2017）『参加型文化の時代におけるメディア・リテラシー――言葉・映像・文化の学習』くろしお出版

ギュンター・R・クレス著・松山雅子監訳（2018）『マルチモダリティ―今日のコミュニケーションにせまる社会記号論の試み―』溪水社

		中学校			高等学校			合計
		学習指導要領	解説	小計	学習指導要領	解説	小計	
静止画	図	3	8	11	4	20	24	35
	表	3	7	10	4	19	23	33
	グラフ	0	4	4	0	6	6	10
	記号	0	1	1	0	0	0	1
	画像	0	0	0	5	8	13	13
	絵	0	2	2	0	4	4	6
	写真	1	3	4	0	5	5	9
文学	キャッチフレーズ	0	0	0	0	7	7	7
文字＋静止画	絵本	0	0	0	1	1	2	2
	マンガ	0	0	0	0	0	0	0
	雑誌	0	5	5	0	1	1	6
	新聞	1	12	13	0	14	14	27
	ポスター	0	1	1	0	5	5	6
	リーフレット	0	3	3	0	0	0	3
	パンフレット	0	1	1	0	1	1	2
	広告	0	1	1	0	1	1	2
	宣伝	0	0	0	0	8	8	8
	広報	0	0	0	1	7	8	8
	説明書	0	1	1	0	8	8	9
	報告書	0	1	1	0	17	17	18
	企画書	0	0	0	0	8	8	8
動画	ドラマ	0	0	0	0	1	1	1
	テレビ	0	4	4	0	5	5	9
	映画	0	0	0	2	3	5	5
	映像	0	2	2	0	11	12	14
	報道	1	2	3	1	8	9	12
	ルポルタージュ	0	0	0	0	1	1	1
	マス・メディア	0	0	0	0	2	2	2
ソフト	スライド	0	0	0	0	3	3	3
	電子文書	0	0	0	0	1	1	1
	プレゼンテーション	0	1	1	0	6	6	7
	ソフト	0	1	1	0	3	3	4
	ゲーム	0	0	0	0	0	0	0
ハード	コンピュータ	1	2	3	0	5	5	8
	スマートフォン	0	1	1	0	0	0	1
	プロジェクター	0	1	1	0	2	2	3
	電子辞書	0	1	1	0	1	1	2
ネットワーク	インターネット	1	9	10	0	20	20	30
	ネットワーク	1	1	2	0	2	2	4
	メール	1	1	2	1	7	8	10
	SNS	0	0	0	0	2	2	2
	ICT	0	1	1	0	0	0	1

4.
中等教育における
国語科の役割

　言語はあらゆる生活領域における意思疎通の基本的メディアである。このことは、言語があらゆる学習領域や生活領域を全うするための前提であることを意味する。さらに、言語は人間の思考や認識と密接に関わるという自明性から、人間が個として生きるための核心でもある。このことを念頭に置きながら、国語科の役割を探るに当たり、以下では互いに関連し合う三つの役割領域、すなわち《学校》、《社会》、《個人》に沿って、中等教育における国語科の役割を示してみたい。

1）役割領域《学校》

　中等教育に限らず、学校教育において国語科には、多かれ少なかれ専門教科としての役割と基礎教科としての役割が与えられる。すなわち、言語及びコミュニケーションに関わる様々な知識や技能、そしてそれらを運用する資質を身に付けさせると同時に、それらを他教科の学習に生きて働かせることが、学校教育における国語科の基本的かつ理想的な役割である。

　初等教育とは異なり、中等教育では専門教科としての専門性がますます高まるべきであるので、この教科の専門性という点から見ると、国語科は他の教科と同様に、大学等を中心とした言語事象の専門・学術研究に関する伝統的および現代的知見を、内容的にも方法的にも学校教育へ仲介する、いわば専門的装置としての役割を有すると言えよう。このことは授業の質にも影響を与える。すなわち、初等教育の国語学習には体験・実感が必要なのに対して、中等国語科には研究的視座が組み込まれるべきなのである。

　また国語科の教科内容の基盤となる専門研究分野も、時代とともに変化・拡張をみせるので、国語科は、言語・コミュニケーションの現在を学習者に仲介

VI　国語科教育の現代的課題　221

する役割を担っている。例えば、現代社会において言語事象をとりまくメディアやサブカルチャーの環境・技術は、国語科の授業を営む上でもはや無視できないものとなっている。

さらに、コンテクストにおける専門的な言語理解や言語使用の基礎に培う役割もある。例えば、中等教育の国語科教科書に見られる説明的文章教材では、生物学であったり、環境問題であったり、他教科的内容が一定のテーマ（問題性）を伴って呈示されている。そういったテーマが言語でどのように捉えられ、どのような論理で展開されるのか、どのような諸力・諸要因を顧慮すべきなのかなど、言語表現が生み出される社会的・文化的な読みのコンテクストを仲介することも、国語科の重要な役割であると考えられよう。

2）役割領域《社会》

言うまでもなく、我が国は自由主義・民主主義を標榜する国家である。この国是に沿って、社会生活さらには職業生活に参加する資質・能力を青年たちに仲介することが、国語科の基本的な役割となる。表現や言論の自由がすなわち言語やコミュニケーションに関わる公民性の醸成である。

21世紀の到来とともに、学校教育にはPISA型学力、活用型学力など、社会的実践力が強く求められるようになっており、例えば、平成29・30年告示の学習指導要領では、社会生活との連関性の中で国語に関わる資質・能力を育成することが求められ、国語科においても言語やコミュニケーションに関わる社会的実践力を仲介する役割が際立つようになってきている。このような役割を果たすためには、社会的実践力としての言語コンピテンシーを（あらためて）画定すると同時に、その言語コンピテンシーを獲得・発揮するための、よりオーセンティックな学習課題ないしは学習コンテクストを開発することが急務となっている。

その方向性の中で、中等教育全体の役割として、職業世界との効果的な接続も重要であるように思われる。周知のように我が国の学校教育制度は単線型であるため、学習指導要領によって示される中等国語科カリキュラムも普通（一般）教育が基底をなしている。この場合、ともすると、何のために国語を学ぶ

のか、という学習のモチベーションに関わる目的性が、学習者に意識されにくい。つまり、将来の職業に必要となる語彙力、読解力、文章表現力、対人コミュニケーション能力の育成が不十分なままであり続けた感は否めない。今後、職業世界との接続を意識したプログラムの開発も中等国語科の重要な役割であるように思われる。

3) 役割領域《個人》

さらに言語は一個の人間のその他の能力もしくは資質、例えば想像力や創造力、感情移入力等々とも密接に関連する。このような個人的な資質・能力を高めることは学校教育を通して、本質的な国語科の役割である。

このことに関連して、特にエリクソン（1902-1994）以来、セルフ・アイデンティティの獲得が青年期の最重要発達課題として見なされてきた。これに従うと、言語を使用し、コミュニケーションに与する言語主体のセルフ・アイデンティティに培うことが、中等国語科の役割の中心に位置すると言える。

主体性は大きく、方法的自律と内面的自律から構成されるので、言語能力及びコミュニケーション能力の方法や技術を仲介すると同時に、モチベーションや興味・関心、自発性や将来の展望といった内面的醸成に寄与することが国語科の役割である。ことに中等教育にあっては、メタ言語行為者とも言うべき意識が、言語的セルフ・アイデンティティの形成・獲得に寄与するように思われる。読むことを例にとるなら、「自分はこれまでどのようなものを読むのが好きで、現在どれほどの読みの能力を有しており、将来的にどういう読者になりたいのか」——このような一連の問いに向き合う中で、読むことに関する「自己確認」と「自己の構想」を図らせることが、中等国語科の役割である。

そして何よりも、学習者の個々のところで、「言語（コミュニケーション）が、自身のよりよき言語生活や望ましい自己実現に寄与する」という信頼ないしは期待がない場合には、コトバの学びは本質的には機能しないのも事実であろう。そのような言語に対する信頼や期待を継続的に鼓舞することも、国語科の根本的な役割なのである。

（土山和久）

5.

校種間の連携

1）校種間連携の必要性

　学習者の成長は、小学校、中学校、高校といったそれぞれの校種で分断して捉えられるべきものではない。校種の壁を越えて、発達段階を見据えた継続的で系統性のある指導を求めるべきであり、それを実現するには校種間の連携が必要となる。そうした連携において、各校種における教育実践に対する相互理解が深まり、一貫した指導計画を策定することも可能になる。

　このような校種間の連携は、キャリア教育といった国語科の範囲にとどまらないものにおいても追究されている。そして教科に関しても、校種間の連携に基づき系統的な指導を明らかにする取組が既に存在する。国語科の今後を考える上で、校種間の連携は忘れてはならない視点である。

　「平成29年告示中学校学習指導要領」に次のような記述がある。

（1）　小学校学習指導要領を踏まえ、小学校教育までの学習の成果が中学校教育に円滑に接続され、義務教育段階の終わりまでに育成することを目指す資質・能力を、生徒が確実に身に付けることができるよう工夫すること。〔後略〕

（2）　高等学校学習指導要領を踏まえ、高等学校教育及びその後の教育との円滑な接続が図られるよう工夫すること。〔後略〕

（中学校学習指導要領　第1章 総則　第2 教育課程の編成　4 学校段階間の接続）

　『中学校学習指導要領（平成29年告示）解説　総則編』では、上掲（1）について「具体的には、例えば同一中学校区内の小学校と中学校の間の連携を深

めるため、次のような工夫が考えられる」として、「教職員の合同研修会を開催し、地域で育成を目指す資質・能力を検討しながら、各教科等や各学年の指導の在り方を考えるなど、指導の改善を図ること」などが挙げられている。国語科においてもこうした研修会を通じて、校種間連携の充実が求められよう。

さらに、上掲（2）については「中学校においては、義務教育を行う最後の教育機関として、教育基本法第5条第2項が規定する『各個人の有する能力を伸ばしつつ社会において自立的に生きる基礎』及び『国家及び社会の形成者として必要とされる基本的な資質』を卒業までに育むことができるよう、小学校教育の基礎の上に、中学校教育を通して身に付けるべき資質・能力を明確化し、その育成を高等学校教育等のその後の学びに円滑に接続させていくことが求められている」とある。小学校教育と高校教育の間に位置づく中学校教育では、両者を見据えた学習指導が必要となる。

また、「平成30年告示高等学校学習指導要領」には次のように記されている。

（1）　現行の中学校学習指導要領を踏まえ、中学校教育までの学習の成果が高等学校教育に円滑に接続され、高等学校教育段階の終わりまでに育成することを目指す資質・能力を、生徒が確実に身に付けることができるよう工夫すること。〔後略〕

（高等学校学習指導要領　第1章 総則　第2款 教育課程の編成　4 学校段階等間の接続）

中学校教育が高校教育を踏まえるように、高校教育もまた中学校教育を踏まえることが求められている。こうした記述から示唆されるような両者の緊密な関係を具体的に実現しようとするならば、中高の連携は必須である。その連携において中高の国語科が接続し、校種の壁を越えた系統的な指導が実践されることが望まれる。

2）学習指導の系統性

例えば『高等学校学習指導要領（平成30年告示）解説　国語編』では、共

通必履修科目（現代の国語・言語文化）の性格について「小学校及び中学校国語科と密接に関連し、その内容を発展させ、総合的な言語能力を育成する科目」であることが指摘されている。各校種が連携し系統的な指導を実践しようとするならば、それぞれの校種における国語科の内容がそれまでの何を受け、どこに向けて発展していくのかを明らかにしておく必要がある。

　具体例を挙げるならば、中学校学習指導要領における〔思考力・判断力・表現力等〕の「B 書くこと」の「共有」については、「根拠の明確さなど」（第1学年）、「表現の工夫とその効果など」（第2学年）、「論理の展開など」（第3学年）といった視点を設けて「自分の文章のよい点や改善点を見いだすこと」が求められている。また高等学校学習指導要領では「推敲、共有」について、「目的や意図に応じて書かれているかなど」（現代の国語）、「文章の構成や展開、表現の仕方などについて、自分の主張が的確に伝わるように書かれているかなど」（論理国語）、「文章の構成や展開、表現の仕方などについて、伝えたいことや感じてもらいたいことが伝わるように書かれているかなど」（文学国語）、「読み手に対して自分の思いや考えが効果的に伝わるように書かれているかなど」（国語表現）を確かめたり吟味したりすることが求められている。さらに、中高におけるこれらの前段階には、小学校での「共有」が存在している。中学校の各学年の「共有」及び高校の上掲各科目の「推敲、共有」では「読み手からの助言などを踏まえ」るよう促す必要がある。何について助言させるのか、小中高の12年間を視野に入れて検討し学習者の実態に即して具体的に定めておくべきであろう。

　学習者が他者の表現に対して適切な助言をするためには、助言が有効に機能し得る視点を設定する必要がある。加えて、他者の助言を理解し自らの表現に反映させるためには、助言を反映させられる状況（「推敲」と合わせた指導や「共有」に至るまでの対話関係の構築など）を創出しておかなければならない。そうした手立てが、校種間の連携とそれに基づく系統的な指導の追究を通じて明らかになり、またその改善が図られることを期待したい。

（守田庸一）

6.

デジタル教材（ICT 活用）

1）デジタル教材と ICT

　デジタル教材とは、主に学習支援ツールやデジタル教科書などの教育用ソフトウェアやそのコンテンツを指すが、紙媒体の資料を自作でデジタル化したり、インターネット上の資料・情報などを教材として利用したりすることも含めれば、その境界は必ずしも明確ではない。このようにデジタル教材独自の特性は捉えにくいが、その活用の仕方は、どのような ICT を用いるかということに関連する。例えばデジタル教科書は、デジタル化した教科書に加えて映像・音声などの補助資料、ワークシート、フラッシュ・カードなどのツール、また、それらを操作するアプリケーションとからなる。しかしながら表示モニタのサイズや電子黒板・タブレット端末の有無などによって、活用できるコンテンツやその活用のしやすさは異なってくる。

2）ICT の用途

　ICT の活用は、その技術革新と大きく関わっている。例えば、コンピュータの活用は 1980 年代以降進められてきた。その間、コンピュータの小型化、GUI（Graphical User Interface）化、インターネットの発達などに伴い、その用途も拡張されてきた。また、その過程で行動主義、認知主義、社会構成主義といった学習観に対応した教材開発が行われてきた（山内、2017）。こうした展開の中で今日では、ICT のもつ可塑性、可搬性、双方向性を生かして、個別学習、協働学習、一斉学習において様々に活用されている。

VI　国語科教育の現代的課題　　227

		学習形態		
		個別学習	協働学習	一斉学習
ICTの特性	可塑性	思考ツールを使って、物語の人物関係を整理したり、作文の構想を立てる。	作文やプレゼンテーション資料を生徒同士で助言し合い、それを基に修正を加える。	デジタル教科書を使って、本文を抽出しながら文章の構造を示す。
	可搬性	学校内外で情報を収集したり、図書館の資料を参考にしながら課題に取り組む。	互いのスピーチや話合いを撮影し、相互に評価・助言し合う。	タブレット端末を使って、活動中の生徒の様子を撮影し、全体に示す。
	双方向性	送信された生徒の学習状況に応じて、個別に指導を加えたり、課題を配信する。	収集した資料を送信・共有してそれを活用したり、SNS上で物語の読みを交流する。	生徒の考えをWebアンケートで集計し、その結果を基に授業を展開する。

3）主体的・対話的で深い学びとデジタル教材・ICT の活用

　「主体的・対話的で深い学び」の実現を目指す平成29・30年告示の学習指導要領では、ICT を活用して指導の効果を高めることが求められている。上表の例示からも分かるように、デジタル教材・ICT は、生徒が自ら課題に向かう過程において試行錯誤しながら探究的に思考したり、情報や互いの考えを交換・共有しながら、協働的に活動を深めたりするために用いることができる。

　また、こうした活動を深い学びにするためには、活動の質を評価しながら次の活動につないだり、その過程で獲得された資質・能力を見いだしたりすることが重要になる。このとき ICT は、活動の振り返りや相互評価によって、そこに表れている資質・能力に対する気付きを促す手段になる。教師にとっても ICT は生徒の活動をモニターしたり、評価情報を伝えるなどの指導を円滑にしたり、それを踏まえた授業展開の調整・改善を支えるものとなる。

4）デジタル教材・ICT 活用の視点

（1）活用の必然性を見据える

　言うまでもなく、やみくもにデジタル教材や ICT を使用すれば学習を効果的に展開できるというものではない。例えば視聴覚資料を提示するとき、教師は教材文の読みに与える影響を考えながら資料を選択するはずである。また、

必要なデジタル教材・ICT がない場合でも、工夫次第で効果的な指導が行える
こともある。重要であるのは、デジタル教材・ICT の活用それ自体が目的化す
ることなく、展開する学習指導を最適化する手だてとすることである。

（2）言語生活に ICT を位置付ける

　デジタル教材・ICT の活用は、単に学習指導の効率化・最適化を図る手段で
あるだけではない。そこで生徒に思考・言語活動の道具として ICT を活用さ
せ、デジタル教材におけるマルチモーダルな情報にふれさせることは、生徒の
メディア・リテラシーを育てることでもある。例えばインターネットから収集
した情報の信頼性や妥当性を吟味することやネットワーク・コミュニティに参
加することなどは、文章を批判的に読んだり協働的に話し合う能力といった国
語科の内容に関わるものである。こうした視点から国語科で育む資質・能力を
構想しそこにデジタル教材・ICT の活用を組み込むことは、IoT（Internet of
Things）環境に生きる生徒に対して確かな国語の力を育てていくために重要
となる。

（3）ICT の可能性から授業を捉え直す

　ICT は教室とその外側の情報や人とをつなぐ。これを活用して、外部から評
価・助言を受けたり、学校間で協働的に探究活動を進めるなど、真正な学習の
構成が可能になる。しかしこのことはまた、これまでの教室での学びを問い直
すということでもある。例えばインターネットには、教科の内容を文章や動画
で簡潔に解説するサイトも数多くある。また、クラウド・コンピューティング
は、教師の配信する教材をどこからでも利用可能にする。こうした学びの場と
機会の広がりは、新たな授業づくりの手がかりとなる。こうした視点から国語
科の学びの充実を図ることもこれからの課題である。　　　　　　　（上田祐二）

引用・参考文献
久保田賢一ほか（2018）『主体的・対話的で深い学びの環境と ICT』東信堂
山内祐平（2017）「ICT メディアと授業・学習環境」佐藤学ほか『岩波講座　教育：変革への展望 5
　学びとカリキュラム』岩波書店

7.
国語科教師の専門的力量形成

1）教師の専門性

　教師の専門性は、教養を基盤として次の二つが考えられる。①教師自身の教育観に類するもの、②教科教育に関する具体的知識、指導のための方法論、教室の環境に関すること等である。②は①によって初めて意味をもつ。

　教師の熟達を追究した佐藤・秋田・岩川・吉村（1991）は、教師の熟達について「授業観や学習観として概括される信念」や「深部で統括する主題のようなもの」の存在、さらにはそれらの形成過程についても考慮すべきこととして挙げた。教師はその場その場で選択・思考・判断を繰り返す。だからこそ、この選択・思考・判断の背景に存在する自身の「信念」「深部で統括する主題」といった内面との対話や追究が必須である。巧みな指導技術や授業構成等の表層的な専門性のみを専門的力量として求めてはならない。

2）専門性の伸長―リフレクションの実施

　では、自身の内面との対話をどのように行うのか。それについてはリフレクションが鍵となる。リフレクションは、単に授業後の振り返りや授業の反省のみで終わらせるものではない。自己の内面との対面により自らの枠組み（frame）や、それらを構築してきた背景を認識すること、自らの枠組みを組み変えていく（reframing）機会であり、人間的成長を促す動的性質をもつ。その実施には、教師の個々の内面に着目し、これまでの経験を基盤として教師個々の内面を発達させることを重視する「リアリスティック・アプローチ」が有効である。この「リアリスティック・アプローチ」は、集積された知識、技術、理論（学術的に産出され、周知されている理論）を大学等で学び、それら

230

を具体的場面に適用しようとする「技術的合理性アプローチ」の限界を踏まえ、Korthagen らが提案したものである（2017）。

　自己の内面とアクセスする具体的方法としては、信州大学教育学部の山口恒夫らが提示した「プロセスレコード」、Korthagen らが提案した「ALACT モデル」や「8 つの問い」「玉ねぎモデル」等が挙げられる。本稿では、「プロセスレコード」と「8 つの問い」を一体化したシート（2018）を紹介する。これは、「ALACT モデル」の L と二つ目の A の追究に活用しやすい。

1　プロセスレコード			
・文脈：　　　　　　・この場面を取り上げた理由：			
子どもの言動	自分が感じたり考えたこと	自分の言動	分析・考察
2　それに対する省察（8つの問い）			
1　私は何を考えていたのか。 think		5　子どもたちは何を考えていたのか。 think	
2　私はどう感じたのか。 feel		6　子どもたちはどう感じたのか。 feel	
3　私は何をしたかったのか。 want		7　子どもたちは何をしたかったのか。 want	
4　私は何をしたのか。 do		8　子どもたちは何をしたのか。 do	

3）専門性を伸長させる瞬間

　教師が自らの枠組みを組み変えていく（reframing）様子が、鶴田清司によって 2006 年 9 月の全国大学国語教育学会で紹介されている。それは、石井順治の坪田譲治の「コマ」を教材とした授業である。石井は、M という男児の感想に「大きな衝撃」を受けた。以下枠内は鶴田の記述（2006）である。

　　Mの感想文は、石井にとって、「文学についても教育についても子どもについても何もわかってはいなかった」ということを自覚させたという点で衝撃的な「出来事」であった。それは、解釈学的な意味での〈出会い〉

Ⅵ　国語科教育の現代的課題　231

に他ならない。そこで、教師における既存の文学観・授業観・子ども観が大きく揺さぶられ、新たな地平が出現したとともに、「新たな自己理解」が得られたのである。「その子独自の交換不能な世界を一人ひとりの中に発見した」石井は、それ以降、授業の中に「個人学習」を積極的に取り入れるようになる。

　佐藤学によれば、Mは「テキストを通して自分の現実を読んでいたのであり、自分の現実を読むことを通してテキストを読んでいた」のである。こうした「自分という存在をかけた読み」が教師を「打ちのめした」のである。

　上記引用中の「地平」とは、ドイツの哲学者ガダマー（Hans-Georg Gadamer 1900-2002）の用いた言葉である。「『理解の阻害』という経験を緒に、理解する人の自明としていた見方や捉え方が自覚され」（2012）ることで、これまでの経験の不完全さが分かり、自身の「先入見」が揺さぶられる。こうした瞬間は、「『出来事』（Geschehen）に対して『開かれていること』がその前提」となり、それぞれが主体として「個人の中の〈内なる対話〉であるとともに、教室における〈他者との対話〉」（2006）を行うことで可能になる。

　「教員養成指標」や各種スタンダードが示される時代である。しかしながら、教師自身が主体や対話を重視し、自身の内面と向き合う姿勢こそが、授業や教室を育て、国語科教師の専門的力量を育てるのではないだろうか。

（若木常佳）

引用・参考文献

鶴田清司（2006）「「反省的実践」としての〈解釈〉型の授業—石井順治の授業における出来事を中心に」全国大学国語教育学会発表要旨集111、pp.23-25

前川幸子（2012）「看護学生の「患者理解」という経験に関する記述—ガダマーの解釈学を手がかりに—」看護研究　45-04、pp.357-367

若木常佳（2017）「国語科教師の「思考様式の形成史」への着目—「ゲシュタルト形成に関わる成長史」の段階を取り上げて—」国語科教育81、pp.32-40

若木常佳（2018）「組織の質を高めるための教職大学院における人材育成　リフレクションが育てる教師の意識と意志—」『国語科教育における理論と実践の統合』全国大学国語教育学会　東洋館出版社　pp.19-25

8.

国語科と生涯学習

1）総論―キーワード―

国語科と生涯学習との関係を捉えるキーワードとして、国語科教育、国語学習、社会教育、生涯教育、生涯学習などの語を挙げることができる。

2）学校教育としての国語科教育がもつ閉鎖性に対する生涯教育の動き

国語科は、戦後、西尾実が提唱した「言語生活論」（昭和4年発表）が大きな支持を受けて、学校教育にとどまらない「言語」の「生活」の向上を目指して取り組まれてきた。おおむねそれは肯定されている。ただし、実感として多くの学習者が口にしているわけではない。ただ、PISA調査などでしばしば指摘されるように、肝心の学習主体の肯定感が低いことは一つの問題的な特徴であろう。文部科学省も、今回の「平成29年学習指導要領」告示直前の「中教審教育課程部会」の報告において、幼児教育段階からのいわゆる非認知的能力の重要性に触れ、この領域の重点化を明示している。進路、進学などの目的性の強い、対他のための「教育」と知的好奇心、向学心などの自発・自主的な対自のための「学習」という対立的な構図がある。

この状況を変える動きとして、浜本（2002）は、昭和56年には中教審答申の「生涯教育について」があり、これは「生涯教育」に関わる「社会的自覚の徴表」としているし、松崎（2015）は、昭和58年の中教審答申「自己教育力」の提唱があるとする。この具現化については、1990年前後から盛んになったカルチャーセンターに代表される生涯教育の隆盛を指摘することができる。

画一化社会に対するアンチテーゼとしての個性、多様性の提唱が、社会における人間の在り方の主唱へと転換した1980年代後半から、自分らしさ、自分

探しがブーム化し、自主的、自発的な表現による自己実現が目指されるようになった。自分史執筆や文学創作を中心としたカルチャーセンターの興隆、俳句や短歌などの創作コンクールの隆盛などがその好例である。学校教育段階でもコンクール応募が盛んに行われるようになり、学校教育における国語科学習から生涯学習への道が徐々に形を成してきたように受け止められた。

だが、SNS の急速な普及の流れの中で、この四半世紀維持してきた「生涯学習」を見直さなければならない状況が現れてきている。

3）21世紀以降の動向

第 2 回 PISA 調査（実施は 2003 年）の結果が公表され、いわゆるピザショックに見舞われた 2004 年以降、我が国は、「解釈」、「熟考・評価」などの学力では、低下が見られるとされ、「読解力」再考、学力問題が表面化するようになった。

2004 年以降目標とされた拡張的な学力観は、その関係化、体系化が求められ、根拠や見通しなどが可視化される学力が求められるようになってきた。合理性という点は極めて望ましい学力の取り上げ方と言っていいが、これらの学力観は全て外在的な要因により成立しているものであり、学習者の内発的な学力獲得・向上の意識の位置付けはなかなか見いだせない。平成 29 年告示学習指導要領は、AI の急速な進歩を前提とした近未来社会の予測が警告的に用いられた。全ての学力が近未来への「対〜」から発想されたものである。この「対〜」を核とした学校教育における「国語科」の延長線上にある生涯学習も簡単にはこの関係性から逃れることができないと言える。

4）懐疑的な状況の出現

2010 年前後から「生涯学習」の隆盛、発展には陰りが見え始めた。カルチャーセンターの講座数は減少し、様々な文学創作コンクールは店じまいし始めた。約 20 年間でこの動きが終焉を迎えたというのではない。「手放し」で尊重された期間の終了という意味でしかなく、それ以後は、また様々な理念や方法について懐疑的な状況になったということである。

この「懐疑的」な状況を招いた主因は、SNS に代表される新しいメディアの出現と隆盛である。簡単にいうと直接的に「書かなく」なり、「話さなく」なり、文字通りの媒介（メディア）としての SNS によるコミュニケーションが大きな位置を占めるようになったということである。言語表現の簡便性、利便性の進歩は急進的であり数量的には飛躍的に伸びていると言える。SNS 上の生涯学習の情報交換は、総じて軽薄・短小・場面化しており、これまでの生涯学習がもっていた重厚・長大・持続のイメージは薄くなっている。

5）国語科と生涯学習の今後の見通し

今後、自立的に生涯学習を実現していこうとすると、いくつかの新しい理念や方法が必要となる。その基盤となる国語科の在り方も再検討を求められる。

一つは、「生涯設計」としての生涯学習である。生涯学習のキャリアをどのようにアップさせていくかを設計的に考え、自己形成していくということである。

また SNS 状況において埋没する危険性のある「自己」を拡充、伸長させるには、手段や目的を明確にした「自己実現」、「自己表出」が必要となる。古典・漢文などの伝統的な言語文化の教養を磨くことや、俳句・川柳・短歌などの短詩形文学、随筆・物語・小説などの散文文学の創作能力を向上させ、その文化的なネットワークに参加していくことなどがこれに当たる。

生涯学習は、受け身では成立しない。どのように能動性を確保し、自身の学びを駆動していくかを絶えず問いながら、向上、伸長を図ることが求められていくことになる。

（植山俊宏）

引用・参考文献
浜本純逸（2002）「序　基礎論の概観と課題」全国大学国語教育学会『国語科教育学研究の成果と展望』明治図書出版、p14
松崎正治（2015）「自己学習力・自己教育力」髙木まさき・寺井正憲・中村敦雄・山元隆春編『国語科重要用語事典』明治図書出版、p247

付録1　近代国語教育史年表

西暦	年号	項目　（○は書名、pdf は学会ホームページ参照）
1872	明治5	学制／小学教則／師範学校設置
1873	6	師範学校小学教則○小学読本（文部省・田中義廉）
1874	7	○小学入門（文部省）○小学読本（文部省・榊原芳野）
1879	12	教育令
1880	13	改正教育令
1881	14	小学校教則綱領／中学校教則大綱
1882	15	○和文読本（稲垣千頴）
1886	19	小学校令・小学校ノ学科及其程度／中学校令・尋常中学校ノ学科及其程度○読書入門（文部省）
1887	20	○尋常小学読本（文部省。翌年、高等小学読本）
1889	22	大日本帝国憲法
1890	23	小学校令改正／教育勅語
1891	24	小学校教則大綱
1894	27	尋常中学校ノ学科及其程度改正
1895	28	高等女学校規程○国語のため（上田万年）
1897	30	○広日本文典・同別記（大槻文彦）
1899	32	中学校令改正／高等女学校ノ学科及其程度ニ関スル規則
1900	33	小学校令改正・小学校令施行規則
1901	34	中学校令施行規則／高等女学校令施行規則
1902	35	中学校教授要目
1903	36	高等女学校教授要目
1904	37	○国定国語教科書（第一期）○「教育研究」創刊（東京高師附小）
1905	38	文法上許容スベキ事項（文部省）
1907	40	小学校令中改正・同施行規則
1910	43	高等女学校令改正・高等女学校令施行規則改正○第二期国定国語教科書
1911	44	中学校令施行規則改正・中学校教授要目改正／高等女学校及実科高等女学校教授要目
1913	大正2	○綴り方教授（芦田恵之助）
1914	3	○「学校教育」創刊（広島高師附小）
1916	5	○口語法（国語調査委員会）○「国語教育」創刊（保科孝一）
1917	6	○口語法別記（国語調査委員会）
1918	7	○第三期国定国語教科書○綴方教授法の原理及実際（友納友次郎）○「赤い鳥」創刊（鈴木三重吉）
1921	10	○小倉講演　綴方教授の解決（白鳥千代三）

1922	11	○国語の力（垣内松三）○「学習研究」創刊（奈良女高師附小）
1929	昭和4	○国語国文の教育（西尾実）○「綴方生活」創刊
1931	6	中学校令施行規則改正、中学校教授要目改正
1933	8	○第四期国定国語教科書
1934	9	○独立講座「国語教育科学」（全9巻）（垣内松三）○「実践国語教育」（西原慶一）創刊
1935	10	○教育的解釈学（石山脩平）○国文学と国語教育（石井庄司）
1937	12	○中学校教授要目・師範学校教授要目・高等女学校教授要目・高等学校高等科教授要目改正　○「国語教育論」（石山脩平）
1938	13	○「形象論序説」（垣内松三）　○「教式と教壇」（芦田恵之助）
1941	16	国民学校令・国民学校施行規則
1942	17	○第五期国定国語教科書○「標準漢字表」発表
1943	18	中等学校令・中学校規程・中学校教科教授及修練指導要目○日本語教授法原論（山口喜一郎）
1945	20	日本教育制度ニ対スル管理政策指令（連合国軍最高司令部）
1946	21	日本国憲法／アメリカ教育使節団報告書／当用漢字表・現代かなづかい○新教育指針（文部省）
1947	22	教育基本法／学習指導要領国語科編（試案）○第六期国定国語教科書（文部省）○言葉とその文化（西尾実）
1948	23	全日本国語教育協議会結成／検定教科書の使用実施／当用漢字別表・当用漢字音訓表○国語問題と国語教育（時枝誠記）
1949	24	○国語単元学習と評価法（倉澤栄吉）
1950	25	全国大学国語教育学会（以下、本学会）結成
1951	26	小学校学習指導要領国語科編／中・高学習指導要領国語科編（試案）○日本人の読み書き能力（同調査委員会）○義務教育における漢字学習に関する調査報告（文部省）○国語科概説（本学会）
1952	27	教育指導官講習（IFEL）○本学会「国語科教育」第一集　○児童生徒の漢字を書く能力とその基準（文部省）○言語教育と文学教育・生活綴方と作文教育（金子書房）
1953	28	学校図書館法○国語教育実践講座（全12巻）（牧書店）
1954	29	日本国語教育学会結成○児童生徒のかなの読み書き能力（文部省）○中学校・高等学校学習指導法・国語科編（文部省）○単元学習の理解のために（文部省）○入門期の言語能力（国立国語研究所、以下国語研）○国語科学習指導研究双書（全4巻）（本学会）
1955	30	○国語学辞典（東京堂）○読みの実験的研究（国語研）
1956	31	○低学年の読み書き能力（国語研）
1957	32	○国語の系統学習（日本国語教育学会）○国語教育辞典（朝倉書店）
1958	33	小学校学習指導要領／中学校学習指導要領○筆順指導の手引き（文部省）○国語教育のための国語講座（朝倉書店）○教育基本語彙（阪本一郎）○国語教育科学講座（全5巻）（本学会）

1959	34	NHK教育テレビ放送開始〇「教育科学国語教育」（明治図書）創刊
1960	35	高等学校学習指導要領〇高学年の読み書き能力（国語研）
1961	36	〇話しことばの会創立
1962	37	〇中学校国語科学習指導法（ことばのきまり編）（文部省）〇国語指導法事典（興水実）〇講座生活綴方（全5巻）（日本作文の会）
1963	38	〇書くことの学習指導1（文部省）〇文章構成法（森岡健二）
1964	39	〇「小学生の言語能力の発達」（国語研）
1965	40	〇国語教育方法論史（飛田多喜雄）〇国語科の基本的指導過程（全5巻）（興水実）〇作文教育の探求（高森邦明）
1966	41	〇国語科教育の研究（教員養成学部教官研究集会国語教育部会）〇一読総合法入門（児言研）
1967	42	〇現代読書指導事典（阪本一郎他）
1968	43	小学校学習指導要領〇国語教育の改造（全3巻）（本学会）
1969	44	中学校学習指導要領〇国語教育学原論（平井昌夫）
1970	45	高等学校学習指導要領
1971	46	〇国語教育誌（全日本国語教育学会）創刊〇中学生の漢字習得に関する研究（国語研）〇国語科読書指導の理論（望月久貴）
1972	47	〇国語科指導法の改造（全3巻）（本学会）〇幼児の読み書き能力（国語研）〇作文指導事典（井上敏夫他）
1973	48	当用漢字改定音訓表〇文芸作品の主題の理論と指導（養手重則）〇国語教育原論（野地潤家）
1974	49	〇西尾実国語教育全集（全12巻）
1975	50	〇近代国語教育論大系（全15巻）〇豊かな国語教室（長谷川孝士）〇言語行動主体の形成（田近洵一）〇波多野完治国語教育著作集（全2巻）
1976	51	〇青木幹勇授業技術集成（全5巻）
1977	52	小学校学習指導要領／中学校学習指導要領〇日本作文綴方教育史I（滑川道夫）〇言語論理教育への道（井上尚美）〇文章理解力の基礎指導（藤井圀彦）〇自己変革に導く文学教育（森本正一）〇国語科・中心領域と教材開発法（竹岡正夫）
1978	53	高等学校学習指導要領〇戦後文学教育方法論史（浜本純逸）〇「ひとり学びを育てるノート・レポート学習」（斉藤喜門）〇文学教育の坩堝（竹長吉正）
1979	54	〇漢文教育序説（長谷川滋成）
1980	55	〇国語学大辞典（国語学会）〇講座国語科教育の探究（本学会）〇主題認識の構造（市毛勝雄）〇説明的文章の教材研究論（渋谷孝）〇生活綴方研究（川口幸宏）〇児童文化の理論と実際（小川利雄）
1981	56	常用漢字表〇講座国語科教育の探究（全3巻）（本学会）〇漢字教育の基礎研究（小林一仁）〇国語教育史資料（全6巻）（東京法令）〇増淵恒吉国語教育論集（全3巻）〇月刊国語教育（東京法令）創刊〇中学校国語科教育法（松山羊一）

1982	57	○井上敏夫国語教育著作集（全 5 巻）○西郷竹彦文学教育著作集（全 23 巻）○大村はま国語教室（全 16 巻）
1983	58	○国語学力論と実践の課題（本学会）○新しい詩教育の理論（足立悦男）○国語科教育における形象理論の研究（飛田隆）
1984	59	○国語科評価論と実践の課題（本学会）○国語科教育方法論大系（全 10 巻）（飛田多喜雄）○国語科論集（全 5 巻）（望月久貴）○認識主体を育てる説明的文章の指導（森田信義）○国語教育の記号論（井関義久）
1985	60	○読むことの教育と実践の課題（本学会）○文学教育の構想（田近洵一）
1986	61	○表現教育の理論と実践の課題（本学会）○国語教育と読者論（関口安義）○説明文教材の授業改革論（小田迪夫）○文章論と国語教育（永野賢）○国語科表現指導の研究（中洌正堯）
1987	62	○「言語」教育の理論と実践の課題（本学会）○倉澤栄吉国語教育全集（全 12 巻）○国語教育新論（湊吉正）
1988	63	○国語教育研究大辞典（国語教育研究所）○児童生徒の常用漢字の習得（国語研）○国語科教育学－到達点の整理と今後の展望－（望月善次編）
1989	平成元	小学校学習指導要領／中学校学習指導要領／高等学校学習指導要領○日本児童詩教育の歴史的研究（弥吉菅一）○『源氏物語』学習指導の探究（世羅博昭）
1990	2	○古典指導の方法（長尾高明）○意見文指導の研究（大西道雄）
1991	3	○大久保忠利著作選集（全 6 巻）
1992	4	○国語単元学習の新展開（全 7 巻）（日本国語教育学会）○秋田喜三郎研究（山本稔）
1993	5	○新しい学力観に立つ国語科の学習指導の創造（文部省）○新国語教育学研究（本学会）○国語教育基本論文集成（全 30 巻）（明治図書）
1994	6	○講座　音声言語の授業（全 5 巻）（高橋俊三）○表現開発の国語科授業（田中瑩一）○音声言語教育実践史研究（増田信一）
1995	7	○小学校国語指導資料　新しい学力観に立つ国語科の授業の工夫（文部省）○「読者論」に立つ読みの指導（全 4 巻）（田近・浜本・府川）
1996	8	○西郷竹彦文芸・教育全集（全 33 巻別巻 3）
1997	9	○ 1960 年代の初等国語科教育素描（中西一弘）○作文教育における創構指導の研究（大西道雄）○国語科教師教育の課題（本学会）
1998	10	小学校学習指導要領／中学校学習指導要領○明治前中期における日本的レトリックの展開過程に関する研究（有沢俊太郎）○野地潤家著作選集（全 11 巻・別巻 2）○言語活動主義・言語生活主義の探究（桑原隆）
1999	11	高等学校学習指導要領○音声言語指導大事典（高橋俊三）○近代初等国語科教育成立の条件（藤原和好）
2000	12	第 21 期国語審議会答申「現代社会における敬意表現」「国際社会に対応する日本語の在り方」

2001	13	○国語教育辞典（日本国語教育学会）○宇佐美寛問題意識集（全11巻）○戦後初期国語教科書史研究（吉田裕久）○語彙力と読書（塚田泰彦）○語彙力の発達とその育成（井上一郎）
2002	14	○OECD生徒の学習到達度調査（PISA）2000年調査国際結果報告書（国立教育政策研究所）○評価規準の作成、評価方法の工夫改善のための参考資料（国立教育政策研究所）○実験授業による授業改革の提案（本学会）○国語科教育学研究の成果と展望（本学会）○中等学校国語科教材史研究（橋本暢夫）○大正昭和初期における生活表現の綴り方の研究（高森邦明）
2004	16	文化審議会答申「これからの時代に求められる国語力について」○戦後作文・綴り方教育の研究（菅原稔）○近代日本における「国語科」の成立過程（小笠原拓）○芦田恵之助の綴り方教師修養論に関する研究（桑原哲朗）
2005	17	○読解力向上に関する指導資料（文部科学省（以下、文科省））○「読本」の研究（眞有澄香）○大槻和夫著作集（全9巻）○イギリス中等音声国語教育史研究（安直哉）○文学基礎論の構築（山元隆春）
2006	18	○国語施策百年史（文化庁）○〈対話〉による説明的文章の学習指導（河野順子）
2007	19	第1回全国学力・学習状況調査実施（文科省）○「創造的読み」の支援方法に関する研究（鹿内信善）○明治初期国語教育の研究（望月久貴）
2008	20	小学校学習指導要領／中学校学習指導要領○伝え合いを重視した高等学校国語科カリキュラムの実践的研究（井上雅彦）○ロシア・ソビエト文学教育史研究（浜本純逸）○母語教育という思想（難波博孝）○金子彦二郎の作文教育（田中宏幸）○日本・ベトナム比較言語教育史（村上呂里）○国語科の成立（甲斐雄一郎）○文法教育における構文的内容の取り扱いの研究（山室和也）
2009	21	高等学校学習指導要領○国語科教育実践・研究必携（全国大学国語教育学会）○戦後新教育における経験主義国語教育の研究（坂口京子）○国語科授業研究の深層（藤森裕治）
2010	22	○豊かな言語活動が拓く国語単元学習の創造（全7巻）（日本国語教育学会）○国語学力調査の意義と問題（本学会）○〈解釈〉と〈分析〉の統合をめざす文学教育（鶴田清司）○「国語」教育の思想（渡辺哲男）
2011	23	○言語活動の充実に関する指導事例集（文科省）○評価規準の作成、評価方法等の工夫改善のための参考資料（国立教育政策研究所）○国語教育総合事典（日本国語教育学会）○公開講座ブックレット1国語科授業分析研究の方法（本学会（pdf））○終戦直後の国語国字問題（甲斐睦朗）○話す・聞く能力育成に関する国語科学習指導の研究（若木常佳）○芥川龍之介編『近代日本文芸読本』と「国語」教科書（武藤清吾）○話しことば教育の実践に関する研究（有働玲子）○〈実践＝教育思想〉の構築（森美智代）○ドイツ作文教育受容史の研究（前田眞証）○高等学校国語科の教科構造（幸田国広）

2012	24	○公開講座ブックレット 2・3 国語教科書研究の方法 1・2（本学会（pdf））○昭和戦前期の綴り方教育にみる「形式」「内容」一元論（大内善一）○西尾実、この多様にして複雑な存在 表現教育論と教育思想（竹長吉正）○読むという行為を推進する力（寺田守）
2013	25	○国語科教育学研究の成果と展望Ⅱ（本学会）○公開講座ブックレット 4 国語科教材研究の方法（本学会（pdf））○説明的文章の学習活動の構成と展開（吉川芳則）○分断国家の国語教育と在日韓国・朝鮮学校の民族語教育（朴校熙）○国語科教師の学び合いによる実践的力量形成の研究（細川太輔）○イギリス初等教育における英語（国語）科教育改革の史的展開（松山雅子）
2014	26	○明治初等国語教科書と子ども読み物に関する研究（府川源一郎）○構想力を育む国語教育（竜田徹）
2015	27	○国語教育研究手法の開発（本学会）○大正新教育と〈読むこと〉の指導（秋保恵子）
2016	28	○国語教育における話し合い指導の研究（長田友紀）○発達モデルに依拠した言語コミュニケーション能力育成のための実践開発と評価（山元悦子）○峰地光重の教育実践（出雲俊江）
2017	29	小学校学習指導要領／中学校学習指導要領○公開講座ブックレット 5 国語科説明文教材の研究方法、同 6「考えること」の指導研究（本学会（pdf））○説明的文章の読みの学力形成論（間瀬茂夫）○クリティカル・シンキング教育（酒井雅子）
2018	30	高等学校学習指導要領○国語教育における調査研究（本学会）国語科教育における理論と実践の統合（同左）○公開講座ブックレット 7 国語科の授業づくりと評価を考える、同 8 国語科授業の単元的展開、同 9 対話のある国語科授業づくり、同 10 インクルーシブ教育とアクティブ・ラーニング（本学会（pdf））○国語科教育に求められるヴィジュアル・リテラシーの探究（奥泉香）○「関係概念」に基づく古典教育の研究（渡辺春美）

（付記）個人の著作については本学会編『新たな時代を拓く小学校国語科教育研究』（2009）における年表、本学会編『国語科教育学研究の成果と展望Ⅱ』（2013）における学位論文リストを参照するとともに、1974 年〜 1992 年は「石井賞」受賞対象書籍、2004 年以降は本学会紀要「国語科教育」誌において書評対象とされた著作のうち、学位論文に基づくものを中心に取り上げた。副題は省略した。

付録2　学習指導要領

中学校国語
第1　目　標
　言葉による見方・考え方を働かせ，言語活動を通して，国語で正確に理解し適切に表現する資質・能力を次のとおり育成することを目指す。
(1) 社会生活に必要な国語について，その特質を理解し適切に使うことができるようにする。
(2) 社会生活における人との関わりの中で伝え合う力を高め，思考力や想像力を養う。
(3) 言葉がもつ価値を認識するとともに，言語感覚を豊かにし，我が国の言語文化に関わり，国語を尊重してその能力の向上を図る態度を養う。
第2　各学年の目標及び内容
〔第1学年〕
1　目　標
(1) 社会生活に必要な国語の知識や技能を身に付けるとともに，我が国の言語文化に親しんだり理解したりすることができるようにする。
(2) 筋道立てて考える力や豊かに感じたり想像したりする力を養い，日常生活における人との関わりの中で伝え合う力を高め，自分の思いや考えを確かなものにすることができるようにする。
(3) 言葉がもつ価値に気付くとともに，進んで読書をし，我が国の言語文化を大切にして，思いや考えを伝え合おうとする態度を養う。
2　内　容
〔知識及び技能〕
(1) 言葉の特徴や使い方に関する次の事項を身に付けることができるよう指導する。
　ア　音声の働きや仕組みについて，理解を深めること。
　イ　小学校学習指導要領第2章第1節国語の学年別漢字配当表（以下「学年別漢字配当表」という。）に示されている漢字に加え，その他の常用漢字のうち300字程度から400字程度までの漢字を読むこと。また，学年別漢字配当表の漢字のうち900字程度の漢字を書き，文や文章の中で使うこと。
　ウ　事象や行為，心情を表す語句の量を増すとともに，語句の辞書的な意味と文脈上の意味との関係に注意して話や文章の中で使うことを通して，語感を磨き語彙を豊かにすること。

　エ　単語の類別について理解するとともに，指示する語句と接続する語句の役割について理解を深めること。
　オ　比喩，反復，倒置，体言止めなどの表現の技法を理解し使うこと。
(2) 話や文章に含まれている情報の扱い方に関する次の事項を身に付けることができるよう指導する。
　ア　原因と結果，意見と根拠など情報と情報との関係について理解すること。
　イ　比較や分類，関係付けなどの情報の整理の仕方，引用の仕方や出典の示し方について理解を深め，それらを使うこと。
(3) 我が国の言語文化に関する次の事項を身に付けることができるよう指導する。
　ア　音読に必要な文語のきまりや訓読の仕方を知り，古文や漢文を音読し，古典特有のリズムを通して，古典の世界に親しむこと。
　イ　古典には様々な種類の作品があることを知ること。
　ウ　共通語と方言の果たす役割について理解すること。
　エ　書写に関する次の事項を理解し使うこと。
　　(ｱ)　字形を整え，文字の大きさ，配列などについて理解して，楷書で書くこと。
　　(ｲ)　漢字の行書の基礎的な書き方を理解して，身近な文字を行書で書くこと。
　オ　読書が，知識や情報を得たり，自分の考えを広げたりすることに役立つことを理解すること。
〔思考力，判断力，表現力等〕
A　話すこと・聞くこと
(1) 話すこと・聞くことに関する次の事項を身に付けることができるよう指導する。
　ア　目的や場面に応じて，日常生活の中から話題を決め，集めた材料を整理し，伝え合う内容を検討すること。
　イ　自分の考えや根拠が明確になるように，話の中心的な部分と付加的な部分，事実と意見との関係などに注意して，話の構成を考えること。
　ウ　相手の反応を踏まえながら，自分の考えが分かりやすく伝わるように表現を工夫すること。
　エ　必要に応じて記録したり質問したり

しながら話の内容を捉え，共通点や相違点などを踏まえて，自分の考えをまとめること。
オ　話題や展開を捉えながら話し合い，互いの発言を結び付けて考えをまとめること。
(2)　(1)に示す事項については，例えば，次のような言語活動を通して指導するものとする。
ア　紹介や報告など伝えたいことを話したり，それらを聞いて質問したり意見などを述べたりする活動。
イ　互いの考えを伝えるなどして，少人数で話し合う活動。
B　書くこと
(1)　書くことに関する次の事項を身に付けることができるよう指導する。
ア　目的や意図に応じて，日常生活の中から題材を決め，集めた材料を整理し，伝えたいことを明確にすること。
イ　書く内容の中心が明確になるように，段落の役割などを意識して文章の構成や展開を考えること。
ウ　根拠を明確にしながら，自分の考えが伝わる文章になるように工夫すること。
エ　読み手の立場に立って，表記や語句の用法，叙述の仕方などを確かめて，文章を整えること。
オ　根拠の明確さなどについて，読み手からの助言などを踏まえ，自分の文章のよい点や改善点を見いだすこと。
(2)　(1)に示す事項については，例えば，次のような言語活動を通して指導するものとする。
ア　本や資料から文章や図表などを引用して説明したり記録したりするなど，事実やそれを基に考えたことを書く活動。
イ　行事の案内や報告の文章を書くなど，伝えるべきことを整理して書く活動。
ウ　詩を創作したり随筆を書いたりするなど，感じたことや考えたことを書く活動。
C　読むこと
(1)　読むことに関する次の事項を身に付けることができるよう指導する。
ア　文章の中心的な部分と付加的な部分，事実と意見との関係などについて叙述を基に捉え，要旨を把握すること。
イ　場面の展開や登場人物の相互関係，心情の変化などについて，描写を基に

捉えること。
ウ　目的に応じて必要な情報に着目して要約したり，場面と場面，場面と描写などを結び付けたりして，内容を解釈すること。
エ　文章の構成や展開，表現の効果について，根拠を明確にして考えること。
オ　文章を読んで理解したことに基づいて，自分の考えを確かなものにすること。
(2)　(1)に示す事項については，例えば，次のような言語活動を通して指導するものとする。
ア　説明や記録などの文章を読み，理解したことや考えたことを報告したり文章にまとめたりする活動。
イ　小説や随筆などを読み，考えたことなどを記録したり伝え合ったりする活動。
ウ　学校図書館などを利用し，多様な情報を得て，考えたことなどを報告したり資料にまとめたりする活動。

〔第2学年〕
1　目　標
(1)　社会生活に必要な国語の知識や技能を身に付けるとともに，我が国の言語文化に親しんだり理解したりすることができるようにする。
(2)　論理的に考える力や共感したり想像したりする力を養い，社会生活における人との関わりの中で伝え合う力を高め，自分の思いや考えを広げたり深めたりすることができるようにする。
(3)　言葉がもつ価値を認識するとともに，読書を生活に役立て，我が国の言語文化を大切にして，思いや考えを伝え合おうとする態度を養う。

2　内　容
〔知識及び技能〕
(1)　言葉の特徴や使い方に関する次の事項を身に付けることができるよう指導する。
ア　言葉には，相手の行動を促す働きがあることに気付くこと。
イ　話し言葉と書き言葉の特徴について理解すること。
ウ　第1学年までに学習した常用漢字に加え，その他の常用漢字のうち350字程度から450字程度までの漢字を読むこと。また，学年別漢字配当表に示されている漢字を書き，文や文章の中で使うこと。
エ　抽象的な概念を表す語句の量を増す

付録2　学習指導要領　243

とともに，類義語と対義語，同音異義語や多義的な意味を表す語句などについて理解し，話や文章の中で使うことを通して，語感を磨き語彙を豊かにすること。

オ 単語の活用，助詞や助動詞などの働き，文の成分の順序や照応など文の構成について理解するとともに，話や文章の構成や展開について理解を深めること。

カ 敬語の働きについて理解し，話や文章の中で使うこと。

(2) 話や文章に含まれている情報の扱い方に関する次の事項を身に付けることができるよう指導する。

ア 意見と根拠，具体と抽象など情報と情報との関係について理解すること。

イ 情報と情報との関係の様々な表し方を理解し使うこと。

(3) 我が国の言語文化に関する次の事項を身に付けることができるよう指導する。

ア 作品の特徴を生かして朗読するなどして，古典の世界に親しむこと。

イ 現代語訳や語注などを手掛かりに作品を読むことを通して，古典に表れたものの見方や考え方を知ること。

ウ 書写に関する次の事項を理解し使うこと。

(ア) 漢字の行書とそれに調和した仮名の書き方を理解して，読みやすく速く書くこと。

(イ) 目的や必要に応じて，楷書又は行書を選んで書くこと。

エ 本や文章などには，様々な立場や考え方が書かれていることを知り，自分の考えを広げたり深めたりする読書に生かすこと。

〔思考力，判断力，表現力等〕

A 話すこと・聞くこと

(1) 話すこと・聞くことに関する次の事項を身に付けることができるよう指導する。

ア 目的や場面に応じて，社会生活の中から話題を決め，異なる立場や考えを想定しながら集めた材料を整理し，伝え合う内容を検討すること。

イ 自分の立場や考えが明確になるように，根拠の適切さや論理の展開などに注意して，話の構成を工夫すること。

ウ 資料や機器を用いるなどして，自分の考えが分かりやすく伝わるように表現を工夫すること。

エ 論理の展開などに注意して聞き，話

し手の考えと比較しながら，自分の考えをまとめること。

オ 互いの立場や考えを尊重しながら話し合い，結論を導くために考えをまとめること。

(2) (1)に示す事項については，例えば，次のような言語活動を通して指導するものとする。

ア 説明や提案など伝えたいことを話したり，それらを聞いて質問や助言などをしたりする活動。

イ それぞれの立場から考えを伝えるなどして，議論や討論をする活動。

B 書くこと

(1) 書くことに関する次の事項を身に付けることができるよう指導する。

ア 目的や意図に応じて，社会生活の中から題材を決め，多様な方法で集めた材料を整理し，伝えたいことを明確にすること。

イ 伝えたいことが分かりやすく伝わるように，段落相互の関係などを明確にし，文章の構成や展開を工夫すること。

ウ 根拠の適切さを考えて説明や具体例を加えたり，表現の効果を考えて描写したりするなど，自分の考えが伝わる文章になるように工夫すること。

エ 読み手の立場に立って，表現の効果などを確かめて，文章を整えること。

オ 表現の工夫とその効果などについて，読み手からの助言などを踏まえ，自分の文章のよい点や改善点を見いだすこと。

(2) (1)に示す事項については，例えば，次のような言語活動を通して指導するものとする。

ア 多様な考えができる事柄について意見を述べるなど，自分の考えを書く活動。

イ 社会生活に必要な手紙や電子メールを書くなど，伝えたいことを相手や媒体を考慮して書く活動。

ウ 短歌や俳句，物語を創作するなど，感じたことや想像したことを書く活動。

C 読むこと

(1) 読むことに関する次の事項を身に付けることができるよう指導する。

ア 文章全体と部分との関係に注意しながら，主張と例示との関係や登場人物の設定の仕方などを捉えること。

イ 目的に応じて複数の情報を整理しな

がら適切な情報を得たり，登場人物の
言動の意味などについて考えたりし
て，内容を解釈すること。
ウ　文章と図表などを結び付け，その関
係を踏まえて内容を解釈すること。
エ　観点を明確にして文章を比較するな
どし，文章の構成や論理の展開，表現
の効果について考えること。
オ　文章を読んで理解したことや考えた
ことを知識や経験と結び付け，自分の
考えを広げたり深めたりすること。
(2)　(1)に示す事項については，例えば，次
のような言語活動を通して指導するもの
とする。
ア　報告や解説などの文章を読み，理解
したことや考えたことを説明したり文
章にまとめたりする活動。
イ　詩歌や小説などを読み，引用して解
説したり，考えたことなどを伝え合っ
たりする活動。
ウ　本や新聞，インターネットなどから
集めた情報を活用し，出典を明らかに
しながら，考えたことなどを説明した
り提案したりする活動。

〔第3学年〕
1　目　標
(1)　社会生活に必要な国語の知識や技能を
身に付けるとともに，我が国の言語文化
に親しんだり理解したりすることができ
るようにする。
(2)　論理的に考える力や深く共感したり豊
かに想像したりする力を養い，社会生活
における人との関わりの中で伝え合う力
を高め，自分の思いや考えを広げたり深
めたりすることができるようにする。
(3)　言葉がもつ価値を認識するとともに，
読書を通して自己を向上させ，我が国の
言語文化に関わり，思いや考えを伝え合
おうとする態度を養う。
2　内　容
〔知識及び技能〕
(1)　言葉の特徴や使い方に関する次の事項
を身に付けることができるよう指導する。
ア　第2学年までに学習した常用漢字に
加え，その他の常用漢字の大体を読む
こと。また，学年別漢字配当表に示さ
れている漢字について，文や文章の中
で使い慣れること。
イ　理解したり表現したりするために必
要な語句の量を増し，慣用句や四字熟
語などについて理解を深め，話や文章
の中で使うとともに，和語，漢語，外

来語などを使い分けることを通して，
語感を磨き語彙を豊かにすること。
ウ　話や文章の種類とその特徴について
理解を深めること。
エ　敬語などの相手や場に応じた言葉遣
いを理解し，適切に使うこと。
(2)　話や文章に含まれている情報の扱い方
に関する次の事項を身に付けることがで
きるよう指導する。
ア　具体と抽象など情報と情報との関係
について理解を深めること。
イ　情報の信頼性の確かめ方を理解し使
うこと。
(3)　我が国の言語文化に関する次の事項を
身に付けることができるよう指導する。
ア　歴史的背景などに注意して古典を読
むことを通して，その世界に親しむこ
と。
イ　長く親しまれている言葉や古典の一
節を引用するなどして使うこと。
ウ　時間の経過による言葉の変化や世代
による言葉の違いについて理解するこ
と。
エ　書写に関する次の事項を理解し使う
こと。
(ｱ)　身の回りの多様な表現を通して文
字文化の豊かさに触れ，効果的に文
字を書くこと。
オ　自分の生き方や社会との関わり方を
支える読書の意義と効用について理解
すること。

〔思考力，判断力，表現力等〕
A　話すこと・聞くこと
(1)　話すこと・聞くことに関する次の事項
を身に付けることができるよう指導する。
ア　目的や場面に応じて，社会生活の中
から話題を決め，多様な考えを想定し
ながら材料を整理し，伝え合う内容を
検討すること。
イ　自分の立場や考えを明確にし，相手
を説得できるように論理の展開などを
考えて，話の構成を工夫すること。
ウ　場の状況に応じて言葉を選ぶなど，
自分の考えが分かりやすく伝わるよう
に表現を工夫すること。
エ　話の展開を予測しながら聞き，聞き
取った内容や表現の仕方を評価して，
自分の考えを広げたり深めたりするこ
と。
オ　進行の仕方を工夫したり互いの発言
を生かしたりしながら話し合い，合意
形成に向けて考えを広げたり深めたり

付録2　学習指導要領　　245

すること。
　(2)　(1)に示す事項については，例えば，次
　　のような言語活動を通して指導するもの
　　とする。
　　　ア　提案や主張など自分の考えを話した
　　　　り，それらを聞いて質問したり評価な
　　　　どを述べたりする活動。
　　　イ　互いの考えを生かしながら議論や討
　　　　論をする活動。
　B　書くこと
　(1)　書くことに関する次の事項を身に付け
　　ることができるよう指導する。
　　　ア　目的や意図に応じて，社会生活の中
　　　　から題材を決め，集めた材料の客観性
　　　　や信頼性を確認し，伝えたいことを明
　　　　確にすること。
　　　イ　文章の種類を選択し，多様な読み手
　　　　を説得できるように論理の展開などを
　　　　考えて，文章の構成を工夫すること。
　　　ウ　表現の仕方を考えたり資料を適切に
　　　　引用したりするなど，自分の考えが分
　　　　かりやすく伝わる文章になるように工
　　　　夫すること。
　　　エ　目的や意図に応じた表現になってい
　　　　るかなどを確かめて，文章全体を整え
　　　　ること。
　　　オ　論理の展開などについて，読み手か
　　　　らの助言などを踏まえ，自分の文章の
　　　　よい点や改善点を見いだすこと。
　(2)　(1)に示す事項については，例えば，次
　　のような言語活動を通して指導するもの
　　とする。
　　　ア　関心のある事柄について批評するな
　　　　ど，自分の考えを書く活動。
　　　イ　情報を編集して文章にまとめるな
　　　　ど，伝えたいことを整理して書く活
　　　　動。
　C　読むこと
　(1)　読むことに関する次の事項を身に付け
　　ることができるよう指導する。
　　　ア　文章の種類を踏まえて，論理や物語
　　　　の展開の仕方などを捉えること。
　　　イ　文章を批判的に読みながら，文章に
　　　　表れているものの見方や考え方につい
　　　　て考えること。
　　　ウ　文章の構成や論理の展開，表現の仕
　　　　方について評価すること。
　　　エ　文章を読んで考えを広げたり深めた
　　　　りして，人間，社会，自然などについ
　　　　て，自分の意見をもつこと。
　(2)　(1)に示す事項については，例えば，次
　　のような言語活動を通して指導するもの

とする。
　　　ア　論説や報道などの文章を比較するな
　　　　どして読み，理解したことや考えたこ
　　　　とについて討論したり文章にまとめた
　　　　りする活動。
　　　イ　詩歌や小説などを読み，批評した
　　　　り，考えたことなどを伝え合ったりす
　　　　る活動。
　　　ウ　実用的な文章を読み，実生活への生
　　　　かし方を考える活動。
第3　指導計画の作成と内容の取扱い
　1　指導計画の作成に当たっては，次の事項
　　に配慮するものとする。
　(1)　単元など内容や時間のまとまりを見通
　　して，その中で育む資質・能力の育成に
　　向けて，生徒の主体的・対話的で深い学
　　びの実現を図るようにすること。その
　　際，言葉による見方・考え方を働かせ，
　　言語活動を通して，言葉の特徴や使い方
　　などを理解し自分の思いや考えを深める
　　学習の充実を図ること。
　(2)　第2の各学年の内容の指導について
　　は，必要に応じて当該学年の前後の学年
　　で取り上げることもできること。
　(3)　第2の各学年の内容の〔知識及び技
　　能〕に示す事項については，〔思考力，
　　判断力，表現力等〕に示す事項の指導を
　　通して指導することを基本とし，必要に
　　応じて，特定の事項だけを取り上げて指
　　導したり，それらをまとめて指導したり
　　するなど，指導の効果を高めるよう工夫
　　すること。
　(4)　第2の各学年の内容の〔思考力，判断
　　力，表現力等〕の「A話すこと・聞くこ
　　と」に関する指導については，第1学年
　　及び第2学年では年間15 ～ 25単位時
　　間程度，第3学年では年間10 ～ 20単
　　位時間程度を配当すること。その際，音
　　声言語のための教材を積極的に活用する
　　などして，指導の効果を高めるよう工夫
　　すること。
　(5)　第2の各学年の内容の〔思考力，判断
　　力，表現力等〕の「B書くこと」に関す
　　る指導については，第1学年及び第2学
　　年では年間30 ～ 40単位時間程度，
　　第3学年では年間20 ～ 30単位時間程
　　度を配当すること。その際，実際に文章
　　を書く活動を重視すること。
　(6)　第2の第1学年及び第3学年の内容
　　の〔知識及び技能〕の(3)のオ，第2学年
　　の内容の〔知識及び技能〕の(3)のエ，各
　　学年の内容の〔思考力，判断力，表現力

等〕の「C読むこと」に関する指導については，様々な文章を読んで，自分の表現に役立てられるようにするとともに，他教科等における読書の指導や学校図書館における指導との関連を考えて行うこと。

(7) 言語能力の向上を図る観点から，外国語科など他教科等との関連を積極的に図り，指導の効果を高めるようにすること。

(8) 障害のある生徒などについては，学習活動を行う場合に生じる困難さに応じた指導内容や指導方法の工夫を計画的，組織的に行うこと。

(9) 第1章総則の第1の2の(2)に示す道徳教育の目標に基づき，道徳科などとの関連を考慮しながら，第3章特別の教科道徳の第2に示す内容について，国語科の特質に応じて適切な指導をすること。

2 第2の内容の取扱いについては，次の事項に配慮するものとする。

(1) 〔知識及び技能〕に示す事項については，次のとおり取り扱うこと。

ア 日常の言語活動を振り返ることなどを通して，生徒が，実際に話したり聞いたり書いたり読んだりする場面を意識できるよう指導を工夫すること。

イ 漢字の指導については，第2の内容に定めるほか，次のとおり取り扱うこと。

(ア) 他教科等の学習において必要となる漢字については，当該教科等と関連付けて指導するなど，その確実な定着が図られるよう工夫すること。

ウ 書写の指導については，第2の内容に定めるほか，次のとおり取り扱うこと。

(ア) 文字を正しく整えて速く書くことができるようにするとともに，書写の能力を学習や生活に役立てる態度を育てるよう配慮すること。

(イ) 硬筆を使用する書写の指導は各学年で行うこと。

(ウ) 毛筆を使用する書写の指導は各学年で行い，硬筆による書写の能力の基礎を養うよう指導すること。

(エ) 書写の指導に配当する授業時数は，第1学年及び第2学年では年間20単位時間程度，第3学年では年間10単位時間程度とすること。

(2) 第2の内容の指導に当たっては，生徒がコンピュータや情報通信ネットワークを積極的に活用する機会を設けるなどして，指導の効果を高めるよう工夫すること。

(3) 第2の内容の指導に当たっては，学校図書館などを目的をもって計画的に利用しその機能の活用を図るようにすること。

3 教材については，次の事項に留意するものとする。

(1) 教材は，第2の各学年の目標及び内容に示す資質・能力を偏りなく養うことや読書に親しむ態度を育成することをねらいとし，生徒の発達の段階に即して適切な話題や題材を精選して調和的に取り上げること。また，第2の各学年の内容の〔思考力，判断力，表現力等〕の「A話すこと・聞くこと」，「B書くこと」及び「C読むこと」のそれぞれの(2)に掲げる言語活動が十分行われるよう教材を選定すること。

(2) 教材は，次のような観点に配慮して取り上げること。

ア 国語に対する認識を深め，国語を尊重する態度を育てるのに役立つこと。

イ 伝え合う力，思考力や想像力を養い言語感覚を豊かにするのに役立つこと。

ウ 公正かつ適切に判断する能力や創造的精神を養うのに役立つこと。

エ 科学的，論理的に物事を捉え考察し，視野を広げるのに役立つこと。

オ 人生について考えを深め，豊かな人間性を養い，たくましく生きる意志を育てるのに役立つこと。

カ 人間，社会，自然などについての考えを深めるのに役立つこと。

キ 我が国の伝統と文化に対する関心や理解を深め，それらを尊重する態度を育てるのに役立つこと。

ク 広い視野から国際理解を深め，日本人としての自覚をもち，国際協調の精神を養うのに役立つこと。

(3) 第2の各学年の内容の〔思考力，判断力，表現力等〕の「C読むこと」の教材については，各学年で説明的な文章や文学的な文章などの文章の種類を調和的に取り扱うこと。また，説明的な文章については，適宜，図表や写真などを含むものを取り上げること。

(4) 我が国の言語文化に親しむことができるよう，近代以降の代表的な作家の作品を，いずれかの学年で取り上げること。

(5) 古典に関する教材については，古典の原文に加え，古典の現代語訳，古典について解説した文章などを取り上げること。

付録2　学習指導要領　247

高等学校国語
第1款 目 標
　言葉による見方・考え方を働かせ，言語活動
を通して，国語で的確に理解し効果的に表現す
る資質・能力を次のとおり育成することを目指
す。
　(1) 生涯にわたる社会生活に必要な国語につ
　　いて，その特質を理解し適切に使うことが
　　できるようにする。
　(2) 生涯にわたる社会生活における他者との
　　関わりの中で伝え合う力を高め，思考力や
　　想像力を伸ばす。
　(3) 言葉のもつ価値への認識を深めるととも
　　に，言語感覚を磨き，我が国の言語文化の
　　担い手としての自覚をもち，生涯にわたり
　　国語を尊重してその能力の向上を図る態度
　　を養う。
第2款 各 科 目
第1 現代の国語
　1 目 標
　　言葉による見方・考え方を働かせ，言語
　活動を通して，国語で的確に理解し効果的
　に表現する資質・能力を次のとおり育成す
　ることを目指す。
　(1) 実社会に必要な国語の知識や技能を身
　　に付けるようにする。
　(2) 論理的に考える力や深く共感したり豊
　　かに想像したりする力を伸ばし，他者と
　　の関わりの中で伝え合う力を高め，自分
　　の思いや考えを広げたり深めたりするこ
　　とができるようにする。
　(3) 言葉がもつ価値への認識を深めるとと
　　もに，生涯にわたって読書に親しみ自己
　　を向上させ，我が国の言語文化の担い手
　　としての自覚をもち，言葉を通して他者
　　や社会に関わろうとする態度を養う。
　2 内 容
　〔知識及び技能〕
　(1) 言葉の特徴や使い方に関する次の事項
　　を身に付けることができるよう指導す
　　る。
　　ア 言葉には，認識や思考を支える働き
　　　があることを理解すること。
　　イ 話し言葉と書き言葉の特徴や役割，
　　　表現の特色を踏まえ，正確さ，分かり
　　　やすさ，適切さ，敬意と親しさなどに
　　　配慮した表現や言葉遣いについて理解
　　　し，使うこと。
　　ウ 常用漢字の読みに慣れ，主な常用漢
　　　字を書き，文や文章の中で使うこと。
　　エ 実社会において理解したり表現した
　　　りするために必要な語句の量を増すと

　　　ともに，語句や語彙の構造や特色，用
　　　法及び表記の仕方などを理解し，話や
　　　文章の中で使うことを通して，語感を
　　　磨き語彙を豊かにすること。
　　オ 文，話，文章の効果的な組立て方や
　　　接続の仕方について理解すること。
　　カ 比喩，例示，言い換えなどの修辞
　　　や，直接的な述べ方や婉曲的な述べ方
　　　について理解し使うこと。
　(2) 話や文章に含まれている情報の扱い方
　　に関する次の事項を身に付けることがで
　　きるよう指導する。
　　ア 主張と論拠など情報と情報との関係
　　　について理解すること。
　　イ 個別の情報と一般化された情報との
　　　関係について理解すること。
　　ウ 推論の仕方を理解し使うこと。
　　エ 情報の妥当性や信頼性の吟味の仕方
　　　について理解を深め使うこと。
　　オ 引用の仕方や出典の示し方，それら
　　　の必要性について理解を深め使うこ
　　　と。
　(3) 我が国の言語文化に関する次の事項を
　　身に付けることができるよう指導する。
　　ア 実社会との関わりを考えるための読
　　　書の意義と効用について理解を深める
　　　こと。
　　〔思考力，判断力，表現力等〕
　A 話すこと・聞くこと
　(1) 話すこと・聞くことに関する次の事項
　　を身に付けることができるよう指導す
　　る。
　　ア 目的や場に応じて，実社会の中から
　　　適切な話題を決め，様々な観点から情
　　　報を収集，整理して，伝え合う内容を
　　　検討すること。
　　イ 自分の考えが的確に伝わるよう，自
　　　分の立場や考えを明確にするととも
　　　に，相手の反応を予想して論理の展開
　　　を考えるなど，話の構成や展開を工夫
　　　すること。
　　ウ 話し言葉の特徴を踏まえて話した
　　　り，場の状況に応じて資料や機器を効
　　　果的に用いたりするなど，相手の理解
　　　が得られるように表現を工夫するこ
　　　と。
　　エ 論理の展開を予想しながら聞き，話
　　　の内容や構成，論理の展開，表現の仕
　　　方を評価するとともに，聞き取った情
　　　報を整理して自分の考えを広げたり深
　　　めたりすること。
　　オ 論点を共有し，考えを広げたり深め

たりしながら，話合いの目的，種類，状況に応じて，表現や進行など話合いの仕方や結論の出し方を工夫すること。

(2) (1)に示す事項については，例えば，次のような言語活動を通して指導するものとする。

ア 自分の考えについてスピーチをしたり，それを聞いて，同意したり，質問したり，論拠を示して反論したりする活動。

イ 報告や連絡，案内などのために，資料に基づいて必要な事柄を話したり，それらを聞いて，質問したり批評したりする活動。

ウ 話合いの目的に応じて結論を得たり，多様な考えを引き出したりするための議論や討論を，他の議論や討論の記録などを参考にしながら行う活動。

エ 集めた情報を資料にまとめ，聴衆に対して発表する活動。

B 書くこと

(1) 書くことに関する次の事項を身に付けることができるよう指導する。

ア 目的や意図に応じて，実社会の中から適切な題材を決め，集めた情報の妥当性や信頼性を吟味して，伝えたいことを明確にすること。

イ 読み手の理解が得られるよう，論理の展開，情報の分量や重要度などを考えて，文章の構成や展開を工夫すること。

ウ 自分の考えや事柄が的確に伝わるよう，根拠の示し方や説明の仕方を考えるとともに，文章の種類や，文体，語句などの表現の仕方を工夫すること。

エ 目的や意図に応じて書かれているかなどを確かめて，文章全体を整えたり，読み手からの助言などを踏まえて，自分の文章の特長や課題を捉え直したりすること。

(2) (1)に示す事項については，例えば，次のような言語活動を通して指導するものとする。

ア 論理的な文章や実用的な文章を読み，本文や資料を引用しながら，自分の意見や考えを論述する活動。

イ 読み手が必要とする情報に応じて手順書や紹介文などを書いたり，書式を踏まえて案内文や通知文などを書いたりする活動。

ウ 調べたことを整理して，報告書や説

明資料などにまとめる活動。

C 読むこと

(1) 読むことに関する次の事項を身に付けることができるよう指導する。

ア 文章の種類を踏まえて，内容や構成，論理の展開などについて叙述を基に的確に捉え，要旨や要点を把握すること。

イ 目的に応じて，文章や図表などに含まれている情報を相互に関係付けながら，内容や書き手の意図を解釈したり，文章の構成や論理の展開などについて評価したりするとともに，自分の考えを深めること。

(2) (1)に示す事項については，例えば，次のような言語活動を通して指導するものとする。

ア 論理的な文章や実用的な文章を読み，その内容や形式について，引用や要約などをしながら論述したり批評したりする活動。

イ 異なる形式で書かれた複数の文章や，図表等を伴う文章を読み，理解したことや解釈したことをまとめて発表したり，他の形式の文章に書き換えたりする活動。

3 内容の取扱い

(1) 内容の〔思考力，判断力，表現力等〕における授業時数については，次の事項に配慮するものとする。

ア 「A話すこと・聞くこと」に関する指導については，20〜30単位時間程度を配当するものとし，計画的に指導すること。

イ 「B書くこと」に関する指導については，30〜40単位時間程度を配当するものとし，計画的に指導すること。

ウ 「C読むこと」に関する指導については，10〜20単位時間程度を配当するものとし，計画的に指導すること。

(2) 内容の〔知識及び技能〕に関する指導については，次の事項に配慮するものとする。

ア (1)のウの指導については，「言語文化」の内容の〔知識及び技能〕の(1)のイの指導との関連を図り，計画的に指導すること。

(3) 内容の〔思考力，判断力，表現力等〕に関する指導については，次の事項に配慮するものとする。

ア 「A話すこと・聞くこと」に関する指導については，必要に応じて，口語

付録2 学習指導要領 249

のきまり，敬語の用法などを扱うこと。
イ 「B書くこと」に関する指導については，中学校国語科の書写との関連を図り，効果的に文字を書く機会を設けること。
(4) 教材については，次の事項に留意するものとする。
ア 内容の〔思考力，判断力，表現力等〕の「C読むこと」の教材は，現代の社会生活に必要とされる論理的な文章及び実用的な文章とすること。
イ 内容の〔思考力，判断力，表現力等〕の「A話すこと・聞くこと」，「B書くこと」及び「C読むこと」のそれぞれの(2)に掲げる言語活動が十分行われるよう教材を選定すること。
ウ 教材は，次のような観点に配慮して取り上げること。
(ア) 言語文化に対する関心や理解を深め，国語を尊重する態度を育てるのに役立つこと。
(イ) 日常の言葉遣いなど言語生活に関心をもち，伝え合う力を高めるのに役立つこと。
(ウ) 思考力や想像力を伸ばし，心情を豊かにし，言語感覚を磨くのに役立つこと。
(エ) 情報を活用して，公正かつ適切に判断する能力や創造的精神を養うのに役立つこと。
(オ) 科学的，論理的に物事を捉え考察し，視野を広げるのに役立つこと。
(カ) 生活や人生について考えを深め，人間性を豊かにし，たくましく生きる意志を培うのに役立つこと。
(キ) 人間，社会，自然などに広く目を向け，考えを深めるのに役立つこと。
(ク) 広い視野から国際理解を深め，日本人としての自覚をもち，国際協調の精神を高めるのに役立つこと。

第2 言語文化
1 目標
言葉による見方・考え方を働かせ，言語活動を通して，国語で的確に理解し効果的に表現する資質・能力を次のとおり育成することを目指す。
(1) 生涯にわたる社会生活に必要な国語の知識や技能を身に付けるとともに，我が国の言語文化に対する理解を深めることができるようにする。

(2) 論理的に考える力や深く共感したり豊かに想像したりする力を伸ばし，他者との関わりの中で伝え合う力を高め，自分の思いや考えを広げたり深めたりすることができるようにする。
(3) 言葉がもつ価値への認識を深めるとともに，生涯にわたって読書に親しみ自己を向上させ，我が国の言語文化の担い手としての自覚をもち，言葉を通して他者や社会に関わろうとする態度を養う。

2 内容
〔知識及び技能〕
(1) 言葉の特徴や使い方に関する次の事項を身に付けることができるよう指導する。
ア 言葉には，文化の継承，発展，創造を支える働きがあることを理解すること。
イ 常用漢字の読みに慣れ，主な常用漢字を書き，文や文章の中で使うこと。
ウ 我が国の言語文化に特徴的な語句の量を増し，それらの文化的背景について理解を深め，文章の中で使うことを通して，語感を磨き語彙を豊かにすること。
エ 文章の意味は，文脈の中で形成されることを理解すること。
オ 本歌取りや見立てなどの我が国の言語文化に特徴的な表現の技法とその効果について理解すること。
(2) 我が国の言語文化に関する次の事項を身に付けることができるよう指導する。
ア 我が国の言語文化の特質や我が国の文化と外国の文化との関係について理解すること。
イ 古典の世界に親しむために，作品や文章の歴史的・文化的背景などを理解すること。
ウ 古典の世界に親しむために，古典を読むために必要な文語のきまりや訓読のきまり，古典特有の表現などについて理解すること。
エ 時間の経過や地域の文化的特徴などによる文字や言葉の変化について理解を深め，古典の言葉と現代の言葉とのつながりについて理解すること。
オ 言文一致体や和漢混交文など歴史的な文体の変化について理解を深めること。
カ 我が国の言語文化への理解につながる読書の意義と効用について理解を深めること。

〔思考力，判断力，表現力等〕
A 書くこと
(1) 書くことに関する次の事項を身に付けることができるよう指導する。
 ア 自分の知識や体験の中から適切な題材を決め，集めた材料のよさや味わいを吟味して，表現したいことを明確にすること。
 イ 自分の体験や思いが効果的に伝わるよう，文章の種類，構成，展開や，文体，描写，語句などの表現の仕方を工夫すること。
(2) (1)に示す事項については，例えば，次のような言語活動を通して指導するものとする。
 ア 本歌取りや折句などを用いて，感じたことや発見したことを短歌や俳句で表したり，伝統行事や風物詩などの文化に関する題材を選んで，随筆などを書いたりする活動。
B 読むこと
(1) 読むことに関する次の事項を身に付けることができるよう指導する。
 ア 文章の種類を踏まえて，内容や構成，展開などについて叙述を基に的確に捉えること。
 イ 作品や文章に表れているものの見方，感じ方，考え方を捉え，内容を解釈すること。
 ウ 文章の構成や展開，表現の仕方，表現の特色について評価すること。
 エ 作品や文章の成立した背景や他の作品などとの関係を踏まえ，内容の解釈を深めること。
 オ 作品の内容や解釈を踏まえ，自分のものの見方，感じ方，考え方を深め，我が国の言語文化について自分の考えをもつこと。
(2) (1)に示す事項については，例えば，次のような言語活動を通して指導するものとする。
 ア 我が国の伝統や文化について書かれた解説や評論，随筆などを読み，我が国の言語文化について論述したり発表したりする活動。
 イ 作品の内容や形式について，批評したり討論したりする活動。
 ウ 異なる時代に成立した随筆や小説，物語などを読み比べ，それらを比較して論じたり批評したりする活動。
 エ 和歌や俳句などを読み，書き換えたり外国語に訳したりすることなどを通

して互いの解釈の違いについて話し合ったり，テーマを立ててまとめたりする活動。
 オ 古典から受け継がれてきた詩歌や芸能の題材，内容，表現の技法などについて調べ，その成果を発表したり文章にまとめたりする活動。
3 内容の取扱い
(1) 内容の〔思考力，判断力，表現力等〕における授業時数については，次の事項に配慮するものとする。
 ア 「A 書くこと」に関する指導については，5～10単位時間程度を配当するものとし，計画的に指導すること。
 イ 「B 読むこと」の古典に関する指導については，40～45単位時間程度を配当するものとし，計画的に指導するとともに，古典における古文と漢文の割合は，一方に偏らないようにすること。その際，古典について解説した近代以降の文章などを活用するなどして，我が国の言語文化への理解を深めるよう指導を工夫すること。
 ウ 「B 読むこと」の近代以降の文章に関する指導については，20単位時間程度を配当するものとし，計画的に指導すること。その際，我が国の伝統と文化に関する近代以降の論理的な文章や古典に関連する近代以降の文学的な文章を活用するなどして，我が国の言語文化への理解を深めるよう指導を工夫すること。
(2) 内容の〔知識及び技能〕に関する指導については，次の事項に配慮するものとする。
 ア (1)のイの指導については，「現代の国語」の内容の〔知識及び技能〕の(1)のウの指導との関連を図り，計画的に指導すること。
 イ (2)のウの指導については，〔思考力，判断力，表現力等〕の「B 読むこと」の指導に即して行うこと。
(3) 内容の〔思考力，判断力，表現力等〕に関する指導については，次の事項に配慮するものとする。
 ア 「A 書くこと」に関する指導については，中学校国語科の書写との関連を図り，効果的に文字を書く機会を設けること。
 イ 「B 読むこと」に関する指導については，文章を読み深めるため，音読，朗読，暗唱などを取り入れること。

(4) 教材については，次の事項に留意する
　ものとする。
　ア　内容の〔思考力，判断力，表現力
　　等〕の「B読むこと」の教材は，古典
　　及び近代以降の文章とし，日本漢文，
　　近代以降の文語文や漢詩文などを含め
　　るとともに，我が国の言語文化への理
　　解を深める学習に資するよう，我が国
　　の伝統と文化や古典に関連する近代以
　　降の文章を取り上げること。また，必
　　要に応じて，伝承や伝統芸能などに関
　　する音声や画像の資料を用いることが
　　できること。
　イ　古典の教材については，表記を工夫
　　し，注釈，傍注，解説，現代語訳など
　　を適切に用い，特に漢文については訓
　　点を付け，必要に応じて書き下し文を
　　用いるなど理解しやすいようにするこ
　　と。
　ウ　内容の〔思考力，判断力，表現力
　　等〕の「A書くこと」及び「B読むこ
　　と」のそれぞれの(2)に掲げる言語活動
　　が十分行われるよう教材を選定するこ
　　と。
　エ　教材は，次のような観点に配慮して
　　取り上げること。
　　(ア)　言語文化に対する関心や理解を深
　　　め，国語を尊重する態度を育てるの
　　　に役立つこと。
　　(イ)　日常の言葉遣いなど言語生活に関
　　　心をもち，伝え合う力を高めるのに
　　　役立つこと。
　　(ウ)　思考力や想像力を伸ばし，心情を
　　　豊かにし，言語感覚を磨くのに役立
　　　つこと。
　　(エ)　情報を活用して，公正かつ適切に
　　　判断する能力や創造的精神を養うの
　　　に役立つこと。
　　(オ)　生活や人生について考えを深め，
　　　人間性を豊かにし，たくましく生き
　　　る意志を培うのに役立つこと。
　　(カ)　人間，社会，自然などに広く目を
　　　向け，考えを深めるのに役立つこ
　　　と。
　　(キ)　我が国の伝統と文化に対する関心
　　　や理解を深め，それらを尊重する態
　　　度を育てるのに役立つこと。
　　(ク)　広い視野から国際理解を深め，日
　　　本人としての自覚をもち，国際協調
　　　の精神を高めるのに役立つこと。
　オ　古典の教材は，次のような観点に配
　　慮して取り上げること。

　　(ア)　伝統的な言語文化への理解を深
　　　め，古典を進んで学習する意欲や態
　　　度を養うのに役立つこと。
　　(イ)　人間，社会，自然などに対する
　　　様々な時代の人々のものの見方，感
　　　じ方，考え方について理解を深める
　　　のに役立つこと。
　　(ウ)　様々な時代の人々の生き方や自分
　　　の生き方について考えたり，我が国
　　　の伝統と文化について理解を深めた
　　　りするのに役立つこと。
　　(エ)　古典を読むのに必要な知識を身に
　　　付けるのに役立つこと。
　　(オ)　現代の国語について考えたり，言
　　　語感覚を豊かにしたりするのに役立
　　　つこと。
　　(カ)　中国など外国の文化との関係につ
　　　いて理解を深めるのに役立つこと。

第3　論理国語

1　目　標

　言葉による見方・考え方を働かせ，言語
活動を通して，国語で的確に理解し効果的
に表現する資質・能力を次のとおり育成す
ることを目指す。
(1) 実社会に必要な国語の知識や技能を身
　に付けるようにする。
(2) 論理的，批判的に考える力を伸ばすと
　ともに，創造的に考える力を養い，他者
　との関わりの中で伝え合う力を高め，自
　分の思いや考えを広げたり深めたりする
　ことができるようにする。
(3) 言葉がもつ価値への認識を深めるとと
　もに，生涯にわたって読書に親しみ自己
　を向上させ，我が国の言語文化の担い手
　としての自覚を深め，言葉を通して他者
　や社会に関わろうとする態度を養う。

2　内　容

〔知識及び技能〕
(1) 言葉の特徴や使い方に関する次の事項
　を身に付けることができるよう指導す
　る。
　ア　言葉には，言葉そのものを認識した
　　り説明したりすることを可能にする働
　　きがあることを理解すること。
　イ　論証したり学術的な学習の基礎を学
　　んだりするために必要な語句の量を増
　　し，文章の中で使うことを通して，語
　　感を磨き語彙を豊かにすること。
　ウ　文や文章の効果的な組立て方や接続
　　の仕方について理解を深めること。
　エ　文章の種類に基づく効果的な段落の
　　構造や論の形式など，文章の構成や展

開の仕方について理解を深めること。
(2) 文章に含まれている情報の扱い方に関する次の事項を身に付けることができるよう指導する。
ア 主張とその前提や反証など情報と情報との関係について理解を深めること。
イ 情報を重要度や抽象度などによって階層化して整理する方法について理解を深め使うこと。
ウ 推論の仕方について理解を深め使うこと。
(3) 我が国の言語文化に関する次の事項を身に付けることができるよう指導する。
ア 新たな考えの構築に資する読書の意義と効用について理解を深めること。
〔思考力，判断力，表現力等〕
A 書くこと
(1) 書くことに関する次の事項を身に付けることができるよう指導する。
ア 実社会や学術的な学習の基礎に関する事柄について，書き手の立場や論点などの様々な観点から情報を収集，整理して，目的や意図に応じた適切な題材を決めること。
イ 情報の妥当性や信頼性を吟味しながら，自分の立場や論点を明確にして，主張を支える適切な根拠をそろえること。
ウ 立場の異なる読み手を説得するために，批判的に読まれることを想定して，効果的な文章の構成や論理の展開を工夫すること。
エ 多面的・多角的な視点から自分の考えを見直したり，根拠や論拠の吟味を重ねたりして，主張を明確にすること。
オ 個々の文の表現の仕方や段落の構造を吟味するなど，文章全体の論理の明晰さを確かめ，自分の主張が的確に伝わる文章になるよう工夫すること。
カ 文章の構成や展開，表現の仕方などについて，自分の主張が的確に伝わるように書かれているかなどを吟味して，文章全体を整えたり，読み手からの助言などを踏まえて，自分の文章の特長や課題を捉え直したりすること。
(2) (1)に示す事項については，例えば，次のような言語活動を通して指導するものとする。
ア 特定の資料について，様々な観点から概要などをまとめる活動。

イ 設定した題材について，分析した内容を報告文などにまとめたり，仮説を立てて考察した内容を意見文などにまとめたりする活動。
ウ 社会的な話題について書かれた論説文やその関連資料を参考にして，自分の考えを短い論文にまとめ，批評し合う活動。
エ 設定した題材について多様な資料を集め，調べたことを整理して，様々な観点から自分の意見や考えを論述する活動。
B 読むこと
(1) 読むことに関する次の事項を身に付けることができるよう指導する。
ア 文章の種類を踏まえて，内容や構成，論理の展開などを的確に捉え，論点を明確にしながら要旨を把握すること。
イ 文章の種類を踏まえて，資料との関係を把握し，内容や構成を的確に捉えること。
ウ 主張を支える根拠や結論を導く論拠を批判的に検討し，文章や資料の妥当性や信頼性を吟味して内容を解釈すること。
エ 文章の構成や論理の展開，表現の仕方について，書き手の意図との関係において多面的・多角的な視点から評価すること。
オ 関連する文章や資料を基に，書き手の立場や目的を考えながら，内容の解釈を深めること。
カ 人間，社会，自然などについて，文章の内容や解釈を多様な論点や異なる価値観と結び付けて，新たな観点から自分の考えを深めること。
キ 設定した題材に関連する複数の文章や資料を基に，必要な情報を関係付けて自分の考えを広げたり深めたりすること。
(2) (1)に示す事項については，例えば，次のような言語活動を通して指導するものとする。
ア 論理的な文章や実用的な文章を読み，その内容や形式について，批評したり討論したりする活動。
イ 社会的な話題について書かれた論説文やその関連資料を読み，それらの内容を基に，自分の考えを論述したり討論したりする活動。
ウ 学術的な学習の基礎に関する事柄に

付録2 学習指導要領 253

ついて書かれた短い論文を読み，自分
の考えを論述したり発表したりする活
動。
　エ　同じ事柄について異なる論点をもつ
複数の文章を読み比べ，それらを比較
して論じたり批評したりする活動。
　オ　関心をもった事柄について様々な資
料を調べ，その成果を発表したり報告
書や短い論文などにまとめたりする活
動。
3　内容の取扱い
(1)　内容の〔思考力，判断力，表現力等〕
における授業時数については，次の事項
に配慮するものとする。
　ア　「A書くこと」に関する指導につい
ては，50～60単位時間程度を配当す
るものとし，計画的に指導すること。
　イ　「B読むこと」に関する指導につい
ては，80～90単位時間程度を配当す
るものとし，計画的に指導すること。
(2)　内容の〔思考力，判断力，表現力等〕
に関する指導については，次の事項に配
慮するものとする。
　ア　「B読むこと」に関する指導につい
ては，必要に応じて，近代以降の文章
の変遷を扱うこと。
(3)　教材については，次の事項に留意する
ものとする。
　ア　内容の〔思考力，判断力，表現力
等〕の「B読むこと」の教材は，近代
以降の論理的な文章及び現代の社会生
活に必要とされる実用的な文章とする
こと。また，必要に応じて，翻訳の文
章や古典における論理的な文章などを
用いることができること。
　イ　内容の〔思考力，判断力，表現力
等〕の「A書くこと」及び「B読むこ
と」のそれぞれの(2)に掲げる言語活動
が十分行われるよう教材を選定するこ
と。
第4　文学国語
1　目　標
　言葉による見方・考え方を働かせ，言語
活動を通して，国語で的確に理解し効果的
に表現する資質・能力を次のとおり育成す
ることを目指す。
(1)　生涯にわたる社会生活に必要な国語の
知識や技能を身に付けるとともに，我が
国の言語文化に対する理解を深めること
ができるようにする。
(2)　深く共感したり豊かに想像したりする
力を伸ばすとともに，創造的に考える力

を養い，他者との関わりの中で伝え合う
力を高め，自分の思いや考えを広げたり
深めたりすることができるようにする。
(3)　言葉がもつ価値への認識を深めるとと
もに，生涯にわたって読書に親しみ自己
を向上させ，我が国の言語文化の担い手
としての自覚を深め，言葉を通して他者
や社会に関わろうとする態度を養う。
2　内　容
〔知識及び技能〕
(1)　言葉の特徴や使い方に関する次の事項
を身に付けることができるよう指導す
る。
　ア　言葉には，想像や心情を豊かにする
働きがあることを理解すること。
　イ　情景の豊かさや心情の機微を表す語
句の量を増し，文章の中で使うことを
通して，語感を磨き語彙を豊かにする
こと。
　ウ　文学的な文章やそれに関する文章の
種類や特徴などについて理解を深める
こと。
　エ　文学的な文章における文体の特徴や
修辞などの表現の技法について，体系
的に理解し使うこと。
(2)　我が国の言語文化に関する次の事項を
身に付けることができるよう指導する。
　ア　文学的な文章を読むことを通して，
我が国の言語文化の特質について理解
を深めること。
　イ　人間，社会，自然などに対するもの
の見方，感じ方，考え方を豊かにする
読書の意義と効用について理解を深め
ること。
〔思考力，判断力，表現力等〕
A　書くこと
(1)　書くことに関する次の事項を身に付け
ることができるよう指導する。
　ア　文学的な文章を書くために，選んだ
題材に応じて情報を収集，整理して，
表現したい内容を明確にすること。
　イ　読み手の関心が得られるよう，文章
の構成や展開を工夫すること。
　ウ　文体の特徴や修辞の働きなどを考慮
して，読み手を引き付ける独創的な文
章になるよう工夫すること。
　エ　文章の構成や展開，表現の仕方など
について，伝えたいことや感じてもら
いたいことが伝わるように書かれてい
るかなどを吟味して，文章全体を整え
たり，読み手からの助言などを踏まえ
て，自分の文章の特長や課題を捉え直

したりすること。
(2) (1)に示す事項については，例えば，次のような言語活動を通して指導するものとする。
　ア　自由に発想したり評論を参考にしたりして，小説や詩歌などを創作し，批評し合う活動。
　イ　登場人物の心情や情景の描写を，文体や表現の技法等に注意して書き換え，その際に工夫したことなどを話し合ったり，文章にまとめたりする活動。
　ウ　古典を題材として小説を書くなど，翻案作品を創作する活動。
　エ　グループで同じ題材を書き継いで一つの作品をつくるなど，共同で作品制作に取り組む活動。
B　読むこと
(1) 読むことに関する次の事項を身に付けることができるよう指導する。
　ア　文章の種類を踏まえて，内容や構成，展開，描写の仕方などを的確に捉えること。
　イ　語り手の視点や場面の設定の仕方，表現の特色について評価することを通して，内容を解釈すること。
　ウ　他の作品と比較するなどして，文体の特徴や効果について考察すること。
　エ　文章の構成や展開，表現の仕方を踏まえ，解釈の多様性について考察すること。
　オ　作品に表れているものの見方，感じ方，考え方を捉えるとともに，作品が成立した背景や他の作品などとの関係を踏まえ，作品の解釈を深めること。
　カ　作品の内容や解釈を踏まえ，人間，社会，自然などに対するものの見方，感じ方，考え方を深めること。
　キ　設定した題材に関連する複数の作品などを基に，自分のものの見方，感じ方，考え方を深めること。
(2) (1)に示す事項については，例えば，次のような言語活動を通して指導するものとする。
　ア　作品の内容や形式について，書評を書いたり，自分の解釈や見解を基に議論したりする活動。
　イ　作品の内容や形式に対する評価について，評論や解説を参考にしながら，論述したり討論したりする活動。
　ウ　小説を，脚本や絵本などの他の形式の作品に書き換える活動。

　エ　演劇や映画の作品と基になった作品とを比較して，批評文や紹介文などをまとめる活動。
　オ　テーマを立てて詩文を集め，アンソロジーを作成して発表し合い，互いに批評する活動。
　カ　作品に関連のある事柄について様々な資料を調べ，その成果を発表したり短い論文などにまとめたりする活動。
3　内容の取扱い
(1) 内容の〔思考力，判断力，表現力等〕における授業時数については，次の事項に配慮するものとする。
　ア　「A 書くこと」に関する指導については，30 〜 40 単位時間程度を配当するものとし，計画的に指導すること。
　イ　「B 読むこと」に関する指導については，100 〜 110 単位時間程度を配当するものとし，計画的に指導すること。
(2) 内容の〔思考力，判断力，表現力等〕に関する指導については，次の事項に配慮するものとする。
　ア　「B 読むこと」に関する指導については，必要に応じて，文学の変遷を扱うこと。
(3) 教材については，次の事項に留意するものとする。
　ア　内容の〔思考力，判断力，表現力等〕の「B 読むこと」の教材は，近代以降の文学的な文章とすること。また，必要に応じて，翻訳の文章，古典における文学的な文章，近代以降の文語文，演劇や映画の作品及び文学などについての評論文などを用いることができること。
　イ　内容の〔思考力，判断力，表現力等〕の「A 書くこと」及び「B 読むこと」のそれぞれの(2)に掲げる言語活動が十分行われるよう教材を選定すること。
第 5　国語表現
1　目　標
　言葉による見方・考え方を働かせ，言語活動を通して，国語で的確に理解し効果的に表現する資質・能力を次のとおり育成することを目指す。
(1) 実社会に必要な国語の知識や技能を身に付けるようにする。
(2) 論理的に考える力や深く共感したり豊かに想像したりする力を伸ばし，実社会における他者との多様な関わりの中で伝

付録 2　学習指導要領　255

え合う力を高め，自分の思いや考えを広げたり深めたりすることができるようにする。
(3) 言葉がもつ価値への認識を深めるとともに，生涯にわたって読書に親しみ自己を向上させ，我が国の言語文化の担い手としての自覚を深め，言葉を通して他者や社会に関わろうとする態度を養う。

2 内容
〔知識及び技能〕
(1) 言葉の特徴や使い方に関する次の事項を身に付けることができるよう指導する。
  ア 言葉には，自己と他者の相互理解を深める働きがあることを理解すること。
  イ 話し言葉と書き言葉の特徴や役割，表現の特色について理解を深め，伝え合う目的や場面，相手，手段に応じた適切な表現や言葉遣いを理解し，使い分けること。
  ウ 自分の思いや考えを多彩に表現するために必要な語句の量を増し，話や文章の中で使うことを通して，語感を磨き語彙を豊かにすること。
  エ 実用的な文章などの種類や特徴，構成や展開の仕方などについて理解を深めること。
  オ 省略や反復などの表現の技法について理解を深め使うこと。
(2) 我が国の言語文化に関する次の事項を身に付けることができるよう指導する。
  ア 自分の思いや考えを伝える際の言語表現を豊かにする読書の意義と効用について理解を深めること。
〔思考力，判断力，表現力等〕
A 話すこと・聞くこと
(1) 話すこと・聞くことに関する次の事項を身に付けることができるよう指導する。
  ア 目的や場に応じて，実社会の問題や自分に関わる事柄の中から話題を決め，他者との多様な交流を想定しながら情報を収集，整理して，伝え合う内容を検討すること。
  イ 自分の主張の合理性が伝わるよう，適切な根拠を効果的に用いるとともに，相手の反論を想定して論理の展開を考えるなど，話の構成や展開を工夫すること。
  ウ 自分の思いや考えが伝わるよう，具体例を効果的に配置するなど，話の構

成や展開を工夫すること。
  エ 相手の反応に応じて言葉を選んだり，場の状況に応じて資料や機器を効果的に用いたりするなど，相手の同意や共感が得られるように表現を工夫すること。
  オ 論点を明確にして自分の考えと比較しながら聞き，話の内容や構成，論理の展開，表現の仕方を評価するとともに，聞き取った情報を吟味して自分の考えを広げたり深めたりすること。
  カ 視点を明確にして聞きながら，話の内容に対する共感を伝えたり，相手の思いや考えを引き出したりする工夫をして，自分の思いや考えを広げたり深めたりすること。
  キ 互いの主張や論拠を吟味したり，話合いの進行や展開を助けたりするために発言を工夫するなど，考えを広げたり深めたりしながら，話合いの仕方や結論の出し方を工夫すること。
(2) (1)に示す事項については，例えば，次のような言語活動を通して指導するものとする。
  ア 聴衆に対してスピーチをしたり，面接の場で自分のことを伝えたり，それらを聞いて批評したりする活動。
  イ 他者に連絡したり，紹介や依頼などをするために話をしたり，それらを聞いて批評したりする活動。
  ウ 異なる世代の人や初対面の人にインタビューをしたり，報道や記録の映像などを見たり聞いたりしたことをまとめて，発表する活動。
  エ 話合いの目的に応じて結論を得たり，多様な考えを引き出したりするための議論や討論を行い，その記録を基に話合いの仕方や結論の出し方について批評する活動。
  オ 設定した題材について調べたことを，図表や画像なども用いながら発表資料にまとめ，聴衆に対して説明する活動。
B 書くこと
(1) 書くことに関する次の事項を身に付けることができるよう指導する。
  ア 目的や意図に応じて，実社会の問題や自分に関わる事柄の中から適切な題材を決め，情報の組合せなどを工夫して，伝えたいことを明確にすること。
  イ 読み手の同意が得られるよう，適切な根拠を効果的に用いるとともに，反

論などを想定して論理の展開を考えるなど，文章の構成や展開を工夫すること。

ウ　読み手の共感が得られるよう，適切な具体例を効果的に配置するなど，文章の構成や展開を工夫すること。

エ　自分の考えを明確にし，根拠となる情報を基に的確に説明するなど，表現の仕方を工夫すること。

オ　自分の思いや考えを明確にし，事象を的確に描写したり説明したりするなど，表現の仕方を工夫すること。

カ　読み手に対して自分の思いや考えが効果的に伝わるように書かれているかなどを吟味して，文章全体を整えたり，読み手からの助言などを踏まえて，自分の文章の特長や課題を捉え直したりすること。

(2)　(1)に示す事項については，例えば，次のような言語活動を通して指導するものとする。

ア　社会的な話題や自己の将来などを題材に，自分の思いや考えについて，文章の種類を選んで書く活動。

イ　文章と図表や画像などを関係付けながら，企画書や報告書などを作成する活動。

ウ　説明書や報告書の内容を，目的や読み手に応じて再構成し，広報資料などの別の形式に書き換える活動。

エ　紹介，連絡，依頼などの実務的な手紙や電子メールを書く活動。

オ　設定した題材について多様な資料を集め，調べたことを整理したり話し合ったりして，自分や集団の意見を提案書などにまとめる活動。

カ　異なる世代の人や初対面の人にインタビューをするなどして聞いたことを，報告書などにまとめる活動。

3　内容の取扱い

(1)　内容の〔思考力，判断力，表現力等〕における授業時数については，次の事項に配慮するものとする。

ア　「A話すこと・聞くこと」に関する指導については，40〜50単位時間程度を配当するものとし，計画的に指導すること。

イ　「B書くこと」に関する指導については，90〜100単位時間程度を配当するものとし，計画的に指導すること。

(2)　内容の〔思考力，判断力，表現力等〕

に関する指導については，次の事項に配慮するものとする。

ア　「A話すこと・聞くこと」に関する指導については，必要に応じて，発声や発音の仕方，話す速度などを扱うこと。

イ　「B書くこと」に関する指導については，必要に応じて，文章の形式などを扱うこと。

(3)　教材については，次の事項に留意するものとする。

ア　内容の〔思考力，判断力，表現力等〕の「A話すこと・聞くこと」の教材は，必要に応じて，音声や画像の資料などを用いることができること。

イ　内容の〔思考力，判断力，表現力等〕の「A話すこと・聞くこと」及び「B書くこと」のそれぞれの(2)に掲げる言語活動が十分行われるよう教材を選定すること。

第6　古典探究

1　目　標

言葉による見方・考え方を働かせ，言語活動を通して，国語で的確に理解し効果的に表現する資質・能力を次のとおり育成することを目指す。

(1)　生涯にわたる社会生活に必要な国語の知識や技能を身に付けるとともに，我が国の伝統的な言語文化に対する理解を深めることができるようにする。

(2)　論理的に考える力や深く共感したり豊かに想像したりする力を伸ばし，古典などを通した先人のものの見方，感じ方，考え方との関わりの中で伝え合う力を高め，自分の思いや考えを広げたり深めたりすることができるようにする。

(3)　言葉がもつ価値への認識を深めるとともに，生涯にわたって古典に親しみ自己を向上させ，我が国の言語文化の担い手としての自覚を深め，言葉を通して他者や社会に関わろうとする態度を養う。

2　内　容

〔知識及び技能〕

(1)　言葉の特徴や使い方に関する次の事項を身に付けることができるよう指導する。

ア　古典に用いられている語句の意味や用法を理解し，古典を読むために必要な語句の量を増すことを通して，語感を磨き語彙を豊かにすること。

イ　古典の作品や文章の種類とその特徴について理解を深めること。

付録2　学習指導要領　257

ウ　古典の文の成分の順序や照応，文章の構成や展開の仕方について理解を深めること。

エ　古典の作品や文章に表れている，言葉の響きやリズム，修辞などの表現の特色について理解を深めること。

(2)　我が国の言語文化に関する次の事項を身に付けることができるよう指導する。

ア　古典などを読むことを通して，我が国の文化の特質や，我が国の文化と中国など外国の文化との関係について理解を深めること。

イ　古典を読むために必要な文語のきまりや訓読のきまりについて理解を深めること。

ウ　時間の経過による言葉の変化や，古典が現代の言葉の成り立ちにもたらした影響について理解を深めること。

エ　先人のものの見方，感じ方，考え方に親しみ，自分のものの見方，感じ方，考え方を豊かにする読書の意義と効用について理解を深めること。

〔思考力，判断力，表現力等〕

A　読むこと

(1)　読むことに関する次の事項を身に付けることができるよう指導する。

ア　文章の種類を踏まえて，構成や展開などを的確に捉えること。

イ　文章の種類を踏まえて，古典特有の表現に注意して内容を的確に捉えること。

ウ　必要に応じて書き手の考えや目的，意図を捉えて内容を解釈するとともに，文章の構成や展開，表現の特色について評価すること。

エ　作品の成立した背景や他の作品などとの関係を踏まえながら古典などを読み，その内容の解釈を深め，作品の価値について考察すること。

オ　古典の作品や文章について，内容や解釈を自分の知見と結び付け，考えを広げたり深めたりすること。

カ　古典の作品や文章などに表れているものの見方，感じ方，考え方を踏まえ，人間，社会，自然などに対する自分の考えを広げたり深めたりすること。

キ　関心をもった事柄に関連する様々な古典の作品や文章などを基に，自分のものの見方，感じ方，考え方を深めること。

ク　古典の作品や文章を多面的・多角的

な視点から評価することを通して，我が国の言語文化について自分の考えを広げたり深めたりすること。

(2)　(1)に示す事項については，例えば，次のような言語活動を通して指導するものとする。

ア　古典の作品や文章を読み，その内容や形式などに関して興味をもったことや疑問に感じたことについて，調べて発表したり議論したりする活動。

イ　同じ題材を取り上げた複数の古典の作品や文章を読み比べ，思想や感情などの共通点や相違点について論述したり発表したりする活動。

ウ　古典を読み，その語彙や表現の技法などを参考にして，和歌や俳諧，漢詩を創作したり，体験したことや感じたことを文語で書いたりする活動。

エ　古典の作品について，その内容の解釈を踏まえて朗読する活動。

オ　古典の作品に関連のある事柄について様々な資料を調べ，その成果を発表したり報告書などにまとめたりする活動。

カ　古典の言葉を現代の言葉と比較し，その変遷について社会的背景と関連付けながら古典などを読み，分かったことや考えたことを短い論文などにまとめる活動。

キ　往来物や漢文の名句・名言などを読み，社会生活に役立つ知識の文例を集め，それらの現代における意義や価値などについて随筆などにまとめる活動。

3　内容の取扱い

(1)　内容の〔知識及び技能〕に関する指導については，次の事項に配慮するものとする。

ア　(2)のイの指導については，〔思考力，判断力，表現力等〕の「A読むこと」の指導に即して行い，必要に応じてある程度まとまった学習もできるようにすること。

(2)　内容の〔思考力，判断力，表現力等〕の「A読むこと」に関する指導については，次の事項に配慮するものとする。

ア　古文及び漢文の両方を取り上げるものとし，一方に偏らないようにすること。

イ　古典を読み深めるため，音読，朗読，暗唱などを取り入れること。

ウ　必要に応じて，古典の変遷を扱うこ

と。
(3) 教材については，次の事項に留意する
ものとする。
ア　内容の〔思考力，判断力，表現力
等〕の「A読むこと」の教材は，古典
としての古文及び漢文とし，日本漢文
を含めるとともに，論理的に考える力
を伸ばすよう，古典における論理的な
文章を取り上げること。また，必要に
応じて，近代以降の文語文や漢詩文，
古典についての評論文などを用いるこ
とができること。
イ　内容の〔思考力，判断力，表現力
等〕の「A読むこと」の(2)に掲げる言
語活動が十分行われるよう教材を選定
すること。
ウ　教材は，言語文化の変遷について理
解を深める学習に資するよう，文章の
種類，長短や難易などに配慮して適当
な部分を取り上げること。
第3款　各科目にわたる指導計画の作成と内容
の取扱い
1　指導計画の作成に当たっては，次の事項
に配慮するものとする。
(1)　単元など内容や時間のまとまりを見通
して，その中で育む資質・能力の育成に
向けて，生徒の主体的・対話的で深い学
びの実現を図るようにすること。その
際，言葉による見方・考え方を働かせ，
言語活動を通して，言葉の特徴や使い方
などを理解し自分の思いや考えを深める
学習の充実を図ること。
(2)　「論理国語」，「文学国語」，「国語表現」
及び「古典探究」の各科目については，
原則として，「現代の国語」及び「言語
文化」を履修した後に履修させること。
(3)　各科目の内容の〔知識及び技能〕に示
す事項については，〔思考力，判断力，
表現力等〕に示す事項の指導を通して指
導することを基本とすること。
(4)　「現代の国語」及び「言語文化」の指
導については，中学校国語科との関連を
十分に考慮すること。
(5)　言語能力の向上を図る観点から，外国
語科など他教科等との関連を積極的に図
り，指導の効果を高めるようにするこ
と。
(6)　障害のある生徒などについては，学習
活動を行う場合に生じる困難さに応じた
指導内容や指導方法の工夫を計画的，組
織的に行うこと。
2　内容の取扱いに当たっては，次の事項に

配慮するものとする。
(1)　各科目の内容の〔知識及び技能〕に示
す事項については，日常の言語活動を振
り返ることなどを通して，生徒が，実際
に話したり聞いたり書いたり読んだりす
る場面を意識できるよう指導を工夫する
こと。
(2)　生徒の読書意欲を喚起し，読書の幅を
一層広げ，読書の習慣を養うとともに，
文字・活字文化に対する理解が深まるよ
うにすること。
(3)　生徒がコンピュータや情報通信ネット
ワークを積極的に活用する機会を設ける
などして，指導の効果を高めるよう工夫
すること。
(4)　学校図書館などを目的をもって計画的
に利用しその機能の活用を図るようにす
ること。
3　教材については，各科目の3に示す事項
のほか，次の事項に留意するものとする。
(1)　教材は，各科目の内容の〔知識及び技
能〕及び〔思考力，判断力，表現力等〕
に示す資質・能力を偏りなく養うことや
読書に親しむ態度を育成することをねら
いとし，生徒の発達の段階に即して適切
な話題や題材を精選して調和的に取り上
げること。また，必要に応じて音声言語
や画像による教材を用い，学習の効果を
高めるようにすること。
(2)　「論理国語」及び「国語表現」は，「現
代の国語」の3の(4)のウに示す事項につ
いて，「文学国語」は「言語文化」の3
の(4)のエに示す事項について，「古典探
究」は「言語文化」の3の(4)のイ及びオ
に示す事項について留意すること。

付録2　学習指導要領　　259

索　引

■あ行■

ICT　29-31、153、227、228、229

アクティブ・ラーニング　29、57、60、159、161、178

アニマシオン　100、101

アンケート法　41

意見　54、62、67、104、109、113、114、117、122、124、125、131、132、134-137、140、141、143、155、157、159、163-165、170、171、190、216

意見文　122、124、125、170、190

意味　8-10、13、17、25、26、28、33、38-41、43、46、50、56、59、60、62、72、74、76-79、81、122、123、130、131、133、135、136、138、139、158、159、173、175、187、188、193、195、196、200、221、230、231、234

インターネット　11、19、109、119、121、122、128、155、220、227、229

インタビュー　119、193

韻文　196

引用　10、13、18、19、23、27、35、41、45、51、55、59、63、64、67、72、73、76、81、85-87、90、97、101、105、109、113、117、120、121、125、129、133、137、141、149、153、157、158、161、165、169、173、177、183、185、189、193、197、201、206、209、214、217、220、229、232、235

AI　11、234

映像　30、52、55、115、165、220、227

SNS　11、109、128、234、235

オノマトペ　188

音声　56、87、106、108-110、112、115、141、154、157、165、209、227

音声言語　108-110、112、115、154、157、209

■か行■

解釈　46、50-52、54、62、63、71-73、84、93、101、103、104、130-132、138、140、146-148、151、180-182、184-187、192、193、199、200、231、232、234

外来語　77、79

書くこと　11、23-25、34、43、59、71、72、74-77、87、102、105、114、118-129、150、162、164、166、167、169、170、174-176、186、189、195、205、206、212、213、226

学習活動　32、33、35、49、55-57、59、80、118、121、139、140、141、144、148、149、152、159、164、165、168、177-179、200、212-217

学習計画　19、160

学習語彙　79、80

学習指導　11-13、16-25、27-31、34、35、38-46、48-51、54、57、58、60、64、66、67、70-73、75、76、78、81、82、88、90-92、94、98、100、102-106、109-111、113、114、117-119、122、125-128、130-134、136、142、143、147、149-154、158-160、162-166、169、171、173、174、176-181、185、186、188-190、194-196、198、200、201、204、206-209、212、214、

216、218-220、222、224-226、228、229、233、234

学習指導案　46、49-51

学習指導要領の変遷　206、207

学習者　9、10、16、17、22、23、28-30、38-41、43-45、52-57、59、78-80、84、85、87、89、91-93、100、101、105、113-117、122、124-129、138-141、147、148、153、157、165、174、175、177、179、181、183、185、193、201、214、221、223、224、226、233、234

学習の手引き　208

学力　12、13、16-19、21、22、32-34、48、49、56、59、60、64、78、98、101、133、195、208、222、234

学力観　13、16-19、32、60、234

語り　8、84、97、176、180

語り手　180

学校図書館　30、95、96、98-100、148

活用　19、21、29、31-33、35、52、56、58、60、61、63、66、72、73、79、88、89、91、92、96、98、100、105、106、108、114-117、128、130、131、133、147-149、153、157、162、168、179、180、197、201、206、214、218-220、222、227-229、231

カリキュラム　12、20、22、39、44、96、105、125、161、222、229

観察　41、54、55、135、145、170

漢詩　200、201

漢字　23、34、74-77、92、93、200、201

観点別評価　32、34

漢文　86、87、194、198-201、208、235

慣用句　79

キー・コンピテンシー　12、178

聞き手　54、84、106、108-110、148、151、153-158、160

聞き取り　111

聞くこと　11、23-25、34、43、52-54、59、102-106、111、117、135、150-154、160、162-164、205、206、212

記述　26、33、35、39、48、49、51、90、110、120、124、125、132、174、176、181、206、209、217、224、225、231、232

技術　11、32、109、139、141、184、208、214、219、222、223、227、230、231

技能主義　18

教育評価　32

教科横断的　44

教科書　22、24、28、30、39、44、52-54、56、62、66、80、82、92、93、109、115、135、137-139、146、148、191、192、196、200、208、214、222、227

教科内容　13、207、208、221

教材　13、16、22-26、28、32、38、41、42、44、46、50-59、62-66、79、80、95、114-117、120、129、135、138-145、153、161-163、166、177、178、183-190、192-200、208、213-215、217、222、227-229、231

教材開発　38、56、57、59、116、197、227

教材研究　13、38、50-53、80、129、138、163、

索　引　261

177、183、195、197、214
教材分析　190、192、193、195
共同　32、99、136、146、175、177、214、217
協働学習　30、215-217、227
協同学習　40、60
興味・関心　12、53、87、89、223
共有　9、10、29、74、103、104、120、125、130、132、134、137、145、151、154、156、161、162、164、165、167、168、171、172、216、226、228
近代詩　186-188
具体　18、19、24、30、34、35、38、39、41、44、48-51、55、64、67、71、73、75-78、80、83-85、87、98、102、106、114、116、120、128、133-135、138、139、146、149、155、173、176、185、189、192、193、195、199、200、204、217、224-226、230、231
クライマックス　156
クリティカル・リーディング　85、193
グループ　13、29-31、33、51、57、108、110、113、114、137、163、164、175、193、214、217
訓読　86、87、199-201
群読　140、141
経験主義　18、32、206、208
敬語　71、80、81
形成的評価　32
結論　34、62、84、104、114、156、160、162-164、180
言語活動　12、17-21、23、25、27、29、30、33、34、41-46、48、49、51、52、54、60、63-67、83、84、92、93、102、103、110、114、117、118、121、126、132-134、148、149、151-154、160、162-165、167、168、174、175、178、184、186、189、190、194、205、206、209、212-215、229
言語活動例　19、23、25、42、66、103、110、118、121、126、132、134、149、151、152、154、160、163、165、167、168、174、175、186、190
言語技術　184
言語生活　18、19、45、57、58、106、129、139、204、206、213、223、229、233
言語能力　24、25、27、38、40、46、48、70、73、78、80、162、218、220、223、226
言語文化　11、23-27、34、52、58、72、75、79、80、86-90、109、129、130、146、167、168、174-177、179、181、185-187、194-200、204-206、213、226、235
言語要素　20-22
言語力　72
言語論的転回　9
現代の国語　25-27、43、58、72、76、79、81、82、150、151、154-156、159、160、162、165、167-169、175、179、190、194、209、226
語彙　17、20、34、78-81、130、178、179、197、201、223
合意形成　104、117、164
構文　172
交流　8、23、27、31、62、63、95、106、114、124、128、135、137、140、141、143、155、157、163、165、179、182、213、215
語感　57、58、78、102、139、204、205
語句　20、67、71、78、79、88、120、124、130、135、156、172、174、188

国語科教育の内容　22
国語科教育の目標　16、17、19
国語科教師　74、230、232
国語学力　16、18、19、33
国語の力　229
国語表現　25、27、71、81、82、150、151、154-156、160、162-164、167-169、179、209、226
国語力　129
故事成語　93
答え　8、29、33、62、95、101、143、145、157、216
古典　23、25、27、59、70、86-90、93、136、146-149、160、161、166、175、176、179、180、181、189、190、194、195、197-201、208、209、212、213、235
古典探究　25、27、70、166、179、180、194、195、198、200、201、209、212、213
ことば　13、113、125、141、149、165、205
言葉　8-13、17、23、24、27、33、34、40-43、48、49、53-56、58、61、65、70-73、78-81、86-89、97、104、105、110-113、120、126、127、129、130、141、144、146、147、152、156-161、171、174、181、183、186、188、189、195、201、205、206、209、215、220、232
言葉遣い　34、58、78、80、81
言葉による見方・考え方　12、13、17、24、42、43、205
古文　86、194-198
コミュニケーション　17、29、41、63、70、71、73、80、81、97、102、126、153、157、158、162、164、190、218、220-223、235
根拠　18、21、48-50、62、63、83、84、104、109、120、131、134-136、143、144、155、168、180-182、185、192、219、226、234
コンピテンシー　12、13、161、178、222

■さ行■

作者　61、65、111、137、139、149、159、182-185
作品　33、35、40、61-63、86-89、99-101、129、134-137、140、146、148、161、164、175-177、179、180、182、183、185、190、197
参考文献　10、13、19、23、27、35、41、45、51、55、59、63、67、73、81、85、97、101、105、109、113、117、125、129、133、137、141、149、153、157、165、169、173、177、185、189、193、197、201、206、209、214、217、220、229、232、235
三読法　182、184
詩　65-67、73、126-129、138、140、141、149、168、174-177、183、186-189、197、200、201、235
詩歌　66、126-129、138、140、149、168、174-177、186、188
自己　8、10、19、31、32、62、63、71、92、94、106、110-112、125、129、139、157-159、161、164、170、177、223、230-235
思考　8、11、12、17、18、21-26、33、34、41-43、48、57、58、60-66、72、78、80、85、92、98、100-102、106、108、111、112、117、118、120、130、141、142、146-148、150、153、160、163、165、173、178、180、185、195、198、204-206、216、221、226、228-230、232

思考力　11、12、17、21-25、33、34、42、43、48、57、58、60、64、66、80、85、92、98、100、102、108、118、130、142、146-148、150、160、163、165、173、178、180、195、198、204-206、216、226
思考力、判断力、表現力等　11、12、21-25、34、42、43、60、64、66、92、98、102、118、130、142、146、147、150、160、163、165、195、206、216
自己学習力　19、235
自己評価　157、164
自己表現　177
自己表出　235
資質・能力　11-13、19、21、24、25、27、32、34、35、42-45、60、64-67、70、78、80、94、98、117、130、147、150-153、162、164、165、178、186、205、209、213、215、218、222-225、228、229
事前指導　116
自他　129
質疑　101
実社会　27、79、151、155、159、162、163、165、167、169、209
実生活　33、64、65、122、133
実態把握　39、40
質問　33、41、62、100、101、104、111、112、135、145、157、163
実用文　122、123、125、126、170
視点　13、39、44、51、53、60、85、94、109、112、113、115、121、123、133、136、141、142、146、147、153、159、179-181、184、224、226、228、229
指導計画　42-46、48、83、91、96、109、118、139、148、151、224
指導事項　11、22、23、25、26、34、42、54、60、64-67、76、77、80、90、91、94、102-104、111、118-120、130、131、142、145、147、148、151-156、162、163、165、167、168、174、179、185、190、195、205、219、220
指導内容　43、44、102
指導法　38、39、53、55、113、158、183、193
社会生活　26、64、80、94、102、104、117、119、122、155、174、181、192、205、215、219、222
習熟度別学習　29
集団　21、53、105、133、158、159、161、164、179、213
習得　8、21、22、33、60、61、64、72、76、91、92、119、146、178
授業研究　50、217
授業デザイン　143、145
熟語　79、87、199
取材　119、128
主題　46、182、183、184、230
主体的・対話的で深い学び　13、32、33、42-45、48、60、63、102、105、141、158、159、178、212、214、216、228、229
主体的な学び　57、61、62、122、124、195
主張　12、48-50、83、84、87、109、120、131、142-144、155、162、163、168、171-173、180、185、191、192、226
述語　35
出典　120、133、173、189、192
受容理論　184

紹介　65、92、94、95、97、100、134、136、137、145、146、149、160、168、172、183、231
生涯学習　233-235
生涯教育　233
紹介する　65、134、136、172、231
状況　18、33、35、40、46、49、60、62、63、67、74、81、85、100、104、105、114、121、123、128、129、133、135、146、147、156、157、162、164、172、194、206、218、226、233-235
小説　66、72、95、133-137、149、168、175、176、182-186、235
情緒　75
象徴　139
情報　11、19、23、26、27、34、41、58、66、80-82、84、85、96-99、103、104、108、109、112、113、119-122、125、128、130、131、133、149、151、153-155、165、167、168、173、178-180、183、206、212、214、218-220、227-229、235
情報活用能力　218-220
情報の扱い方　11、23、34、82、85、130、178、206、219
常用漢字　74、76、92
書写　23、34、75、77、90-93、149、195
書体　93
調べ学習　106、178、195
資料　19、34、35、39、45、52、56、57、59、96、104、109、115-117、119、120、149、151、156、157、160、164、165、168、180、183、190、193、206、214、219、227、228
推敲　108、120、121、124、125、168、226
随筆　126、133、148、149、168、174-176、235
スキル　12、18、35、108
スピーチ　35、52、54、73、92、103、106-109、151、154-157
精査　103、104、130-132、148、151
設定　16、25、27、35、38、41、43-46、48、50、54、55、59、64-66、82、85、103、104、109、113、114、117、119-125、128、131、139、140、148、150、151、154、155、163-169、172、177、192、193、195、198、212-214、216、217、226
説明的文章　23、50-52、73、85、120、140、142、145、190、201、222
説明文　140、142、190
全国学力・学習状況調査　33、49
総括　32
総括的評価　32
相互評価　32、124、157、164、228
創作　89、126-129、136、138、139、168、174-177、186、188、189、234、235
創作文　126、128、129、174-177
創造　17、57、58、72、97、129、133、140、146、147、184、186-189、214、218、219、223
想像力　33、57、58、98、102、129、139、205、223
空所　61

■た行■
対話　13、32、33、42-45、48、60-63、67、102、105、110-112、114、117、121、124、125、138、140、141、148、157-161、177-179、193、195、212、214、216、217、226、228-230、232
対話的な学び　62、111、114、159

他者　17、62、63、70、71、81、85、94、102、106、109、110、113、121、129、132、139、140、146、151、153、155、158、161、162、164、179、181、193、215-217、226、232

短歌　126、127、138-141、168、174-177、186、188、189、234、235

探究　25、27、29、35、38、41、61、63、66、70、96、117、154、166、179、180、194、195、198、200、201、209、212-214、228、229

探究的な学び　212-214

単元　22、23、28、30、32、35、42-50、54-57、59、61、65、67、91、92、95、141、147、157、160、163、182、196、208、213、214

単元学習　28、30、35、56、208、213、214

単元計画　42、45、55

単語　72、73

知識及び技能　11、12、21-25、34、42、43、48、66、67、70-72、75-77、86-88、90-94、98、102、130、133、150、186、194、206

知識基盤社会　11、21、60

知識構成型ジグソー法　57

調査　19、21、33、34、39、41、49、55、82、95、99、101、109、119、123、133、218、219、233、234

沈黙　62

伝え合う　57、58、81、102、134、136、151、162、205、215、217

伝え合う力　57、58、102、151、205、215、217

ディスカッション　54、60、108、114、163、164

ディベート　31、108、114、117、163、164

データ　23、80、99、109、206

テクスト　18、26、50、59、119、133、146、175-177、184、185、222

デジタル教材　227-229

DeSeCo　12、178

展開　18、23、27、39、44、48-50、66、72、88、89、104、111、114、116、117、119-121、126、128、129、131、132、138、142-144、148、153、155、158、162、163、165、174、179、182、185、188、190、192、193、195、196、209、222、226-229

伝達　8、64、123、153、178、194、195、204、218

伝統的な言語文化　23、24、34、86、87、194、196-198、206、235

伝統的な言語文化と国語の特質に関する事項　24、206

問い　10、13、17、22、24、28、29、33、39、49、59、62、84、97、112、122、136、143、145、183、214、216、223、229、231、235

トゥールミン・モデル　50、51

答申　33-35、64、78、82、94、98、111、150、152、159、162、166、194、195、198、219、233

到達点　35、139

道徳　58、191

討論　28、65、114、117、159、162-165、214

読者　59、137、142、144、182-185、190-192、223

読者反応批評　184

読者論　184、185

読書　23、34、90、94-101、106、130、131、133-137、184、185、195、199

読書指導　95-98

読書生活　94-97

独話　103、154、158-161

特別な支援　105

図書館　30、80、95、96、98-100、108、109、119、148、171

読解指導　182、184、192、193

読解力　19、100、101、108、208、223、234

■な行■

日常生活　41、80、94、104、119、129、155、162、181、204、212

日本漢文　200、201

日本語　16、17、20、27、73、75、77、79、87、109、172、181、199-201

人間関係　62、110

認識　10、16-19、28、33、57、58、71、72、77、78、80、85、95、126-128、132、133、148、151、161、177、200、204、205、212、221、230

認識力　33、177

認知　8、12、22、38、40、60-63、70、73、87、95、112-114、116、125、157、158、160、227、233

年間指導計画　42-45、83

能力主義　206

ノート　28、30、40、49、135

ノンフィクション　96

■は行■

俳句　126、138、168、174-176、186、188、189、197、234、235

発表　31、33、52、54、55、108、109、113、139、140、148、149、160、161、213、216、219、232、233

話し合い　95、105、117、158、162、165、216

話合い　28、33、43、62、103、104、110、113-117、134、150-152、159、160、162-165、178、214

話すこと　11、23-25、34、43、53、54、59、102-106、109、117、150-154、159、160、162-164、205、206、212

話すこと・聞くこと　11、23-25、34、43、53、54、102、103、105、106、117、150-154、160、162-164、205、206、212

パフォーマンス　33-35、40

パフォーマンス評価　33-35

板書　50、52、116

反転授業　30

評価　12、16、18、19、32-35、39、40、44、45、48-50、55、60、66、67、74、75、83、104、109、111、116、119、124、132、134、136、141、143、149、157、163-165、172、179-181、185、191-193、218、228、229、234

評価基準　32、35、172

評価規準　32、35、48、49、157

表現　11、12、18、19、21-25、27、34、40、42、43、48、52、54、55、58、60、62、64-67、71、73、77、79-82、84-89、92、96、98、100、102-104、106、108、111、118、120-123、126、127、130-132、135、138、140-143、146-151、154-157、160-165、167-169、172、174-182、185、187、191、192、195-198、201、204-206、209、212、213、216、218、219、222、223、226、234、235

表現活動　79、174、176、177

264

評論文　142、180、190-193
フィクション　96
深い学び　13、32、33、42-45、48、51、57、60、62、63、102、105、111、138、139、141、148、158、159、178、179、195、212、214、216、228、229
振り返り　32、49、116、117、148、228、230
プレゼンテーション　35、103
文　8、10-13、16-20、23-27、32、34、35、41、45、46、48、50-52、54-59、62、63、65-67、71-90、92、93、97、98、101、105、106、108、109、111、113、115-133、135-137、140-149、153、155、157-161、164、165、167-177、179-201、204-206、208、209、213、214、217-220、222、223、226、228、229、231-235
文学　20、25、27、52、62、63、66、72、73、98、126、131、132、160、164、167、168、170、174-177、179-186、189、190、195、199、201、205、208、209、226、231、232、234、235
文学教材　183、184
文学国語　25、27、72、98、167、168、174、175、179、180、185、186、190、209、226
文学的文章　52、62、126、170
文語のきまり　86
文章　18、23、26、34、46、48、50-52、54、56、62、65-67、72、73、76、77、80-85、88、98、101、108、118-121、124、126、127、130-133、135、136、140、142-145、148、167、168、170-177、179-181、185、190-193、199、201、209、222、223、226、229
文章表現力　223
分析批評　183-185
文法　17、20、73、195、205
文脈　13、63、76、79、81、132、158、175、176、196、218
返歌　177
方法知　114、117
ポートフォリオ　33、35、40
母語　17、20、30、73、78、80、172
細案　46

■ま行■
マッピング　108、135、137
学びに向かう力、人間性等　11、12、22、24、34、43、102、130、150
見ること　27、30、131、133
メタ学習　12
メタ言語　71、72、182、223
メタ認知　60-63、70、73、95、114、116、157、160
メディア　19、30、31、56、94、109、119、146、213、218-222、229、235
メディア・リテラシー　19、30、218-220、229
目標　9、11、12、16-19、22、24、25、31、34、35、38、42-46、48-53、55、61、67、81、98、102、114、118、130、137、146、147、150-152、161、164、166、169、178-182、184、185、192、198、199、204-206、215、217、234
文字言語　182
物語　8、9、59、89、94、126、128、131、142、146、148、176、177、185、195-197、235
問題　18、21、28、31、33、35、38、41、49、59、61、73、85、95、96、109、112、116、122、124、125、127-129、138、140、142、143、

145、155、162、164、165、167、181-183、190、196、209、212-214、222、233、234
問題意識　38、41、61、95、128、129、138、181、190、213

■や行■
四字熟語　79
読み手　84、97、100、101、119-121、124、133、137、168、170-172、183、218、226
読むこと　11、18、23-26、30、34、54、61、65、66、86、96、101、105、111、114、120、130、132-134、136-140、147-149、164、176、178-182、184-186、192、195、205、206、212、213、223、232
読む力　18、101

■ら行■
理解　11、12、23-28、32、38、40-43、51、52、54、55、57-61、65-67、71-73、75、77-85、87-89、92、94、95、97、98、109、111、120、127、130-132、135、138、140、141、143、145-147、153-157、164、170-172、174、176、179-181、186、193-196、198-200、204、205、208、209、213、217-219、222、224、226、232
リテラシー　12、13、19、30、133、218-220、229
リテラチャー・サークル　97
リフレクション　230、232
略案　46、49、51
リライト　136
ルーブリック　35
レトリック　129、142、143
レポート　33、35、96、149、164
朗読　34、86、133、141、148
ローマ字　77
論拠　162、163、172、173、180、181
論説・評論文　142
論説文　35、164、168、170、171、173、190、192、193
論点　112、117、162-165、167、168
論理　13、25-27、46、48、50、51、57、58、66、71、72、79、82、85、104、111、120、121、126、129、131、132、142-144、148、151、155、156、163、164、167-169、178-181、190-193、209、222、226
論理国語　25、27、71、82、164、167-169、179、180、190、209、226
論理的思考力　85、178、180
論理的文章　190、192

■わ行■
ワークシート　30、49、52、55、67、109、148、227
我が国の言語文化に関する事項　11、34、86、88、130、194

〈編集委員会〉所属は 2019 年 8 月現在

編集委員長　植山俊宏（京都教育大学教授）
中学校・高等学校編集責任者　守田庸一（三重大学教授）
中学校・高等学校編集担当　飯田和明（宇都宮大学准教授）
中学校・高等学校編集担当　坂口京子（静岡大学教授）
小学校編編集責任者　丹藤博文（愛知教育大学教授）
小学校編編集担当　稲田八穂（筑紫女学園大学教授）
小学校編編集担当　細川太輔（東京学芸大学准教授）

〈執筆者一覧〉執筆順・所属は 2019 年 8 月現在

山元隆春（広島大学教授）…まえがき
森美智代（福山市立大学准教授）…Ⅰ-1
松崎正治（同志社女子大学教授）…Ⅰ-2
間瀬茂夫（広島大学教授）…Ⅱ-1
舟橋秀晃（大和大学教授）…Ⅱ-2-1
宮本浩治（岡山大学准教授）…Ⅱ-2-2
中村敦雄（明治学院大学教授）…Ⅱ-3
本橋幸康（埼玉大学准教授）…Ⅱ-4
中井悠加（島根県立大学講師）…Ⅲ-1
伊木洋（ノートルダム清心女子大学准教授）
　…Ⅲ-2
藤原顕（福山市立大学教授）…Ⅲ-3
吉田茂樹（高知大学准教授）…Ⅲ-4
信木伸一（尾道市立大学教授）…Ⅲ-5
桃原千英子（沖縄国際大学准教授）…Ⅲ-6
冨山哲也（十文字学園女子大学教授）…Ⅲ-7
安部朋世（千葉大学教授）…Ⅳ-1-1-1
山下直（文教大学教授）…Ⅳ-1-1-2
鈴木一史（茨城大学教授）…Ⅳ-1-1-3
青山之典（福岡教育大学教授）…Ⅳ-1-2
石塚修（筑波大学教授）…Ⅳ-1-3-1
鈴木慶子（長崎大学教授）…Ⅳ-1-3-2
竜田徹（佐賀大学准教授）…Ⅳ-1-3-3
渡部洋一郎（上越教育大学教授）…Ⅳ-1-3-4
長田友紀（筑波大学准教授）…Ⅳ-2-1-1
有働玲子（聖徳大学教授）…Ⅳ-2-1-2-1
坂本喜代子（帝京大学准教授）…Ⅳ-2-1-
　2-2
上山伸幸（創価大学講師）…Ⅳ-2-1-2-3
森田香緒里（宇都宮大学准教授）…Ⅳ-2-2-1
出雲俊江（筑紫女学園大学教授）…Ⅳ-2-2-
　2-1
森田真吾（千葉大学准教授）…Ⅳ-2-2-2-2
飯田和明（再掲）…Ⅳ-2-3-1

勝田光（東洋大学講師）…Ⅳ-2-3-2-1
中村佳文（宮崎大学教授）…Ⅳ-2-3-2-2
古賀洋一（島根県立大学講師）…Ⅳ-2-3-2-3
坂東智子（山口大学准教授）…Ⅳ-2-3-2-4
渡辺通子（東北学院大学教授）…Ⅳ-3-1-1
井上雅彦（立命館大学教授）…Ⅳ-3-1-2-1
浅田孝紀（東京学芸大学附属高等学校教諭）
　…Ⅳ-3-1-2-2
迎勝彦（上越教育大学准教授）…Ⅳ-3-1-2-3
島田康行（筑波大学教授）…Ⅳ-3-2-1
佐渡島紗織（早稲田大学教授）…Ⅳ-3-2-
　2-1
小林一貴（岐阜大学教授）…Ⅳ-3-2-2-2
寺田守（京都教育大学准教授）…Ⅳ-3-3-1
佐野正俊（拓殖大学教授）…Ⅳ-3-3-2-1
児玉忠（宮城教育大学教授）…Ⅳ-3-3-2-2
篠崎祐介（玉川大学助教）…Ⅳ-3-3-2-3
西一夫（信州大学教授）…Ⅳ-3-3-2-4
冨安慎吾（島根大学教授）…Ⅳ-3-3-2-5
坂口京子（再掲）…Ⅴ-1
幸田国広（早稲田大学教授）…Ⅴ-2
笠井正信（中央大学特任教授）…Ⅵ-1
濱田秀行（群馬大学准教授）…Ⅵ-2
羽田潤（兵庫教育大学准教授）…Ⅵ-3
土山和久（大阪教育大学教授）…Ⅵ-4
守田庸一（再掲）…Ⅵ-5
上田祐二（北海道教育大学教授）…Ⅵ-6
若木常佳（福岡教育大学教授）…Ⅵ-7
植山俊宏（再掲）…Ⅵ-8
甲斐雄一郎（筑波大学教授）…付録 1

新たな時代の学びを創る
中学校・高等学校国語科教育研究

2019（令和元）年 9 月26日　初版第 1 刷発行
2024（令和 6 ）年 4 月12日　初版第 5 刷発行

編　　　集：全国大学国語教育学会
発　行　者：錦織　圭之介
発　行　所：株式会社　東洋館出版社
　　　　　　〒101-0054　東京都千代田区神田錦町2丁目9番1号
　　　　　　　　　　　　　　　　コンフォール安田ビル2階
　　　　　　代　表　電話03-6778-4343　FAX03-5281-8091
　　　　　　営業部　電話03-6778-7278　FAX03-5281-8092
　　　　　　振替　00180-7-96823
　　　　　　URL　https://www.toyokan.co.jp
装　　　幀：仲川里美（藤原印刷株式会社）
本文デザイン：仲川里美（藤原印刷株式会社）
印刷製本：藤原印刷株式会社

ISBN978-4-491-03767-7／Printed in Japan
Printed in Japan